川派中医药名家系列丛书

熊大经

主编 ◎ 宋红梅

西南交通大学出版社
·成 都·

图书在版编目（CIP）数据

川派中医药名家系列丛书. 熊大经 / 宋红梅主编
. -- 成都：西南交通大学出版社，2024.3
ISBN 978-7-5643-9787-6

Ⅰ. ①川… Ⅱ. ①宋… Ⅲ. ①熊大经—生平事迹②中医临床-经验-中国-现代 Ⅳ. ①K826.2②R249.7

中国国家版本馆 CIP 数据核字（2024）第 071464 号

Chuanpai Zhongyiyao Mingjia Xilie Congshu　Xiong Dajing

川派中医药名家系列丛书 熊大经

主编 / 宋红梅	责任编辑 / 周媛媛
	封面设计 / 原谋书装

西南交通大学出版社出版发行
（四川省成都市金牛区二环路北一段 111 号西南交通大学创新大厦 21 楼　610031）
营销部电话：028-87600564　028-87600533
网址：http://www.xnjdcbs.com
印刷：四川煤田地质制图印务有限责任公司

成品尺寸　170 mm×240 mm
印张　14.25　　　插页　4
字数　225 千
版次　2024 年 5 月第 1 版　　印次　2024 年 5 月第 1 次

书号　ISBN 978-7-5643-9787-6
定价　66.00 元

图书如有印装质量问题　本社负责退换
版权所有　盗版必究　举报电话：028-87600562

熊大经照片

望闻问切

手写处方笺（2005年）

因治好顽疾与时任中国音协主席
赵季平先生合影

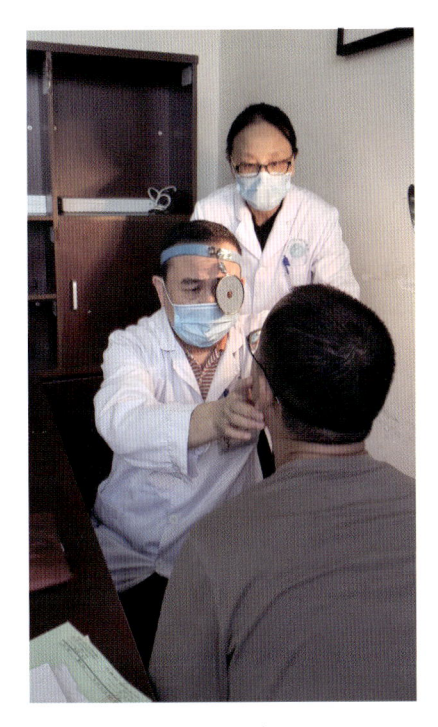

临床随诊

为研究生做报告

2007年在台湾长庚大学讲学

四川十大名中医

2009年和夫人亓鲁光在美国太平洋
中医学院讲学

2012年在新加坡南洋理工大学讲学

耐心讲解

带教外国留学生

先父熊雨田于1961年在四川医学院与该院
耳鼻咽喉科同仁进行学术交流

老蚌含明珠　辛卯歲展　大徑書

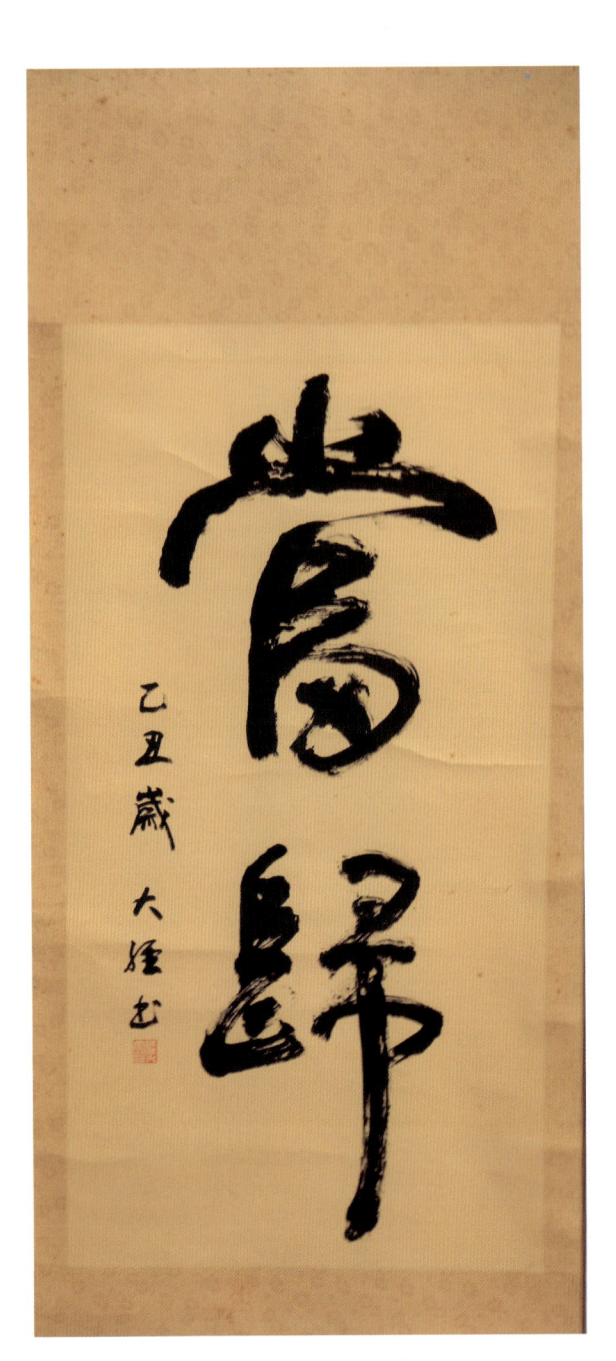

嘗歸　乙丑歲　大徑書

书法作品欣赏 1　　书法作品欣赏 2

编 委 会

《川派中医药名家系列丛书》编委会

总 主 编：田兴军　杨殿兴

副总主编：李道丕　张　毅　和中浚

总 编 委：尹　莉　陈　莹

编写秘书：彭　鑫　贺　飞　邓　兰

《熊大经》编委会

主　　编：宋红梅

副 主 编：周　莎　张勤修

编　　委：邓红园　许必芳　张　琪
　　　　　陈　燕　唐代屹　袁晓辉
　　　　　黄晓波　蒋路云　谢　慧
　　　　　刘　露　林俞利　谢　艳
　　　　　李　莉

总序——加强文化建设，唱响川派中医

四川，雄踞我国西南，古称巴蜀，成都平原自古就有天府之国的美誉，天府之土，沃野千里，物华天宝，人杰地灵。

四川号称"中医之乡、中药之库"，巴蜀自古出名医、产中药，据历史文献记载，从汉代至明清，见诸文献记载的四川医家有1000余人，川派中医药影响医坛2000多年，历久弥新；川产道地药材享誉国内外，业内素有"无川（药）不成方"的赞誉。

医派纷呈，源远流长

经过特殊的自然、社会、文化的长期浸润和积淀，四川历朝历代名医辈出，学术繁荣，医派纷呈，源远流长。

汉代以涪翁、程高、郭玉为代表的四川医家，奠定了古蜀针灸学派，郭玉为涪翁弟子，曾任汉代太医丞。涪翁为四川绵阳人，曾撰著《针经》，开巴蜀针灸先河，影响深远。1993年，在四川绵阳双包山汉墓出土了最早的汉代针灸经脉漆人；2013年，在成都老官山再次出土了汉代针灸漆人和920支医简，带有"心""肺"等线刻小字的人体经穴髹漆人像是我国考古史上首次发现，应是迄今我国发现的最早、最完整的经穴人体医学模型，其精美程度令人咋舌！又一次证明了针灸学派在巴蜀的渊源和影响。

四川山清水秀，名山大川遍布。道教的发祥地青城山、鹤鸣山就坐落在成都市。青城山、鹤鸣山是中国的道教名山，是中国道教的发源地之一，自东汉以来历经2000多年，不仅传授道家的思想，道医的学术思想也因此启蒙产生。道家注重炼丹和养生，历代蜀医多受其影响，一些道家也兼行医术，如晋代蜀医李常在、李八百，宋代皇甫坦，以及明代著名医家韩懋（号飞霞道人）等，可见丹道医学在四川影响深远。

川人好美食，以麻、辣、鲜、香为特色的川菜享誉国内外。川人性喜自在休闲，养生学派也因此产生。长寿之神——彭祖，号称活了800岁，相传他经历了尧舜夏商诸朝，据《华阳国志》载，"彭祖本生蜀""彭祖家其彭蒙"，由此推断，彭祖不但家在彭山，而且他晚年也落叶归根于此，死后葬于彭祖山。彭祖山坐落在成都彭山县，彭祖的长寿经验在于注意养生锻炼，他是我国气功的最早创始人，他的健身法被后人写成《彭祖引导法》；他善烹饪之术，创制的"雉羹之道"被誉为"天下第一羹"，屈原在《楚辞·天问》中写道："彭铿斟雉，帝何飨？受寿永多，夫何久长？"反映了彭祖在推动我国饮食养生方面所做出的贡献。五代、北宋初年，著名的道教学者陈希夷，是四川安岳人，著有《指玄篇》《胎息诀》《观空篇》《阴真君还丹歌注》等。他注重养生，强调内丹修炼法，将黄老的清静无为思想、道教修炼方术和儒家修养、佛教禅观汇归一流，被后世尊称为"睡仙""陈抟老祖"。现安岳县有保存完整的明代陈抟墓，有陈抟的《自赞铭》，这是全国独有的实物。

四川医家自古就重视中医脉学，成都老官山2012年冬出土的汉代医简中就有《逆顺五色脉臧验精神》一书，其余几部医简经整理定名为《脉书·上经》《脉书·下经》《刺数》《㕮理》《治六十病和齐汤法》《疗马书》。学者经初步考证推断极有可能为扁鹊学派已经亡佚的经典书籍。扁鹊是脉学的倡导者，而此次出土的医书中脉学内容占有重要地位，一起出土的还有用于经脉教学的人体模型。唐代杜光庭著有脉学专著《玉函经》三卷，以后王鸿骥的《脉诀采真》、廖平的《脉学辑要评》、许宗正的《脉学启蒙》、张骥的《三世脉法》等，均为脉诊的发展做出了贡献。

昝殷，唐代四川成都人。昝氏精通医理，通晓药物学，擅长妇产科。唐大中年间，他将前人有关经、带、胎、产及产后诸证的经验效方及自己临证验方共378首，编成《经效产宝》三卷，是我国最早的妇产学科专著。加之北宋时期的著名妇产科专家杨子建（四川青神县人）编著的《十产论》等一批妇产科专论，奠定了巴蜀妇产学派的基石。

宋代，以四川成都人唐慎微为代表撰著的《经史证类备急本草》，集宋代本草之大成，促进了本草学派的发展。宋代是巴蜀本草学派的繁荣发展时期，陈承的《补注神农本草并图经》，孟昶、韩保昇的《蜀本草》等，丰富、发展了本草学说，明代李时珍的《本草纲目》正是在此基础上产生的。

宋代也是巴蜀医家学术发展最活跃的时期。四川成都人、著名医家史崧献出了家藏的《灵枢》，校正并音释，定名为《黄帝素问灵枢经》并由朝廷刊印颁行，为中医学发展做出了不可估量的贡献，可以说，没有史崧的奉献就没有完整的《黄帝内经》。虞庶撰著的《难经注》、杨康侯的《难经续演》，为医经学派的发展奠定了基础。

史堪，四川眉山人，为宋代政和年间进士，官至郡守，是宋代士人而医的代表人物之一，与当时的名医许叔微齐名，其著作《史载之方》为宋代重要的名家方书之一。同为四川眉山人的宋代大文豪苏东坡，也有《苏沈内翰良方》（又名《苏沈良方》）传世，是宋人根据苏轼所撰《苏学士方》和沈括所撰《良方》合编而成的中医方书。加之明代韩懋的《韩氏医通》等方书，一起成为巴蜀医方学派的代表。

四川盛产中药，川产道地药材久负盛名，以回阳救逆、破阴除寒的附子为代表的川产道地药材，既为中医治病提供了优良的药材，也孕育了以附子温阳为大法的扶阳学派。清末四川邛崃人郑钦安提出了中医扶阳理论，他的《医理真传》

《医法圆通》《伤寒恒论》为奠基之作，开创了以运用附、姜、桂为重点药物的温阳学派。

清代西学东渐，受西学影响，中西汇通学说开始萌芽，四川成都人唐宗海以敏锐的目光捕捉西学之长，融汇中西，撰著了《血证论》《医经精义》《本草问答》《金匮要略浅注补正》《伤寒论浅注补正》，后人汇为《中西汇通医书五种》，成为"中西汇通"的第一种著作，也是后来人们将主张中西医兼容思想的医家称为"中西医汇通派"的由来。

名医辈出，学术繁荣

新中国成立后，历经沧桑的中医药受到党和国家的高度重视，在教育、医疗、科研等方面齐头并进，一大批中医药大家焕发青春，在各自的领域里大显神通，中医药事业欣欣向荣。

四川中医教育的奠基人——李斯炽先生，在1936年创办的"中央国医馆四川分馆医学院"（简称"四川国医学院"）中，先后担任过副院长、院长，担当大任，艰难办学，为近现代中医药人才的培养立下了汗马功劳。该院为国家批准的办学机构，虽属民办但带有官方性质。四川国医学院也是成都中医学院（现成都中医药大学）的前身，当时汇集了一大批中医药的仁人志士，如内科专家李斯炽、伤寒专家邓绍先、中药专家凌一揆等，还有何伯勋、杨白鹿、易上达、王景虞、周禹锡、肖达因等一批蜀中名医，可谓群贤毕集，盛极一时。共招生13期，培养高等中医药人才1000余人，这些人后来大多数都成为新中国成立后的中医药领军人物，成了四川中医药发展的功臣。

1955年国家在北京成立了中医研究院，1956年在全国西、北、东、南各建立了一所中医学院，即成都、北京、上海、广州中医学院。成都中医学院第一任院长由周恩来总理亲自任命。李斯炽先生继担任四川国医学院院长之后又成为成都中医学院的第一任院长。成都中医学院成立后，在原国医学院的基础上，又汇集了一大批有造诣的专家学者，如内科专家彭履祥、冉品珍、彭宪章、傅灿冰、陆干甫，伤寒专家戴佛延，医经专家吴棹仙、李克光、郭仲夫，中药专家雷载权、徐楚江，妇科专家卓雨农、曾敬光、唐伯渊、王祚久、王渭川，温病专家宋鹭冰，外科专家文琢之，骨、外科专家罗禹田，眼科专家陈达夫、刘松元，方剂专家陈潮祖，医古文专家郑孝昌，儿科专家胡伯安、曾应台、肖正安、吴康衡，针灸专家余仲权、薛鉴明、李仲愚、蒲湘澄、关吉多、杨介宾，医史专家孔健民、李介民，中医发展战略专家侯占元等。真可谓人才济济，群星灿烂。

北京成立中医高等院校、科研院所后，为了充实首都中医药人才的力量，四川一大批中医名家进驻北京，为国家中医药的发展做出了巨大贡献，也展现了四川中医的风采！如蒲辅周、任应秋、王文鼎、王朴诚、王伯岳、冉雪峰、杜自明、李重人、叶心清、龚志贤、方药中、沈仲圭等，各有专精，影响广泛，功勋卓著。

北京四大名医之首的萧龙友先生，为四川三台人，是中医界最早的学部委员（院士，1955年）、中央文史馆馆员（1951年），集医道、文史、书法、收藏等为一身，是中医界难得的全才！其厚重的人文功底、精湛的医术、精美的书法、高尚的品德，可谓"厚德载物"的典范。2010年9月9日，故宫博物院在北京为萧龙友先生诞辰140周年、逝世50周年，隆重举办了"萧龙友先生捐赠文物精品展"，以缅怀和表彰先生的收藏鉴赏水平和拳拳爱国情怀。萧龙友先生是一代举子、一代儒医，精通文史，书法绝伦，是中国近代史上中医界的泰斗、国学家、教育家、临床大家，是四川的骄傲，也是我辈的楷模！

▌追源溯流，振兴川派

时间飞转，掐指一算，我自1974年赤脚医生的"红医班"始，到1977年大学学习、留校任教、临床实践、跟师学习、中医管理，入中医医道已40年，真可谓弹指一挥间。俗曰：四十而不惑，在中医医道的学习、实践、历练、管理、推进中，我常常心怀感激，心存敬仰，常有激情冲动，其中最想做的一件事就是将这些中医药实践的伟大先驱者，用笔记录下来，为他们树碑立传、歌功颂德！缅怀中医先辈的丰功伟绩，分享他们的学术成果，继承不泥古，发扬不离宗，认祖归宗，又学有源头，师古不泥，薪火相传，使中医药源远流长，代代相传，永续发展。

今天，时机已经成熟，四川省中医药管理局组织专家学者，编著了大型中医专著《川派中医药源流与发展》，横跨2000年的历史，梳理中医药历史人物、著作，以四川籍（或主要在四川业医）有影响的历史医家和著作为线索，理清历史源流和传承脉络，突出地方中医药学术特点，认祖归宗，发扬传统，正本清源，继承创新，唱响川派中医药。其中，"医道溯源"是以"民国"前的川籍或在川行医的中医药历史人物为线索，介绍医家的医学成就和学术精华，作为各学科发展的学术源头。"医派医家"是以近现代著名医家为代表，重在学术流派的传承与发展，厘清流派源流，一脉相承，代代相传，源远流长。《川派中医药源流与发展》一书，填补了川派中医药发展整理的空白，集四川中医药文化历史和发展现状之大成，理清了川派学术源流，为后世川派的研究和发展奠定了坚实的基础。

我们在此基础上，还编著了《川派中医药名家系列丛书》，汇集了一大批近现代四川中医药名家，遴选他们的后人、学生等整理其临床经验、学术思想编辑成册。预计编著一百人，这是一批四川中医药的代表人物，也是难得的宝贵文化遗产，今天，经过大家的齐心努力终于得以付梓。在此，对为本系列书籍付出心血的各位作者、出版社编辑人员一并致谢！

由于历史久远，加之编撰者学识水平有限，书中罅、漏、舛、谬在所难免，敬望各位同仁、学者，提出宝贵意见，以便再版时修订提高。

中华中医药学会　　副会长
四川省中医药学会　　会长
四川省中医药管理局　　原局长
成都中医药大学教授　　博士导师

2015年春初稿
2022年春修定于蓉城雅兴轩

王永炎序

熊大经教授，中医学家，中医临床家、教育家，是我国当代著名的中医耳鼻喉科学家，是成都中医药大学中医耳鼻咽喉科学专业创始人之一，为我国培养了数位获得中医耳鼻咽喉专业博士学位的后备学科带头人，从事中医耳鼻喉临床教学科研工作五十年，积累了丰富的教学和临床经验。熊大经教授擅长治疗耳鼻喉口腔疑难杂症，尤善鼻病，他早年根据鼻病的特点，遵循经典并结合家传经验，研制成鼻渊舒口服液畅销海内外，具有疗效高、价格便宜的特点，临床应用四十余年，深受全国鼻病患者和耳鼻喉科医务人员的欢迎。

我与大经教授在一次学术会议上相识，于20世纪90年代邀聘先生主编中医临床丛书中医耳鼻喉分卷。近距离沟通交流，我深知其勤奋读书、钻研学术、敬业工作，在我辈中表现突出，是我敬重的学习楷模。大经教授在临床、教学、科研方面认真严谨，精益求精，尤其是对于中医药治疗耳鼻喉疾病的造诣颇深，为人称道。近年来，大经教授创新性地提出鼻五度辨证的中医理论，指导临床，丰富了中医耳鼻喉辨证的客观依据，同时总结自己多年的中医药治疗鼻窦炎治疗的经验体会以及提出鼻病与情志的关系，提出了耳鼻喉疾病早期重在散风的观点，这是大经教授多年经验的总结。本书结合临床典型病案、诊治经过及按语，重点突出处方特色、思维辨证特点，不但全面反映了大经教授学术思想和临床经验，而且有利于提高临床中医耳鼻喉医师的业务水平。

大经教授家传亲炙，一生为专科建设，始终坚持在临床一线，由一位一心向学的求真求实的好学生，进而成为尽心尽责、功力深厚、储善为民的好医生和一位尊师重教、淡泊明志、诲人不倦的好导师。大经教授的团队邀我作序，实则是对我的鼓励和信任。我想对团队的年轻中医师说几句话：当今，实现中华民族伟大复兴，必须把今天的中国建成一个文化强国，而传统中医药学正是中华优秀传统文化之一，以及《"十四五"国民健康规划》的发布及以习近平同志为核心的党中央多次把保障人民健康放在优先发展的战略位置的现实，国家的政策由团结中西医转变为中西医并重，将赋予国学国医回归重振前所未有的良好机遇。中华民族五千年一脉相承从未断裂的文明是优秀的传统文明，它不仅是过去的，而且是承接过去、今天与未来的历史流程，而中医药学是全世界唯一全面系统传承的医药学。冀望后辈学人能以儒家主流意识，敞开仁德胸怀，秉持开放姿态，吸纳东西方一切文化精华与科技成就。将循证医学与叙事医学整合，整体论与还原论关联，系统研究与描述性研究结合，古为今用，洋为中用，笃力前行，建设团结、和谐、开放、创新的学术团队。草创诗一首祝愿大经教授的团队首善长青。"读经至尚不畏难，家传亲灸传经验。信诚业医积德原，淡泊明志顺自然。人生苦短任天年，绿水青山永世瞻，盼望后薪续前薪，时空转换心如愿。"川派中医药名家《熊大经》将付梓之际，谨志数语，乐观厥成。

中央文史研究馆馆员 王永炎
己亥仲夏

编写说明

当代中医耳鼻喉科学家熊大经教授，积 50 年教学临床科研经验，继承家传绝学，研制出鼻渊舒口服液和鼻窦炎口服液，造福千万鼻炎患者，医术精湛，蜚声国内外；创立成都中医药大学中医耳鼻喉科专业，培养出大量中医耳鼻喉专业的人才。

熊大经教授师出名门，颇得真传，20 世纪 70 年代以来，一直从事耳鼻喉科的教学、临床、科研工作，屡起沉疴，擅治鼻病。多年来，被他治愈的患者不计其数，登门求教者络绎不绝。近年来，熊教授不断丰富"鼻五度"辨证的思想，重视鼻与情志的关系，指导临床甚效。我们作为老师的学生及弟子，深感有责任将老师的学术经验记录下来，为后人研习参考，造福患者。

本书反映了熊大经教授的临床特色和学术特点，也有部分内容来源于老师指导过的学生的论文，体现了熊氏一脉代代相传的学术思想。

感谢四川省中医药管理局为《川派中医药名家》的编写提供政策和资金支撑，感谢成都中医药大学中医耳鼻喉教研室为本书提供资料，感谢中国中医科学院中医临床基础医学研究所副所长王忠研究员为本书提供宝贵意见，感谢老师的各位弟子和编者为本书成稿付出的辛勤努力，在此一并致谢！

由于编者水平有限，疏漏讹误之处难免，希望读者批评指正！

宋红梅

2019 年 7 月 7 日

目 录

001 **生平简介**

003　一、个人简历
003　二、担任职务
003　三、科研教学
004　四、学术主张
005　五、海外交流

007 **临床经验**

009　一、对鼻渊病的认识和治疗经验
039　二、对鼻衄的认识和治疗经验
044　三、对喉源性咳嗽的认识和治疗经验
049　四、对声带、嗓音疾病的认识和治疗经验
072　五、对耳聋耳鸣的认识和治疗经验
087　六、散风法在耳鼻喉科的应用
096　七、虫类药在耳鼻喉科的应用
110　八、麻黄在耳鼻喉科的应用
115　九、羌活在耳鼻喉科的应用

123	**学术思想**	
125		一、鼻五度辨证思想的提出
138		二、熊氏中医耳鼻咽喉流派
149	**学术传承**	
151		一、传承人感悟
158		二、传承人简介
160		三、硕博士探隐
171	**论著提要**	
173		一、论　文
188		二、著　作
199	**学术年谱**	
201		一、1946年至1965年，0至19岁——在家打下中医和国学功底
201		二、1965至1970年，19至24岁——大学生涯，学术思想初步形成
205		三、1970年至今——一生之事业
212	**参考文献**	

生平简介

川派中医药名家系列丛书

熊大经

一、个人简历

熊大经（1946—），男，重庆市人，其父熊雨田，是我国著名的中医耳鼻喉科专家。他幼承庭训。1970年以优异的成绩毕业于成都中医学院（现成都中医药大学），并留校任教。从事中医耳鼻咽喉科医疗、教学、临床研究50年，全国中医五官专业主要筹建者之一，1973年在成都中医药学院附属医院建立了耳鼻喉科，是四川省内首家开设的中医耳鼻喉专科。

二、担任职务

任成都中医药大学中医耳鼻喉科教研室主任、教授、博士生导师，是我国第一位中医耳鼻咽喉专业博士生导师。成都市政协委员，曾被评为"成都市十大杰出青年"。四川省学术和技术带头人，四川省卫生委首席专家，四川第二届十大名医之一，全国第四批、第六批名老中医药专家学术经验继承工作指导老师，享受国务院政府特殊津贴专家、国家食品药品监督局新药审评专家、国家人力资源和社会保障部《国家基本医疗保险、工伤保险和生育保险药品目录》咨询专家。国家自然基金委同行评议专家，国家发改委药品价格评审核心专家，中华中医药学会耳鼻喉专委会原副主任委员，中国中医药学会耳鼻喉科学会委员及科技组长，中华中医药学会四川省耳鼻喉科分会主任委员，世界中医药联合会耳鼻喉口腔分会原副会长。

三、科研教学

先后承担国家级科研3项，省部级科研2项；厅局级科研6项；获省部级奖励3项，厅局级奖励5项，发表论文50余篇，论著19部。

参与起草国家标准（GB）《中医临床诊疗术语》耳鼻咽喉部分、《中医大辞典》耳鼻咽喉部分。《中国中医药年鉴》编委。编写了《中医耳鼻喉科基础》《中医口齿科学》（成都中医学院，1991）等专业课教材，"十二五""十三五"全国规划教材主编。

校勘整理的《喉科指掌》（人民卫生出版社，1989），获四川省中医管理局科技进步三等奖。参加编写的工具书及专著有：《中医大辞典》（人民卫生出版社，1987）、《简明中医辞典》（人民卫生出版社，1979）、《中医眼喉科学》（四川科学技术出版社，1980）、《中医五官科学》（江苏科学技术出版社，1989）、《医学百科全书》（分卷副主编，上海科学技术出版社，1985）。

建立了西南地区第一个动态喉镜实验室。参加了"电子计算机专家治疗程序（鼻渊治疗程序）的研究"，该项目获四川省科技进步三等奖。参加制定了中华人民共和国第一部中医药行业标准——《中医病证诊断疗效标准》耳鼻喉科部分，该标准已于1995年1月1日实施。承担主编《实用中医耳鼻喉口齿科学》和《中华大典·医学分典·耳鼻喉总部》，同时参与了国家中医药管理局组织制定的《中医临床诊疗规范术语》的编写工作。

对研究生的培养工作倾注满腔心血，以身作则，严格要求，耐心指导，尤其注重培养学生的科研思路及方法，增强其临床和科研能力。他还十分关心学生的生活，言传身教地授予他们为人处世之道，一位研究生感触很深："跟随熊老师不仅要学他的专业知识，他严谨的学习态度更值得学习。"

四、学术主张

以中医理论为基础，以临床为根本，积累了较丰富的经验，擅长治疗鼻科及咽喉科、耳科各种疾病，在精研、广撷博采的基础上，形成了一整套独特的治疗方法。重视鼻与情志的关系，创"胆肺学说""鼻腔五度辨证"等思想。

提出肝胆火热是鼻窦炎发病的根本原因，治疗当以清利肝胆火热为主，在临床上取得了很好疗效。并以此为基础，主持研制了治疗化脓性鼻窦炎的中成药——"鼻渊舒口服液"和"鼻窦炎口服液"。鼻窦炎口服液通过鉴定后，

1979年，新华社、《人民日报》及国内各省报均作了报道，国内前来求治者络绎不绝，并收到数十万封患者来信，且很快传到海外，外国患者也慕名求医。德国一位鼻病患者，患病二十余年，四处求医，自认为治愈无望，后经他治愈，归国后发表文章称"熊大夫治鼻病如神"。"鼻渊舒口服液"和"鼻窦炎口服液"年产值近2亿元人民币，用于临床四十余年，为全国各中西医医院鼻科一线用药。

从1982年起，开展了过敏性鼻炎的研究，先从临床入手，经多年探索，逐步积累了一整套治疗过敏性鼻炎的经验，指导研究生，成功研制"肺气虚过敏性鼻炎动物模型"。

重视情志治病在中医耳鼻喉科的应用，对患者一视同仁，无论贫富贵贱皆耐心解释和引导，消除其思想顾虑，使之心情舒畅，医患双方配合治疗，收事半功倍之效。利用假期带学生进行社会实践，到贫穷边远地区义诊，赢得了良好的社会声誉，表现出高尚的医德。

五、海外交流

熊教授多次前往世界各地，如中国香港、台湾地区，新加坡、美国以及欧洲各国进行学术交流。每到一处，就以渊博的学识、活泼生动的教学，将中医药治疗耳鼻喉的优势与特色尽显无遗，深入浅出地把中医的理论和自身临床经验展现给听众，讲学获得巨大成功。通过聆听先生的讲学，香港科技大学、南洋理工大学等知名大学的师生纷纷表示，中医药博大精深，在治疗许多疾病方面具有不可取代的优势。

川派中医药名家系列丛书

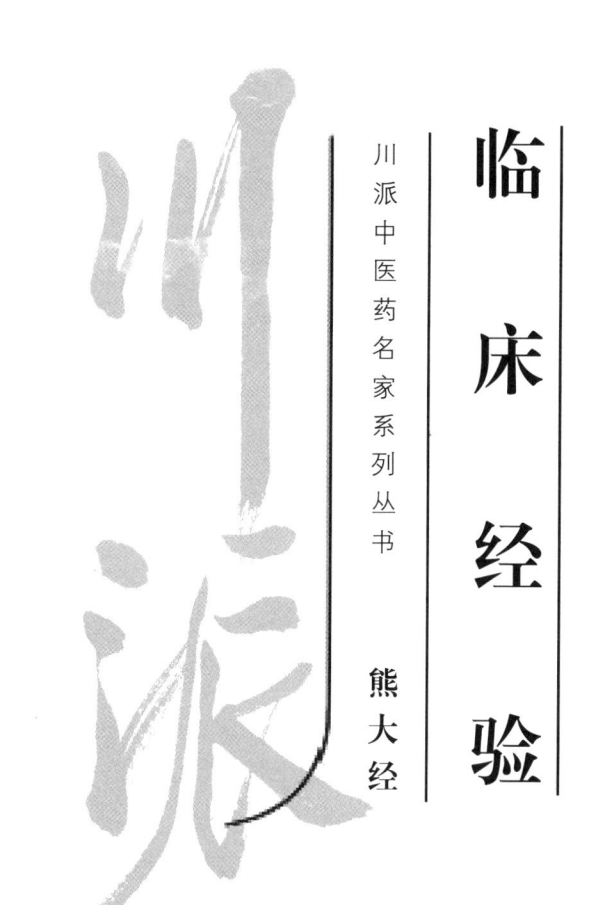

临床经验

熊大经

一、对鼻渊病的认识和治疗经验

（一）中医学对鼻的认识

鼻窍位于头面正中，隆起于面部中央最高位，故谓"明堂""天牝""元门"。亦因其为"神气出入之门户"，故又谓"神庐"。其上端连额处谓"頞"，又谓"山根""下极"；其前下端隆起之尖部谓"鼻准"，又谓"准头""面王"。鼻准两侧半圆形隆起谓"鼻翼"。"頞"至"鼻准"呈脊梁形隆起谓"鼻柱"，又谓"天柱""鼻梁""鼻脊"。鼻前下两孔为"鼻孔"，又谓"畜门"。鼻孔内有鼻毛，谓"鼻须"。鼻孔后方深处谓"鼻隧"，即鼻腔。鼻腔内将鼻孔分隔为左右两鼻孔之隔板谓"鼻隔"。鼻为头面清窍，六腑清阳之气，五脏精华之血，皆上汇于此。为经络气血交汇之要冲，是望诊的重要部位。（见图 2-1）

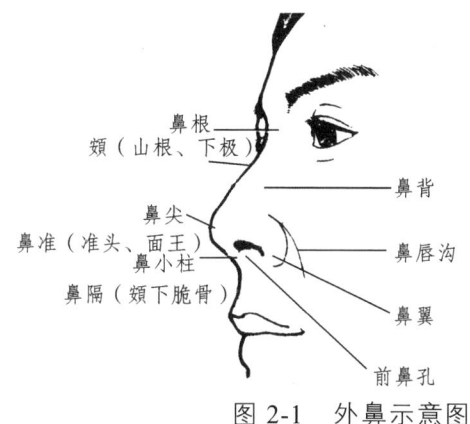

图 2-1　外鼻示意图

鼻为肺之外窍，受肺气的温煦而能辨香臭。《内经·灵枢·脉度》说："肺气通于鼻，肺和则鼻能知臭香矣。"肺之阴液滋润、濡养鼻窍，鼻窍才能完成正常的呼吸、嗅觉功能。若肺脏虚损则鼻窍不利，香臭不辨。此外，鼻窍与肾脏也有联系，肾不纳气，则可发生多种鼻病，如喷嚏、清涕、鼻塞不通等。《内经·素问·宣明五气篇》说："肾为欠为嚏。"而且鼻窍与胆腑的关系也十分密切，胆腑有热，邪热上炎，移热于脑，而发为鼻渊。

1. 鼻的生理功能

（1）司呼吸，通天气

鼻属肺系，且为肺系之首，其前孔与外界相通，后孔经颃颡、咽喉与肺相通，为呼吸之气出入的通道。鼻吸纳天地的清气以卫养五脏，为肺系之门户。

（2）主嗅觉，辨五气

鼻具有司嗅觉、嗅气味、辨香臭的功能。鼻之嗅觉灵敏与否，与肺气通利与否有关。肺气宣发肃降功能正常，鼻窍通利，则能知香臭。

（3）通肺气，助发音

音由喉发出，喉对发音起共鸣作用，喉上通于鼻，与鼻同属肺系，故鼻有助喉发音的作用。若鼻为邪伤，窒塞不通，致声道不畅，声气受阻，则可见语声重浊。

（4）司清化，御外邪

鼻与自然界直接相通，为气体出入之门户，亦为外邪侵袭机体之通道。鼻窍有温润、清化吸入之气的作用。正常情况下，鼻可以通过喷嚏而使邪外出。外感初期，见喷嚏频作，是鼻腔祛邪外出的一种方式。

2. 鼻与脏腑的关系

（1）鼻与肝胆

胆为奇恒之腑，胆经分支分布于鼻，通于脑。胆为中精之腑，内藏精汁，其性刚烈。肝主疏泄，调畅气机，肝胆互为表里。脑为髓海，下通于頞，頞之下为鼻。胆腑蕴热，邪热循经上炎，移热于脑，壅遏清窍，导致各种鼻病。若胆腑蕴热，邪热内炽，上炎头面移热于脑，燔灼鼻窍，煎灼津液，则鼻涕黏稠量多，头昏头闷，嗅觉障碍，鼻内黏膜充血肿胀，舌红，苔黄，脉弦数。

（2）鼻与脾胃

鼻居面之中央，中央五行属土，鼻尖与脾相应。脾胃为后天之本，脾胃化生的水谷精微有滋润、濡养鼻窍的作用。若脾胃虚弱，气血生化不足，鼻窍失养，则鼻窍干燥，鼻黏膜苍白，或鼻甲萎缩，或鼻塞清涕，喷嚏。若脾胃积热，上攻于肺，则鼻内生疮。脾脏蕴热，移于肝，则鼻衄。脾胃气血不能上荣鼻窍，则鼻不利，嗅觉减退。

（3）鼻与肾

肾为先天之本，受五脏六腑之精而藏之。肾之阴液有滋润、濡养四肢百骸、五官九窍之功。肾阴上达濡养鼻窍，鼻窍才能维持正常的呼吸、嗅觉功能。肾阳为一身阳气之根本，有温煦形体，蒸化水液之功，鼻窍依赖肾阳的温煦才能维持正常的呼吸、嗅觉功能。肾阳不足，鼻窍失于温煦，则鼻塞鼻痒，喷嚏频作，清涕如水，鼻甲肿大，颜色苍白，或嗅觉减退或丧失。

（4）鼻与心

心为君主之官，藏神明，主血脉，鼻为心肺之门户。《景岳全书》："鼻为肺窍，又曰天牝，乃中气之道，而实心肺之门户。"心主嗅，鼻嗅觉与心密切相关。《难经·四十难》说："心主臭，故令鼻知香臭。"若心血不足，血虚不能上濡鼻窍，则鼻窍干燥，嗅觉减退或丧失。

3. 鼻与经络的关系

鼻位居阳中之阳，是血脉多聚之处，是清阳交会之处。循行于鼻窍的经脉有 7 条，通过经络的联系，将鼻窍与全身五脏六腑紧密联系。脏腑之经气要温煦鼻窍，脏腑之阴液要滋润鼻窍，均须依赖经络的通畅，因此经络的通畅对于鼻的生理活动和病理变化有着重要作用。《内经·灵枢·邪气脏腑病形》谓："十二经脉，三百六十五络，其血气皆上于头面而走空窍……其宗气上出于鼻而为嗅。"循行于鼻的经脉如下。

（1）手阳明大肠经

其经脉起于示指末端，沿着示指内侧向上循行，其分支上走颈部，通过面颊，左右交叉于人中，分布在鼻孔两侧，与足阳明胃经相接。本经在鼻部的病证有鼻塞鼻衄、鼻涕增多、头昏头痛、鼻渊、喷嚏、鼻甲肿大、黏膜充血等，常用穴位有二间、合谷、偏历、和髎、迎香等。

（2）足阳明胃经

其经脉起于鼻翼两侧，向上循行到鼻根，并与足太阳经交会，再向下沿鼻的外侧循行，进入上齿龈内。本经在鼻部的病证有鼻塞、嗅觉障碍、鼻衄、鼻甲肿大、黏膜充血等。常用穴位有巨髎、地仓、大迎、头维、足三里等。

（3）手太阳小肠经

其经脉起于小指外侧端，沿着手背外侧向上循行，其分支上颊抵鼻旁。本经在鼻部的病证有鼻塞、头痛、鼻涕增多等。常用穴位有少泽、前谷、后溪、腕骨、阳谷等。

（4）足太阳膀胱经

其经脉起于目内眦，上额交巅顶，其分支从头顶到颞颥部。本经在鼻部的病证有鼻塞、鼻衄、喷嚏清涕、头昏头痛、鼻涕增多、鼻甲肿大、黏膜充血等。常用穴位有攒竹、眉冲、睛明、曲差、承光、通天、玉枕、天柱、肺俞、飞扬、昆仑、足通谷、至阴等。

（5）手少阳三焦经

其经脉起于环指末端，向上循行第四、五掌骨之间，其分支从膻中上出缺盆，沿颈项向上系耳后，直上，出耳上角，再曲折下行至面颊部，到达眶下部。本经在鼻部的病证有鼻塞、头痛、鼻涕多、鼻甲肿大等。常用穴位有关冲、液门、中渚等。

（6）足少阳胆经

其经脉起于目外眦，向上循行至头角，其支脉从目外眦分出下行大迎，会合于手少阳，抵于𩒾，经颊车下行于颈。本经在鼻部的病证有鼻塞头痛、浊涕多、鼻甲肿大、黏膜充血。常用穴位有头临泣、目窗、承灵、风池等。

（7）督脉

其经脉起于小腹内，下出于会阴，上行巅顶，沿前额下行鼻柱。本经在鼻部病证有鼻塞、鼻痒、鼻流清涕、头痛、鼻甲肿大、黏膜淡白。常用穴位有风府、强间、百会、前顶、囟会、上星、素髎等。

（8）任脉

其经脉起于小腹内，下出会阴却向上循行至咽喉部，再上行环绕口唇，经过面鼻旁，进入目眶下。此外阴跷脉，阳跷脉也上循鼻旁。这些经脉的病证有鼻渊、鼻疔、鼻塞、头痛等。常用穴位是印堂等。

总之，中医学认为鼻位于面中，为肺之窍，属肺系。鼻经颃颡，连咽喉，接气道，通肺，内应脏腑，司呼吸，主嗅觉，卫五脏，助发音。头为诸阳之会，诸阳之气上汇于头面，鼻又称"明堂"，居头面之中，为阳中之阳的部位，也是清阳交会之处。鼻与脏腑经络密切相关，鼻的正常功能也是通过经络与脏腑发生关系，鼻部疾病反应脏腑的病变，鼻病也会内传脏腑。

（二）鼻与情志的关系

情志因素作为重要的致病因素之一，早在《内经》已有相关论述，其以"志"表示人的情绪、情感。情志是中医对现代心理学中的情绪的特有称谓，它是人体对内、外环境变化而产生的，可发生在一定情景之中的涉及个体心理、生理两大系统的一类生理现象，同时兼具内心体验、外在表情以及相应的生理和行为变化。情志的反应和表达方式与个体心理、生理状态有关。中医情志主要包含了人的精神、意志和情绪活动，我们常常论述的情志致病，其实多指七情致病。七情代表中医学对人的基本情绪的认识，其和情志的关系是一般与个别的关系。伴随生活节奏的加快，社会竞争的加剧，再加上复杂的人际关系、高度的工作和家庭压力，情志因素所引起的疾病日益增多，在耳鼻咽喉领域，亦有不少此类疾患。临床医师在处理本科疾病的过程中，经询问有突发性精神创伤史或体质为敏感、精神质的患者，出现一些难以解释的症状，不论经检查有无器质性病变，应结合整体考虑是否有情志致病之可能。

现代医学不断发展，医疗环境也在发生深刻变革，医学模式逐渐向生物—生理—社会医学模式转变。随着这一概念在临床不断深化，在关注患者躯体健康的同时，关注患者的心理健康状况也越来越得到临床医生和心理学相关人士的认可和重视。临床医生意识到不良情绪对人体免疫机能有重要影响，且会导致人体多系统、器官功能紊乱，与疾病的治疗、预后转归和预防调护密切相关。这就使得大家更加重视患者的心理问题，通过评估患者心理情绪状态、心理健康程度及主观感受，了解患者内心想法，注重从精神情绪与躯体之间的关系来研究疾病发生、发展规律与防治方法，以达到综合诊治疾病的目的，这与中医学中七情致病的理论是相吻合的。部分耳鼻咽喉科疾病如耳鸣耳聋、眩晕、咽异感症等与焦虑、抑郁、睡眠障碍等精神心理紊乱密切相关。耳鼻咽喉科就诊的部分以鼻塞、耳鸣、头晕、咽部异物感、发声障碍为主诉的患者实际是以躯体症状为突出表现的心理障碍。

耳鼻咽喉是人体重要的器官，在人的感官和认知方面有极为重要的作用。由于耳部、鼻部与咽喉部共居头面部，距离大脑较近，因此当耳鼻咽喉发生病变时，对脑部神经的刺激也相对较大，神经感觉灵敏，患者身心敏感性增强，患者听觉、嗅觉、呼吸和发音等与生活紧密相关的重要功能下降，这些都可直接影响患者的生活质量。此外，一些患者的主观症状与客观检查结果不一致，对病情的预估明显高于检查结果，一旦诊疗情况不如心理预期，患者心理落差较大，从而遭受较大痛苦。耳鼻喉科疾病种类多且杂，临床表现通常涉及多个器官以及多个通道，包含双耳、鼻咽腔及喉部，病情具有突发性、持久性和疼痛性的特点。正是由于耳鼻喉科专科的特殊性，加上很多疾病治疗以外科手术为主，临床医师受传统、习惯性思维的影响，对情志致耳鼻喉科疾病认识还不够充分，绝大部分从专科角度进行处理，患者情志的不良影响一般顾不上考虑。事实上，如若外在环境因素的变化过于强烈，情志过激或情志因素持续不解，又或病人治疗期间产生的焦虑、抑郁、不耐烦等不良情绪不能及时有效得到疏导，均可导致、诱发甚至加重疾病。耳鼻喉科，因情志引发或诱发的各类疾病并不少见。临床有因情绪过度紧张出现鼻出血、眩晕的；有因精神过度刺激后听力下降、嗅觉失灵、失音的；有严重耳鸣，夜不能寐导致患者烦躁、焦虑难安的；有因双耳听力严重下降造成孤独甚至自闭；等等。

1. 中医情志与耳鼻喉疾病的相关认识

情志致耳鼻咽喉科疾病，主要指喜、怒、忧、思、悲、恐、惊七种情志活动使内脏气机发生紊乱，脏腑气血失调而导致疾病。《仁斋直指方》中有以下论述："人有七情，病生七情……"情志活动是由脏腑精气应答外在环境因素的作用而产生的，脏腑精气实为情志产生的内在生理基础，脏腑功能异常可导致情志活动异常，同时，情志过激亦可导致脏腑功能紊乱。虽"情志"一词在明朝才有正式记载，但早在《内经》就有七情与五脏之间的相互配属与制约关系——《素问·阴阳应象大论》载："人有五脏化五气，以生喜怒悲忧恐。""肝在志为怒，心在志为喜，脾在志为思，肺在志为忧，肾在志为恐。"

"怒伤肝，悲胜怒；喜伤心，恐胜喜；思伤脾，怒胜思；忧伤肺，喜胜忧；恐伤肾，思胜恐。"

对于耳鼻咽喉疾病而言，一方面情志致病可通过影响全身气血运行，直接伤及内脏，导致脏腑功能活动紊乱，引起耳鼻喉科疾病的发生。另一方面，情志活动产生中，脏腑之气的运动变化发挥着重要作用。"怒则气上，喜则气缓，悲则气消，恐则气下，惊则气乱，思则气结。"说明情志的异常可导致气机的失调而发病。情志活动是人体的生理和心理活动对外界环境刺激的不同反应，其产生及变化皆离不开神志。当外界环境的变化过于强烈，情志过激或持续不解，就可能直接伤及内脏，影响脏腑气机，引发诸多疾病。情志内伤致病，常引起与耳鼻喉相关的脏腑气机的升降协调关系逆乱，从而导致耳鼻喉科疾病的发生。耳鼻喉患者情志状况，大致可见以下几类：疲劳、焦虑、睡眠紊乱、疑病现象、幻觉以及偏执和自我牵挂等。若在产生情志心理异常后，未及时发现并处理，任其进一步发展，就会影响患者生活，降低患者的生活质量。熊教授临证时，不乏此类情志引起的疾病：一些失音患者，经检查双侧声带无明显异常体征，全身无异常表现，详问其发病原因，皆经历过剧烈的情志刺激，如暴怒、悲伤过度等；有以突然丧失听力为临床表现的突聋患者，经询问病史有焦虑或抑郁症病史；有患者自诉鼻腔有异物感，伴有难以诉说的异味，严重影响呼吸，但检查正常，多方诊治疗效不佳，后确诊为精神分裂症的；还有在吞咽时自觉咽部明显异物感，咽喉检查无异常，诊断为癔症的。

心为"君主之官""五脏六腑之大主""精神之所舍"，因心主神志而为脏腑之主，情志所伤，出现"悲哀愁忧则心动，心动则五脏六腑皆摇"，即情志首先影响心神，继则影响他脏，使其功能紊乱。情志发于心，心作为人体精神意识、思维活动的主宰，情志刺激的强度超过人的生理调节范围，一方面会引起五脏六腑气血功能紊乱，使疾病发于心应于鼻窍，心失所养而主不明，导致鼻窍疾病的发生；另一方面，对各类事件产生情志过激反应时，心藏神与主神志功能紊乱，心神内伤。

脾主运化，为气血生化之源，全身气机升降之枢纽，湿热阻滞，中焦气机转动不畅，导致肝、肺两脏气机升降失常，易见抑郁、忧思等症；脾主思，脾气虚弱患者过多关注自己的病情，思虑过度，使脾气受损而失于健运，脾失运化，水液不能正常布散，聚湿成痰，痰浊上扰清窍，导致眩晕，久之暗耗心血，心脾两虚，气血生化乏源，上气不充，清阳不升，头目耳窍失养，出现躯体和精神症状，此之谓"无虚不作眩"。

肺主气，司呼吸，肺开窍于鼻，喉为肺之所属，是气息出入的主要通道和重要的发声器官。《仁斋直指方》有言："声由气而发，无气则无声。"又有景岳云，"肺气充则声音彰著""声由气而发，肺病则气夺，此气为声音之户也"。由此可见气为声音之本，喉内声带运动发声需依赖于肺气的鼓动，肺气充盛与否与能否发声、声音大小强弱密切相关。"悲忧伤肺""悲则气消"，若人体过度悲忧或哀伤，肺气耗伤，肺气不足，宣降运动失常，更易产生悲忧的情绪，造成一种恶性循环，最终结果是肺气虚，无力鼓动声门，发为慢喉瘖。肺开窍于鼻，鼻与喉相通而连于肺。若情志长期过于悲忧，肺脏虚损，卫外功能不固，营卫失和，机体腠理疏松，风寒异气侵袭，发为鼻鼽。肺朝百脉，肺与百脉相通，全身血液通过百脉汇集于肺，经肺的呼吸运动和宣降作用，将富有清气之血液输送至全身各处，而人的精神、情志活动有赖于全身气血充盛，肺气充足，气血充沛，则精神润泽。因肺金为脾土之子，脾土为肺金之母，肺气虚，子盗母气，后天精气化生不足，机体对外来非良性刺激的耐受能力下降，更易产生相关精神性症状。

肾开窍于耳，听觉灵敏与否，与肾中精气盛衰密切相关。《内经·灵枢·脉度》言："肾气通于耳，肾和则耳能闻五音矣"。肾在志为恐，若恐惧、害怕等情志活动使肾之精气却而不能上行，肾气不能正常布散，耳窍失养，可引起耳鸣。

肝在全身气机的调畅、各脏腑气机升降出入的平衡协调中起着疏通调节作用。《医学心悟·卷四》有言："足厥阴肝、足少阳胆经皆络于耳。""肾气通于耳，而肝气亦假之以通于耳。"肝主疏泄，主藏血；耳司听觉，闻五音，主平衡，辨体位。耳的功能依靠肝的作用才能正常发挥，若肝疏泄失职，气郁而耳窍不通，可见耳内阻塞，胀闷不舒；情志不遂，气机阻滞，气血上荣耳窍功能减弱，其主听觉能力减退，出现听力下降；若久郁不解或大怒伤肝，肝失调达，气郁化火，上扰耳窍，引发暴聋；《素问·至真要大论》曰："诸风掉眩，皆属于肝。"若肝阳上扰头目清窍，也可致患者平衡功能受到影响，出现眩晕。咽为肝之使，足厥阴肝经之脉，循喉咙，入颃颡。肝主疏泄，咽喉生理功能的正常发挥，有赖于肝气条达。若情志不遂，肝郁气滞，气滞不疏，亦可反映于咽喉。《仁斋直指方》言："七情气郁，结成痰涎，随气积聚。"若患者情志不舒，肝气郁结，结于咽喉；或肝郁犯脾，脾运失健，津液输布失职，湿聚痰生，痰气互结于咽喉，可致咽喉哽哽不利，发为梅核气。《古今医鉴》有云："梅核气者，塞碍于咽喉之间，咯不出，咽不下，如梅核之状是也。始因善怒太过，积怒蕴腹，乃成痰涎郁结，致斯疾耳。"《医学入门》有言："忿怒动肝火，火炎上攻，咽膈干燥。"肝火上逆，循经上犯咽喉或梅核气未予及时诊治，气郁化火伤阴，咽部肌膜失养甚被火灼，发为虚火喉痹，可见咽喉干燥疼痛。喉为肺系所属，下通于肺，同鼻一样是气息出入的通道，也是发声之器官。《景岳全书·卷二十八》说："五脏之病，皆能为瘖，惊恐愤郁，卒然致瘖者，肝之病也。"明确提出了情志可以导致发音障碍，患者感受外界突然、强烈的情志刺激，卒然失音，引起急喉瘖，属于肝郁失音范畴，此即所谓"金实不鸣"。这一类患者在疾病发生前或发病时精神过度紧绷，或突然受到剧烈刺激，或暴怒伤肝，气机不利，气逆于上，导致声门开合不利而失音。此类患者虽言语无声，但无碍于哭、笑、咳嗽，西医称其为癔病性暂时性发声障碍。若患者忧郁过度，肝气郁结，气机不畅，肝疏泄失职，咽喉部肌膜脉络闭阻，气血瘀滞，日久可发为喉菌或颃颡岩，出现声音嘶哑，咽喉部异物感，甚或痰中带血。

除以上几脏外，奇恒之府胆在情志活动中也有其特殊作用。"胆者，中正之官，决断出焉""凡十一脏取决于胆"，即胆对机体接触的外在事物和环境作出反应，且能够及时进行判断、决定。这也就意味着情志活动依赖于胆的决断。足少阳胆经别贯于心，心胆通过经络相互联系，一起参与机体的情志活动。心虽然具有主宰神明和精神活动的功能，但其不能进行决断，需依靠胆的功能做出决断。胆虚决断失常，精神意识思维活动亦可出现问题。肝胆互为表里，胆腑郁热影响肝之疏泄，引发情志问题。

2. 鼻与情志的关系

情志变化与五脏气机的影响各异，就耳鼻喉科特点而言，对相关脏腑器官的伤害具有一定的选择性。耳鼻咽喉诸多部位疾病与情志紧密相关，在这些部位中熊老又格外重视鼻与情志之间的关系。

情志由心所主，心主管人的精神意识思维活动；肝主疏泄，对于调节情志具有重要意义，二者与情志最为密切，现就二者与鼻的关系进行探讨。

鼻居于人面正中，为阳中之阳，清阳汇聚之所，主管人的嗅觉，能辨别香臭，辅助发音，也是调节人体呼吸的重要器官。心主神明，为五脏六腑之大主，其作用与鼻主嗅、主息功能紧密相连。心主血脉，其气血充盈，上荣鼻窍，使鼻的功能得以发挥。《内经》将此关系阐述为"五气入鼻，藏于心肺，上使五色修明，音声能彰""阳气和利满于心，出于鼻，故能嚏"。鼻的功能是在心的参与下发挥作用的，二者生理上有天然不可分割的联系，病理上鼻病和心也有较大关联。《内经》有"五气入鼻，藏于心肺，心肺有病，而鼻为之不利""悲哀愁忧则心动，心动则五脏六腑皆摇，摇则宗脉感，宗脉感则液道开，液道开，则泣涕出焉"的相关阐述。《难经》中有记载鼻嗅觉功能和心的关系："鼻者肺之候，而反知香臭……其意何也？然：肺者，西方金也，金生于巳，巳者南方火，火者心，心主臭，故令鼻知香臭。""心主臭，火也，肺金开窍于鼻，而内有巳火，故能知臭。"

众所周知，肝胆互为表里，主疏泄气机，是与情志活动最为密切的脏腑。胆为奇恒之府，上通于脑，脑为髓海，下通于鼻。足厥阴肝经，从肝上注肺，上循喉咙，入颃颡之窍，究于畜门（后鼻孔）。肝与鼻梁相应，胆与鼻梁两侧相应。当肝胆经气平和，则脑、鼻功能正常；反之，当肝胆之热上移于脑，下渗于鼻，发为鼻病。"胆移热于脑，则辛頞鼻渊；鼻渊者，浊涕下不止也""热留胆腑，邪移于脑，遂致鼻渊"即是此理。鼻渊以鼻流浊涕、鼻塞为主要症状，可伴头痛、嗅觉减退，这些症状反复发作，经久不愈，影响患者的生活质量，对情绪和心理健康也可造成损害。近年来，耳鼻喉科医患纠纷以鼻疾居多，鼻渊的情志研究与社会心理评估受到了较大重视。关注鼻病患者情志状态，并适时干预，在治疗中显得尤为重要。情志不畅，肝气郁结化火，其病变循经反映于鼻，血随气逆；或暴怒伤肝，肝阳上亢，迫血妄行，发为鼻衄。清代费伯雄在《医醇剩义》中称其为："鼻衄之证，其平时肺气未伤，只因一时肝火蕴结，骤犯肺穴，火性炎上，迫血妄行，故血从鼻出。"《内经》中亦有肝脏病变引起鼻衄的相关论述："肝脉大甚为内痈，善呕衄""脾移热于肝，则为惊衄""岁金太过，燥气流行。肝木受邪……咳逆甚而血溢"等，充分表明了情志致肝功能失常引起鼻部相关疾病。

窦口鼻道复合体（Ostiomeatal complex，OMC，见图2-2）是广泛开展鼻内镜手术后，由Naumann提出的一个新的解剖概念。此概念是指位于中鼻甲及与之相对的鼻腔外侧壁的狭小空间的解剖区域内，以筛漏斗为中心的邻近结构，包括中鼻道、中鼻甲及其基板、鼻丘、额隐窝、钩突、筛泡、半月裂、前组和后组筛窦、额窦和上颌窦自然开口等。该复合体解剖结构与鼻窦炎的发生关系密切，同时又是鼻-鼻窦内窥镜手术的进路和操作区域。

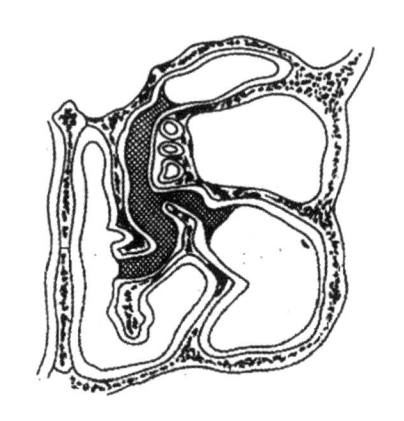

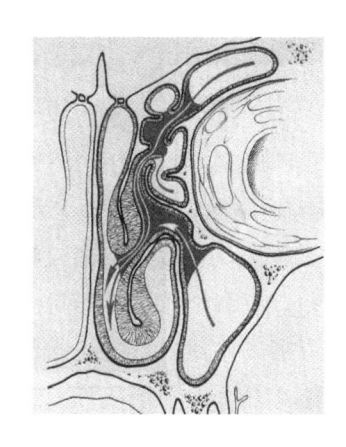

图2-2 窦口鼻道复合体（左图黑色阴影部分）

中鼻甲、中鼻道、窦口鼻道复合体中任一部位的异常，都可能发生鼻气道狭窄，引起通气引流障碍。鼻腔正中，窦口鼻道复合体前部的中鼻甲，类似一个天然屏障保护着中鼻道和各个窦口，鼻的呼吸气流首先冲击中鼻甲。中鼻道作为鼻窦引流的重要通道，一旦中鼻甲前段气化膨大明显，或骨弯曲不当突向中鼻道，可发生中鼻道狭窄甚至阻塞，影响鼻的通气引流，引发鼻渊等病。熊教授的鼻五度辨证中，中鼻甲、中鼻道（窦口鼻道复合体）属枢度，内应于胆[1]，故当鼻腔、鼻窦引流和通气功能受阻，可致少阳枢机不利，肝胆疏泄功能失调，气机升降，病情反复，易导致患者产生不同程度的心理障碍。肝主疏泄，调畅情志，若少阳枢机不利，患者情志亦可能出现较大波动：肝若疏泄不及，则情志多抑郁；肝若疏泄太过，则情志多焦虑易激、烦躁易怒。

在鼻部疾病中，鼻鼽也与情志关系密切。鼻鼽表现为鼻痒、喷嚏、鼻塞、流涕四大症状，其总体来说与患者先天体质因素息息相关，但其发作与否，情志的影响也不可忽视。如一患者长期处于过度悲忧状态，悲忧伤肺，肺气不足，肺气虚，卫外功能减退，鼻部易受外界邪气侵袭，气血津液不能正常输布，发为鼻鼽。同时，鼻鼽患者由于长期受到鼻痒、喷嚏、鼻部分泌物增多、鼻黏膜肿胀鼻塞等症的困扰，其学习、工作、睡眠等均可能遭受轻重不一的不良影响；加之由于其病情的特殊性，治疗相较其他疾病耗时更久，不菲的药物价格造成或加重患者经济负担，使其产生大量不良情绪，产生精神心理紊乱等情志问题。同理，若鼻鼽患者经过治疗，合理用药后鼻部症状得以改善，再通过一定的情志干预手段，使其对疾病本身能树立正确的认知，在治疗中不断调整自身生活习惯，不良情绪得以纾解，各种不良情志状态得以减轻，其精神情志及心理紊乱情况也将大大减轻，生活质量也会明显提高。

除了鼻渊、鼻鼽，鼻部疾病中常见的鼻窒、鼻中隔偏曲等与鼻通气功能相关的疾病也和情志有着不可分割的联系。鼻生理功能中最重要的一个方面是其具有通气作用，维持正常的鼻通气功能是人体健康的重要保障。判定鼻通气功能有几个主要的指标：通气程度、鼻气道狭窄部位和程度、鼻气道阻力大小以及有效横截面积等。鼻窒、鼻中隔偏曲与通气程度、鼻气道狭窄、鼻气道阻力等因素都密切相关，从而影响人体正常的通气功能。鼻通气功能下降，夜间影响睡眠，长期睡眠不足，使人精神不振、记忆力下降、工作学习效率低下；鼻通气功能下降除通过影响睡眠间接影响情绪外，还可直接对情绪产生影响，使人暴露紧张、焦虑、困惑、迷茫、疲惫等负面情绪。[2]人的

---

[1] 谢慧，郭宏，李涛.熊大经鼻病治验集成[M].成都：四川科学技术出版社，2014.
[2] 庄勇，李学义，吴兴裕，等.急性轻、中度缺氧暴露对人情绪状态的影响[J].第四军医大学学报，2000，21（6）：667-669.

情绪情感由大脑的边缘系统产生，受大脑皮层的调控，人体在缺氧时，大脑皮层功能受到麻痹，使人的情绪情感失去皮层的正常调节，从而发生程度不同的情绪变化和紊乱。这些改变是在不知不觉间发生的，初始不容易察觉，等累积到一定程度，引起质变，具有一定的危险性。[1]

近年来，耳鼻喉科伤医案时有报道，其中有一共同点：患者均患有鼻疾，对疗效不满意。这些令人痛心的案例，患者的"发狂"行为让大多数人难以理解和接受。患者术后反复检查无器质性的异常，但一直强调自己"鼻子堵塞""头疼""睡不着觉""喘不上气"。家人不理解，患者情绪一步步异常，甚至被疑为精神病。为什么患者在术后仍感鼻不适，并不断到医院检查，最终酿成惨剧呢？显然，除大环境因素外，鼻部与情绪、心理的关系问题是一个极为重要的方面。

熊教授在接诊中发现有的鼻病患者在描述症状时，把鼻咽干燥、鼻塞、胸闷、头痛、精神不济、睡不着觉放在突出位置，但检查鼻内无明显改变，解剖结构上对通气无过多影响；反之，有的患者检查发现鼻中隔偏曲严重，但却没有鼻塞、鼻不通气、头疼、胸闷等困扰。由此可见，患者症状严重程度多由患者的主观感受来决定，不能一味从解剖结构有无异常来判断。

鼻位于头部，神经系统敏感而发达，鼻部相关疾患更是牵一发而动全身，稍有不慎就会影响神经功能，而这些功能的改变会对人产生负面情绪，反过来不良情绪会让患者夸大自己的症状，两者相互影响形成一个恶性循环，就会影响患者意识的客观判断。如果只是关注有一定手术指征，忽略术前积极了解患者的情志状态及心理健康状况，就容易在术后产生各种问题。某患者在术后长达几月的时间里，自诉受到鼻呼吸不畅、头痛、难以成眠等问题的困扰，医学检查却得不到足够的证据支撑。一面是难以忍受的痛苦，一面是解释不清的病因，再加上家人的不理解，患者在这种巨大的压力下，脾气逐渐暴躁，情绪失控，最终发展为精神性的妄想性障碍（偏执状态）。多次就医，但不相信医生诊断，坚信自己患有严重的鼻部疾病，头脑中根深蒂固地储存

---

[1] 杨国愉，冯正直，汪涛. 高原缺氧对心理功能的影响及防护[J]. 中国行为医学科学，2003，12（4）：471-473.

有关疾病的错误信念。正是这些怪诞的、偏执的想法，与不良情绪相互影响，导致其心理问题进一步加重，发展为心因性的生理疾病，患者自觉躯体不适感加重，最终导致悲剧。因此，一定要注意避免鼻部不适症状影响到情志，演变为心理问题。

为何会出现如此令人痛苦的症状呢？鼻中隔将鼻分成左右两个鼻腔，腔内有鼻毛，空气由鼻孔进入鼻腔，通过鼻毛作用，阻挡部分空气中的大颗粒浮尘与杂质；腔壁黏膜起到加温加湿空气，保持空气的湿度和温度，清除吸入空气中尘粒和细菌的作用；鼻黏膜下有丰富的感觉神经和嗅觉神经，同时可分泌大量抗菌物质；鼻腔周围是鼻窦，下连咽喉，和消化系统共用部分管道，由分支进入呼吸系统到达肺部。正常成人鼻黏膜每天分泌约 1 500 mL 水分，若手术切除鼻甲使得黏膜丧失过多，鼻腔分泌的水分减少，濡润功能减退，自然就会鼻燥；患者鼻塞难忍，张口呼吸，极易出现咽干；正常情况下，吸入气体通过鼻腔时，鼻阻力使肺部努力扩张，保持肺部的有效容积和肺活量，术后鼻腔宽大，鼻阻力减弱或消失，肺不需要努力扩张即能保持有效肺活量，久之，其扩张功能减弱，有效扩张容积减小，呼吸功能渐渐下降，如果运动量较平时增大，所吸入的氧气不够生理需要量，让人产生胸闷的感觉；此外，鼻腔过于宽大，鼻黏膜丧失过多，对空气的加温、加湿功能减弱，没有经过鼻腔加温加湿的空气直达于肺，也会导致肺部不适，若直接到达鼻咽部刺激神经，可引起反射性头痛。

例如临床可见部分患者鼻中隔偏曲堵塞鼻腔，基本不通气，但患者自觉无症状；亦有检查见鼻腔解剖结构变异不大，鼻中隔轻中度偏曲，但患者自觉症状严重到头颈以上部位无一处舒适的。鼻中隔偏曲如果作为一个疾病诊断的话，其需要引起鼻功能障碍或产生鼻塞、鼻出血、头痛症状，才可以诊断。对于确诊的鼻中隔患者，有效的治疗手段主要是手术，但手术与否，主要依据还要根据患者的主观症状。由于接受鼻部手术的患者具有相对年轻性的特点，主观心理对术后疗效期待大，受到病痛折磨后更容易不理性，更需要进行有效的解释与疏导。主观症状容易受到主观情绪、精神状态的影响，鼻与精神、情志状态也有密切的关系，焦虑、抑郁等不良情志心理因素会影响鼻的感觉，从而影响手术疗效。对于精神心理因素引起的一些鼻部症状，治疗时尤其要慎重。在进行鼻科手术前要谨慎，术前充分了解患者心理状态，评估其是否确有手术体征，对术后的疗效也会做一定的预判，对涉及鼻甲黏膜的破坏性手术、鼻甲切除术等更为谨慎，在鼻中隔术中也特别注意保留患者鼻黏膜，尽量保持鼻黏膜的功能。

近年来，"空鼻症"这一概念曾在医疗界引发了强烈的讨论，有患者在接受治疗前甚至会主动询问医生自己是否是"空鼻症"患者。常常会听到因各种原因导致的"空鼻症"的病人抱怨。发达的网络带来便捷服务的同时，其弊端也在医疗界显现。一部分患者生病后习惯性在网络上寻找自己症状对应的病症进行自我诊断，一旦发现症状与自身稍有相符就对号入座，走进认识误区，给临床诊疗带来极大难度。一些患者在查找信息的过程中，严重高估自己的病情，多次来往于不同医生甚至不同医院间来回检查，偏执地认为自己的疾病很严重，心理压力过大，进一步加重自身躯体症状；另外有一部分患者认为鼻部疾病是小病，低估病情，认为治疗起来简单方便，殊不知鼻部疾病牵一发而动全身，若诊疗情况与预期不符，患者心理落差大，怀疑医生是否存在诊疗问题，易将这种愤怒转向医生，导致医患间的隔阂与纠纷。

3. 身心同治改善鼻疾

鼻部疾病多有阻塞性、多器官交叉性以及易于变化的基本特点，加之门诊患者偏多，躯体不适加上待诊时间过长，很多患者在待诊期间容易产生焦急、烦躁等不良情绪。因此要求我们尽量给予其适当的心理干预，提高患者治疗的接受度。现代医疗的发展为我们广大医务工作者提出了越来越高的要求，患者对医疗服务质量的要求日益提高，要熟练并正确处理情志引起的相关鼻部疾病，我们首先要提高对情志疾病（心理相关性疾病）的辨别，要加强对情志致病的认识，熟悉其临床表现特点。通常因情志不畅导致疾病的患者除了有鼻部疾病常见表现，多数患者追问病史可能在发病前受到过强烈的不良情绪的刺激或社会的影响；或患者本身属于内向、易激怒等性格；或患者相当长时间承受躯体症状困扰；在因鼻部疾病前来就诊时，有诸如焦虑、睡眠紊乱、抑郁、疼痛、感觉异常等心理失调症状，这些症状部位不定，轻重不一，与情绪及睡眠质量的好坏、压力、精神刺激等因素密切相关；患者主观症状较多而重，与检查出来的阳性体征呈现较大差异；患者诉说病程时繁杂，病程较长，大多曾多方就医，久治不愈；女性、更年期多见；在治疗时应使用具有调节情志作用的中药。就本科室而言，患者因鼻部病症来就诊，既有情志因素引起的躯体症状，又有躯体症状或鼻科手术后引起的心理障碍，两者可相兼存在或互为因果。

在此类患者的处理中，除有效识别之外，作为医生，我们更多需要采取有针对性的身心并治方法，以期取得更好的临床疗效。首先，接诊的过程中，应及时有效观察患者，积极与患者进行沟通，以便迅速对患者的情志状态有一个较为明确的判断。良好有效的沟通能与患者在短时间之内建立起互尊互信的途径，迅速了解患者的心理情况，为整体情志的疏导提供有效方式。若患者就诊时过度焦虑，担心疗效，我们在治疗处方前宜通过交流，介绍同类患者成功经历安抚其不良情绪，尽量使其保持心态平和积极。有针对性的心理安慰与疏导，不仅可以建立和谐可靠的医患关系，还可以让患者的不良情绪得以宣泄排出，是缓解患者负面情绪最好的方法之一。在做好心理调适的同时，还要注意对患者进行健康教育。作为专科大夫，具备丰富的专科基础知识，能充分满足患者健康教育及其咨询的需求是基础，也有必要有效利用科室的宣传手册、相关疾病防治视频等介绍鼻科相关疾病的病因病机、治疗方法、注意事项以及常见的预防保健手段，重点介绍临床治疗的有效率、安全性，对鼻渊、鼻鼽等，须让其意识到按疗程服药的重要性，以提高其依从性，通过宣传正确的健康知识，增加患者治疗的信心、耐心与战胜疾病的信心和勇气。在详细了解患者的情志及心理状况后，若判断患者存在情志、精神异常的情况，必要时可请求精神科或心理科医生协助，提高诊断准确性，根据诊断结果对症治疗，提高疗效。

对确有情志症状的鼻疾患者，中医治疗方法众多，最常用的治法即采用开郁疏肝清窍法。因鼻部疾病以"郁"为总的病机表现，故熊教授在治疗时，除局部处理外，以和清窍、开郁、运枢机等全身整体调治为着眼点，选用柴胡、陈皮、当归、川芎、香附、麸炒枳壳、藿香、薄荷等药调畅全身气机，全身气机如常循行，则情志得舒。若患者被确诊为精神、心理病变时，可酌情依据患者自身情况给予氯硝西泮、舒乐安定、氯丙嗪等药物治疗。在使用此类药物时，应特别注意其服法与使用剂量，并根据病情及时调整。

除药物治疗外，因情志异常出现鼻部症状的一类患者，可根据患者的个体差异，制定不同的其他治疗方案，并依据恢复情况适当调整。最为让人熟知的是以情治情法，该法以情志与五脏间配属关系及阴阳五行生克原理得出，用互相约制的情志来转移和干扰对患者机体有害的情志，达到协调情志的目的。喜伤者，恐胜之；思伤者，怒胜之；悲伤者，喜胜之；恐伤者，思胜之；怒伤者，悲胜之。采用支持性心理疗法，帮助患者认识问题、改善问题。向其讲解有关鼻部疾病的病因病机、临床表现、预后转归及影响因素等，通过健康科普提高患者健康知识和技能，改变面对疾病的态度。运用适当的方法和措施使患者的不良情绪得以转移，摆脱不良情志的刺激，通过语言、行为等激励治疗与行为治疗相结合，暗示患者，使其自觉不存在情志及心理问题，以期恢复正常的状态。以鼓励性的话语增强其信心，使之用理性战胜不良情绪和心理问题的干扰，将精力投入自己的业余爱好或工作，解除思想负担，积极配合治疗。在遇到突发事件或困难时，避免情志过激，使情绪保持在一个相对平稳的状态，若不良情绪郁积到一定程度，可通过大哭、运动、听音乐、与朋友谈心等方式宣泄放松。对手术患者，发病前后及手术前后的心理波动情况需要及时评估并进行干预，充分消除内心的负面情绪，建立对抗疾病的心理能力，以保证手术过程与术后恢复顺利，提高临床效果，促进患者早期恢复。

中医是治人的艺术，医学发展敦促耳鼻咽喉科医师在诊治患者躯体疾病的同时，重视患者的情志及精神心理等疾病外的因素，考虑患者的个体情况，着眼全局，制定合理、科学的治疗方案，合理遣方用药，通过一定的情志干预措施，改善患者的不适症状，提升患者满意度。

（三）鼻渊的因机证治

鼻渊是指外邪侵袭、脏腑邪热郁结或虚损所致的以鼻流浊涕、量多不止为主要特征的鼻病。临床上常伴有头痛、鼻塞、嗅觉减退、鼻窦区疼痛等症状，久则虚眩不已，是鼻科常见病、多发病之一，多因外感风热邪毒，或风寒侵袭，久而化热，邪热循经上蒸，犯及鼻窍；或胆经炎热，随经上犯，蒸灼鼻窍；或脾胃湿热，循胃经上扰等引起。鼻渊一年四季均可发病，且多见于少年儿童。鼻渊类似于现代医学的鼻-鼻窦炎。

1. 病名及沿革

鼻-鼻窦炎属中医学"鼻渊"范畴，最早载于《内经》，如《素问·气厥论·卷三十七》说："胆移热于脑，则辛頞鼻渊。鼻渊者，浊涕下不止也，传为衄衊瞑目，故得之气厥也。"《素问·至真要大论篇》亦有对鼻渊的论述。后世医家多在此基础上又有所发展，形成了完善的认识。《管子·度地篇》曰："水出地而不流者命曰渊。"王冰释"鼻渊"说"涕下不止，如彼水泉，故曰鼻渊"。

鼻与脑相通，鼻涕自上而下沉出，故历代医籍称鼻渊为"脑崩""脑漏""脑泻""脑渗""历脑""控脑砂"等。《普济方·卷五十六》称"脑泻"。《外科大成·卷三》称"脑崩"："鼻渊者，鼻流浊涕黄水腥秽是也，又名脑崩。"《寿世保元·卷六》曰："鼻流涕久而不愈乃成脑漏。"《医学准绳六要》称"脑渗"。《医方考·卷之五·鼻疾门》曰："风热在脑，伤其脑气，脑气不固，而液自渗也。"鼻渊可分为急性和慢性两种，急性者多为实证、热证。起病急，病程短，症状较重，与急性鼻-鼻窦炎相类似。《医宗金鉴·外科心法要诀·鼻渊》曰："鼻渊浊涕流鼻中，久淋血水秽而腥，胆热移脑风寒火，控脑砂因蚀脑虫。鼻窍中时流黄色浊涕，若久而不愈，鼻中淋沥腥秽血水，头眩虚晕而痛者，必系虫蚀脑也，即名控脑砂。"《外科大成·卷三》亦曰："鼻渊而兼脑痛者，名控脑砂。"《医学入门》简称"脑砂"。由文献可以看出：在中医学形成的早期，即对鼻渊有了较全面的认识，描述了该病的病因、病机、病位、症状及传变。综观《内经》各篇，对一个病描述详尽者，以此为最。对后世医家论治鼻渊影响深远。

隋代《诸病源候论·卷四十八》在谈到小儿鼻病时提出"肺主气而通于鼻，而气为阳，诸阳之气，上荣头面，若气虚受风冷，风冷客于头脑，即其气不和，令气停滞，搏于津液，脓涕结聚，即不闻香臭"，认为由于肺气虚寒，再受风寒之气的侵袭，则使肺气不和，导致鼻流脓涕，不闻香臭。这是首先从肺气虚寒的角度提出鼻渊的病机。

至宋代，《圣济总录·卷一一六》进一步解释了《内经》提出的"胆移热于脑，则辛頞鼻渊"这一论述，指出："夫脑为髓海，藏之至阴，故藏而不泻，今胆移邪热上入于脑，则阴气不固，而藏者泻矣，故脑液下渗于鼻，其证浊涕出而不已，若水之有渊源也。"并提出了治疗脑热鼻渊涕多的方剂，如前胡汤方、鸡苏丸等，至今仍有一定的参考价值。

到金元时期，各医家对鼻渊的认识也多遵循《内经》的观点，如《宣明论方·卷之一》说："胆移热于脑，则辛頞鼻渊，浊涕不止，如涌泉不渗而下。"提出用《圣济总录》的防风汤治疗。

至明代，《景岳全书》卷二十七曰："鼻渊证，总由太阳督脉之火甚者，上连于脑而津津不已，故又名脑漏。此症多由酒醴肥甘，或久用热物，或火由寒郁，以致湿热上熏，津汁流溢而下，离经腐败，有作臭者，有大臭不闻者。"治疗上提出，"清阴火而兼以滋阴久之自宁，此即高者抑之之法"，清化饮治疗取效。《外科正宗》卷四曰："脑漏者，又名鼻渊。总由风寒凝入脑户与太阳湿热交蒸乃成。其患者鼻流浊涕，或流黄水，点点滴滴，常湿无干，久则头眩虚晕不已。"

至清代，医家对鼻渊的论述更明确和具体。如《医宗金鉴》卷六十五说："此证内因胆经之热，移于脑髓，外因风寒凝郁，火邪而成，宜奇授藿香丸服之。"《医醇剩义·卷二》提出，"脑漏者，鼻如渊泉，涓涓流涕，致病有三：曰风也，火也，寒也"，认为风、火、寒为鼻渊的主要病因，提出了各型的治疗方药。《杂病源流犀烛·卷二十三》较具体地描述了鼻渊的症状："其症鼻流浊涕，或稠涕若脓血，腥臭难，或流黄水，长湿无干，久必头眩，虚运不已。"

熊大经教授主编的《中医耳鼻咽喉科学》将鼻渊定义为"鼻渊是指外邪侵袭、脏腑失调或脏腑虚损所致的以鼻流浊涕量多不止为主要特征的鼻病；临床上常伴有头痛、鼻塞、嗅觉减退等症状"。鼻内镜检查鼻渊患者鼻腔可见：双侧总鼻道和中鼻道大量脓性或黏性分泌物，双侧中鼻甲和下鼻甲黏膜充血肿胀。

2. 病　因

纵观古今，各医家对鼻渊的讨论颇多，大多认为其病因复杂。费伯雄《医醇賸义》云："脑漏者，鼻如渊泉……致病有三：曰风也、火也、寒也。"他认为风、火、寒是鼻渊的主要病因。风为百病之长，侵袭人体致病最多，《内经·素问·太阴阳明论》曰"伤于风者，上先受之"，风邪在鼻渊病中主要表现为肺经风热；火（热）为阳邪，其性炎上，多发生在人体上部。

熊教授指出，引起鼻渊的病因比较多，但综合起来，我们可以分为四类：外邪侵袭、饮食不调、情志内伤、体虚失健。鼻渊的病变与五脏皆有关，但主要是在胆、肺、脾。

（1）外邪侵袭

外邪侵袭是鼻渊发病的主要原因。鼻为肺之外窍，乃气息出入之通道，外感风热或外感风寒均有可能导致鼻渊。《内经·素问·至真要大论篇》提出肺热是鼻渊的一个重要病因："赤气后化，流水不冰，热气大行，介虫不复……甚则入肺，咳而鼻渊。"提出因感受了风热、肺经热盛而致鼻渊的病因病机：风热邪毒从口鼻而入，循经上犯，结滞鼻窍，蒸灼窦窍肌膜而为病。明代虞抟的《医学正传·鼻渊》曰："触冒风寒，始则伤于皮毛，而成鼻塞不通之候，或为浊涕，或流清涕……名曰鼻渊，此为外寒束表之证也。"风寒之邪从皮毛或口鼻而入，内犯于肺，郁而化热，循经上犯灼伤窦窍而致病。

（2）饮食不调

脾胃为后天之本，脾主升，胃主降。若平素嗜食肥甘厚味，醇酒煎炒，湿热蕴积，脾虚不运，鼻窦失养，湿热熏蒸鼻窍而为鼻渊。

（3）情志内伤

因情志不遂，喜怒失节，疏泄失职，气滞气郁，化火生痰，循经上犯，移热于脑，火灼津伤，损及鼻窍，迫津下渗为涕，发为鼻渊。或忧思过度，损伤肺脾，肺失宣降，脾失运化，湿热内生而为病。

（4）体虚失健

久病体虚，病后失养，邪毒内困。隋代巢元方《诸病源候论·鼻候》中说："肺主气而通于鼻，而气为阳，诸阳之气，上荣头面，若气虚受风冷，风冷客于头面，即其气不和，令气停滞，脓涕结聚，即不闻香臭。"这是从肺气虚寒的角度提出鼻渊的病机，肺气虚则卫外不固，清肃失司，邪毒易于滞留，上结鼻窦而致病。劳倦过度伤脾，运化失健，清气不升，鼻窍失养，湿浊内生，犯及窦窍而成鼻渊。古代医家也有从肾虚方面论述鼻渊之虚寒证的，如明代戴原礼《秘传证治要诀及类方·卷十·鼻》："有不因伤冷而涕多，涕或黄或白，或时带血，如脑髓状，此由肾虚所致。"

3. 病　机

鼻渊的病机，历代医家多有论述，他们已经逐步认识到肺热、湿热、外感、肾虚、脾胃虚弱等皆可导致鼻渊的发生，逐步完善了鼻渊的病因和发病学说，奠定了鼻渊八纲辨证和脏腑辨证的基础。所以，无论从外感六淫邪气，还是脏腑内伤皆可导致鼻渊的发生。《内经·素问·至真要大论篇》提出因感受风热、肺经热盛而致鼻渊的病因病机："赤气后化，流水不冰，热气大行，介虫不复……甚则入肺，咳而鼻渊。"《幼幼集成·卷四》曰："鼻流浊涕不止，名曰鼻渊，乃风热在脑故也。"《诸病源候论·卷四十八》曰："肺主气而通于鼻，而气为阳，诸阳之气，上荣头面，若气虚受风冷，风冷客于头脑，即其气不和，令气停滞，搏于津液，脓涕结聚，即不闻香臭。"此出处首创从肺气虚寒的角度提出鼻渊的病因病机。《济生门鼻方》用苍耳子散治疗鼻渊，被历代医家认为是治疗鼻渊的要药，一直沿用至今。又《医醇剩义·卷三》中也提到"阳邪外烁，肝火内燔，鼻窍半通，时流黄水，此火伤之脑漏也"，说明肝胆火热是鼻渊的重要原因。《济生方·鼻门》说："热留胆府，邪移于脑，遂致鼻渊……"又有《张氏医通·卷八》："鼻出浊涕，即今之脑漏是也……要皆阳明伏火所致。"也有从肾虚方面论述鼻渊之虚寒证的，如《秘传证治要诀及类方·卷十》："有不因伤冷而涕多者，涕或黄或白，或时带血，如脑髓伏，此由肾虚所生。"

据全国普通高等教育中医药类精编教材，鼻渊病辨证分型有外邪侵袭、胆腑郁热、肺经郁火、脾胃湿热、肺气虚寒、脾气虚弱。根据《中药新药治疗鼻渊的临床研究指导原则》，有胆腑郁热、脾胃湿热之分。熊大经教授认为，鼻渊的发病与局部的水湿凝聚有关。现代医学认为，各种原因导致的鼻及鼻窦黏液纤毛系统功能障碍、窦口鼻道复合体水肿、窦口封闭、引起分泌物潴留是鼻窦炎重要的病理变化机制。《素问玄机原病式》中曾提到"凡痰、涎、涕、唾稠浊者，火热极甚，销烁致之然"。熊大经教授明确指出邪毒留滞则浊涕内生，浊涕生则壅塞鼻窍，鼻窍不通则妨碍鼻的正常生理功能。

《中医耳鼻咽喉科临床手册》认为鼻渊病主要由肺经风热、肝胆湿热、脾胃火热上蒸鼻窦所致。《中医耳鼻咽喉科临床手册》还提出了本病由"邪热蕴肺，稽留不去""湿热稽留，痹阻鼻窦脉络""邪毒滞留，瘀阻鼻窦气血""肺脾气虚，邪滞窦窍""肝肾阴虚，虚火灼蚀"所致，从而打破了慢鼻渊属虚的观点，比较接近临床实际。

历代医家对鼻渊的论述可总结为五个方面：

（1）胆热学说

该学说认为胆热移脑是鼻渊发病的最早学说。《内经·素问·气厥论》最早提出"胆移热于脑，则辛頞鼻渊"。《圣济总录·卷一百一十六·鼻门》说："夫脑为髓海，藏于至阴，故藏而不泻。今胆移邪热上入于脑，则阴气不固，而藏者泻矣。故脑液下渗于鼻，其证浊涕出不已，若水之有渊源也。"《医宗金鉴》说："此证内因胆经之热，移于脑髓，外因风寒凝于火邪而成，宜奇授藿香丸服之。"

（2）肺热学说

该学说认为肺热壅盛、邪热入肺可导致鼻渊的发生，强调肺热在鼻渊发病的重要性。《内经·素问·至真要大论》曰："少阴之复，燠热内作，烦躁鼽嚏，少腹绞痛，火见燔焫，嗌燥，分注时止，气动于左，上行于右，咳，皮肤痛，暴瘖心痛，郁冒不知人，乃洒淅恶寒，振栗谵妄，寒已而热，渴而欲饮，少气骨痿，隔肠不便，外为浮肿，哕噫，赤气后化，流水不冰，热气大行，介虫不复，病痱疹疮疡，痈疽痤痔，甚则入肺，咳而鼻渊。"指出邪热入肺也可致鼻渊。《难经》曰："肺热甚则出涕。肺本清虚之府，最恶者热也。肺热则肺气必粗，而肺中之液必上沸而结为涕；热甚则涕黄，热极则涕浊，败浊之物，岂容于清虚之府，自必从鼻之门户而出矣。"强调了肺热在本病发病的重要性，与脑无关。《辨证录·卷三》有："人有鼻塞不通，浊涕稠黏，已经数年，皆以为鼻渊而火结于脑也，谁知是肺经郁火不宣。"刘河间认为"肺热甚则出涕"。

(3) 湿热上蒸

该学说认为内外合邪可致鼻渊，指出饮食不调，寒郁化火而致湿热上蒸的机理。

(4) 风火寒侵袭

该学说明确了外感六淫邪气中的风、火、寒，是鼻渊的致病因素。

(5) 肾虚

该学说指出鼻渊不仅有实证，还有虚证，虚证以肾虚为主，也可有气虚。后世医家在此基础上可以逐步完善鼻渊的病因和病机学说。

《中医耳鼻咽喉科常见病诊疗指南》指出：鼻渊辨证为五型，一为涕多、鼻塞、头痛、发热恶寒的肺经风热证；二为涕多色黄、鼻塞、头痛、口苦咽干的胆腑郁热证；三为涕多缠绵难愈，持续鼻塞，头昏倦怠的脾胃湿热证；四为病程较长的鼻塞、鼻涕混浊，气短乏力的肺气虚寒证；五为鼻塞、涕多混浊、食少便溏、劳累后加重的脾气虚弱证。鼻渊的这五种分型是中医学的最具代表的分型，是当代中医耳鼻咽喉学科带头人的共同看法。

(四) 鼻渊的中医治疗

1. 遗训可秉——先贤观点

对于鼻渊的中医治疗，历代医家有不同的见解，古代有关鼻渊治疗的记载始见于宋代，《圣济总录·卷一百一十六·鼻门》收载治鼻渊方六首，用前胡汤、芎䓖散、荆芥散及防风散治脑热，鸡苏丸治脑热肺壅。《名医类案·卷七》云："古方鼻渊即今之脑漏是也，当别寒热二证，若涕臭者属热，宜用清凉之药散之。"《古今医统·卷之六十二》按肺热辨治，"鼻多浊涕，平素壅塞不闻香臭者，当作肺热治之，宜清金泻火清痰"，方用神愈散。《类证治裁·卷之六》对风寒化热者用开上宣郁法："有脑漏或鼻渊者，由风寒入脑，郁久化热……宜辛凉开上宣郁，辛夷消风散加羚羊角、苦丁茶叶、黑山栀。"明以前治疗鼻渊多依《内经》胆热说论治。《景岳全书·卷二十七·鼻证》认为本病日久未必尽为热证："若执用寒凉未免别生他病，其有漏泄既多伤其髓海，则气虚于上，多见头脑隐痛及眩晕不宁等症，此非补阳不可，宜十全大补汤，补中益气汤之类主之。"

明清时期医家多用补肾、健脾等法治疗本病，也有从痰浊、肺热论治者。《疡科心得集·卷上·辨鼻渊鼻痔鼻齆论》认为鼻渊属"肾阴虚而不能纳气归元，故火无所畏，上迫肺经"所致，治疗宜"滋肾清肺为君，开郁顺气为臣，补阴养血为佐，俾火息金清，降令胥行，气畅郁舒，清窍无壅，阳开阴阖，相依相附，脏腑各司乃职，自慎以培其根，药饵以治其病，间有可愈者"，"主治之方，如初起用苍耳散，久则六味地黄汤、补中益气汤、麦味地黄汤、加味逍遥散，酌而用之可也"。

古代医家多从寒热辨证，热证又分肺热和胆热，这和现代医家的认识基本一致，现代医家把鼻渊的辨证归属五脏，认为鼻渊与肺脾肝胆皆有密切的关系，同样认为肺热和胆热是鼻渊的基本证型，在辨证论治上，根据病因病机可选择芳香开窍、清热化痰和补虚等，选用的方剂综合起来包括：苍耳子散（《重订严氏济生方·鼻门》）、治鼻渊方（《医学正传·卷五·鼻病》）、防风汤（《医学正传·卷五·鼻病》）、辛夷消风散（《杂病源流犀烛·卷二十三·鼻病源流》）、奇授藿香汤（《外科正宗·卷四·脑漏》）、脑漏秘方（《景岳全书·卷二十七·鼻证》）、探渊汤（《辨证录·卷三·鼻渊门》），还有出自《太平惠民和剂局方》的具有健脾益气、化湿和胃功能的参苓白术散，可用于脾虚夹湿所致的各种疾病，包括脾虚所致的虚证鼻渊。朱镇华运用参苓白术散加减治疗本病，取得良好效果；甘露消毒丹具有清热利湿、化浊通窍之功。

2. 踵事增华——熊老主张"鼻渊宜从胆治"

熊教授幼承庭训，师出名门，在其父川渝名家熊雨田研究的基础上，提出"胆主窦窍"学说，主张鼻渊宜从胆治。他认为鼻为肺之窍，其病多由肺经风热而成，而临床上此病往往从胆论治而获明显疗效。鼻渊责之于胆，原因有三，一是胆脉起于目内眦，曲折布于脑后，其气上通于脑，可致辛頞鼻渊；二是人之饮食，肥甘酒酪，归聚于胆，倘胆汁力不能参渗，则成湿热内蕴，移热于脑，成鼻渊；三是肝之经脉，分支络于脑，而胆寄位于肝，互为表里之脏，故肝胆火热内烁，胆腑郁热均可导致鼻渊。

对于形成鼻渊的机理，古代大多数医家认为主要是由于胆腑之热借经络之道路，上传于脑，下犯鼻頞所致，因其时受历史条件的限制，无"窦窍"之名，统属于鼻部。而现代医学发现，中鼻甲的前端附着处位于前颅底，中鼻道前端及其附属结构（即相当于窦口鼻道复合体）的体表投影恰巧在于中医所谓"頞"部。所以熊教授认为"胆主窦窍"思想早已蕴含于古中医学思维当中。

3. 不拘一格——多种治法

目前中医治疗鼻渊除内服中药外尚有滴鼻、熏鼻、导引、针刺、灸法等多种方式，其中内服中药以辨证施治为准则，辅以通窍等药物，而具体理法方药又有甚多论述。

（1）滴鼻

用辛夷滴鼻液、滴鼻灵、葱白滴鼻液或50%鱼腥草液滴鼻，每次每侧鼻腔1~2滴，每日3~4次。滴鼻时宜采用仰卧位，肩下垫枕，使鼻腔低于口咽部。有解毒祛湿、芳香通窍之功效。

（2）吹鼻

用冰连散、吸鼻散、肃窦散吹入鼻腔，每次适量，每日3~4次。有清热解毒、芳香通窍的作用，可改善鼻通气，使窦腔分泌物易于排出。

（3）塞鼻

以甘草、甘遂各等份，共研细末，炼蜜为丸，如黄豆大，用棉纱少许将药丸轻包，留出一头不包，塞入鼻孔中，两孔交替塞用。此法对鼻流黄水、头痛、前额痛、鼻塞不通有效。

（4）熏鼻

花生米7个，梅片少许。用铁盒1个，将上药放入盒内，上用纸糊开口，留1小孔，盒上加火，使花生产生烟雾，对准鼻孔熏之，每日2~4次。

（5）蒸气吸入

用内服药渣煎水或苍耳子散煎水，熏鼻，睡前1次，熏5~7日。

（6）穴位外敷

生附子末20 g，葱涎20 mL。葱捣烂，稍加水，搅和取汁。二味调如泥，外敷涌泉穴，外裹纱布。

对于鼻渊的治疗，除了全身治疗以外，还应当选用鼻腔局部的外治和新近开展的物理治疗方法，把这些方法恰当地结合起来，互补互用，便能够充分地控制疾病的发生和发展，尽量控制鼻渊的恶化，防止其并发症的出现。中医治疗鼻渊的方法上，除了辨别病性以外，还应当从脏腑辨证，充分结合各种辨证方法，使其为治疗鼻渊所用。

（五）鼻渊辨证分型和随证加减治疗

熊教授在临床中经常教导学生治疗鼻渊首先要分清虚实、要辨清病位。鼻渊实证多因外邪侵袭，引起肺、脾胃、胆之病变而发病；虚证多因肺、脾脏气虚损，邪气久羁，滞留鼻窍，以致病情缠绵难愈。

熊教授对鼻渊的治疗，基本的辨治思路是以"通、排、补"为根本遵循，分型论治，随证加减。

1. 实 证

（1）外邪侵袭，循经犯鼻

临床表现：鼻塞，鼻涕量多，或白黏或黄稠，嗅觉减退失灵，头痛。可兼有发热恶寒，咽痛，汗出，咳嗽，痰多，头额、眉棱、颌面部疼痛。舌质红，舌苔薄白，脉浮数。

证候分析：风热外袭或外感风寒，郁而化热，邪热客于肺系，致肺气闭郁，邪热壅盛，循太阴经上犯鼻窦，停聚鼻窍，致鼻塞、鼻甲充血肿大，蒸灼鼻窦肌膜，化腐成脓，故鼻涕量多而白黏或黄稠。

治法：疏风散邪，宣肺通窍。

方药：银翘散加减。方中银花、连翘辛凉透邪，解毒清热；荆芥、薄荷、牛蒡子、淡豆豉辛凉宣散，解表祛邪；桔梗、甘草宣肺气，祛痰排脓。若鼻涕量多者，可酌加蒲公英、鱼腥草、瓜蒌等；若鼻塞甚者，可酌加苍耳子、辛夷等；若鼻涕带血者，可酌加白茅根、仙鹤草、茜草等；若头痛者，可酌加柴胡、藁本、菊花等。

（2）胆腑郁热，移脑犯鼻

临床表现：鼻涕黏稠脓浊量多，腥臭，色黄或黄绿，鼻塞重，嗅觉减退，头痛剧烈而持久。口苦，咽干，目眩，或伴耳鸣耳聋，寐少梦多，急躁易怒。舌质红，苔黄或腻，脉弦数。

证候分析：胆热上犯于脑，下注于鼻，蒸灼鼻窦，化腐成脓，故鼻涕黏稠如脓，色黄腥臭，不易擤出，火热灼伤脉络，故涕中带血；火热炽盛，肌膜红肿，加之涕液壅阻鼻道，故鼻塞重，嗅觉减退；胆经火热上冲于脑，故头痛剧烈；火热壅遏，气血不通，故肌膜红赤肿胀；舌红、苔黄、脉弦数为胆腑郁热之征。

治法：清泻胆热，利湿通窍。

方药：龙胆泻肝汤加减。方中柴胡、龙胆草、黄芩、栀子清肝泻火；泽泻、车前子、木通清热利湿；生地、当归滋阴养血，以防过用苦寒伤正；甘草调和诸药。若鼻塞甚者，可酌加苍耳子、辛夷、薄荷等；若头痛甚者，可酌加菊花、蔓荆子。

（3）肺经郁火，壅遏鼻窍

临床表现：鼻塞，涕黏稠色白、黄稠，不易擤出，或涕中带血，头昏痛，嗅觉减退，或咳嗽痰稠，头额或眉棱骨疼痛。头痛，咳嗽，痰少而黄稠，咽痛，口渴。舌质红，苔黄，脉数。

证候分析：肺经蕴热，邪热挟痰浊蒸灼鼻窦，化腐成脓，故鼻流黄浊涕，鼻塞不利，鼻肌膜红肿；肺失宣降，肺气上逆，故咳嗽；津液输布障碍，津聚为痰，加之热邪灼津，故痰少而黄；热灼津液，故口渴；热邪壅肺，咽喉不利而咽痛；舌红、苔黄、脉数为肺经蕴热之征。

治法：清宣肺脏，泻热通窍。

方药：可选用泻白散加黄芩、栀子。方中桑白皮、地骨皮清肺泻热，兼退虚热；甘草、粳米养胃和中；黄芩、栀子清肺泻热。若鼻塞，咳嗽痰多者，可酌加杏仁、紫菀、款冬花等；若鼻塞，涕多者，可酌加半夏、陈皮、苍耳子、辛夷等；若鼻涕浓稠带血者，可酌加白茅根、仙鹤草、茜草等。

（4）脾胃湿热，蒸灼鼻窍

临床表现：鼻塞重而持续，鼻涕黄浊而量多，或擤出鼻涕后鼻通气有所改善，嗅觉减退。倦怠乏力，胸脘痞闷，头昏闷，或头重胀，纳呆食少，小便黄赤。舌质红，苔黄腻，脉滑数。

证候分析：足阳明胃经循行于鼻部，脾胃湿热，循经上犯壅塞清窍，故持续性鼻塞；湿热上蒙，故头胀痛；鼻为清窍，以通为用，湿热壅塞，故嗅觉减退，甚至消失。湿重者涕多，热重者涕黄，味臭。舌红、苔黄腻、脉滑数为湿热之征。

治法：清热利湿，化浊通窍。

方药：甘露消毒丹加减。方中藿香、石菖蒲、白豆蔻、薄荷芳香化浊，行气醒脾；滑石、茵陈、黄芩、连翘、木通清热利湿；辅以贝母、射干止咳利咽。若鼻塞甚者，可酌加苍耳子、辛夷等；若头痛者，可酌加白芷、川芎、菊花等；若鼻涕带血者，可酌加仙鹤草、白茅根、鱼腥草、蒲公英等。

2. 虚　证

（1）肺气虚寒，邪滞鼻窍

临床表现：鼻塞或重或轻，鼻涕黏白，稍遇风冷则鼻塞加重，鼻涕增多，喷嚏时作，嗅觉减退。气短乏力，语声低微，面色苍白，自汗畏寒，头昏，头胀，咳嗽痰多。舌质淡，苔薄白，脉缓弱。

证候分析：肺气虚弱，清肃无力，寒邪滞留鼻窍，与津液互结，化为浊涕，故鼻流浊涕，色白或黄；肺虚邪滞，气血不畅，加之津液停聚鼻窍，故嗅觉减退；鼻塞，随正气来复鼻塞时轻，气虚卫外不固、腠理疏松，故通风冷时症状加重。

治法：温补肺脏，益气通窍。

方药：温肺止流丹加减。方中细辛、荆芥疏散风寒；人参、甘草、诃子补肺敛气；桔梗、鱼脑石除涕。临床应用时可加辛夷花、苍耳子、白芷以芳香通窍。若头额冷痛，可酌加羌活、白芷、川芎等；若畏寒肢冷、遇寒加重者，可酌加防风、桂枝等；若鼻涕多者，可酌加半夏、陈皮、薏苡仁等；若喷嚏、流清涕者，可酌加黄芪、白术、防风等。

（2）脾气虚弱，鼻失温养

临床表现：鼻涕白黏或黄稠，量多，嗅觉减退，鼻塞较重。腹胀便溏，脘腹胀满，肢困乏力，食少纳呆，面色萎黄，头昏重，或头闷胀。舌淡胖，苔薄白，脉细弱。

证候分析：脾气虚弱，运化失健，湿浊滞留鼻窍，浸淫鼻窦，故鼻涕黏，色白量多，无臭味；湿浊壅滞肌膜，故鼻甲肿胀，鼻塞重，嗅觉减退；头昏头重胀、纳差、便溏腹胀、舌淡、苔白、脉缓弱为脾虚湿困之征。

治法：补益脾胃，益气通窍。

方药：参苓白术散加减。方中人参、白术、茯苓、甘草共为四君子汤，以补脾益气；山药、扁豆、薏苡仁、砂仁健脾渗湿，芳香醒脾；桔梗开宣肺气，祛痰排脓。若鼻涕浓稠量多者，可酌加陈皮、半夏、枳壳、瓜蒌等；若鼻塞甚者，可酌加苍耳子、辛夷；若涕中带血者，可酌加白茅根、仙鹤草等。

（六）治疗鼻渊的常用中成药

现在较多应用于临床治疗鼻渊的常用中成药有鼻渊舒口服液、鼻窦炎口服液等。

鼻渊舒口服液、鼻窦炎口服液是熊教授在家传秘方的基础上研制生产的中成药。对以鼻塞、鼻涕量多、头昏痛、头闷胀、鼻甲肿大、鼻黏膜充血等为主要表现的急慢性鼻-鼻窦炎疗效确切，具有见效快、复发率低、安全有效和未见明显毒副作用的特点。两种中成药被临床耳鼻喉科医生广泛用于急慢性鼻-鼻窦炎和功能性内窥镜鼻窦外科（Functional Endoscopic Sinus Surgery，FESS）手术前后的综合治疗，是治疗鼻-鼻窦炎的经典治疗药物。

（七）吉雷开窍汤加减治疗鼻病治验

吉雷开窍汤原方系我国已故著名中医专家熊雨田老先生家传秘方，用于治疗鼻渊有上百年的临床运用历史，后经恩师熊大经教授在家传秘方的基础上进一步研究，开发为中成药鼻渊舒口服液、鼻窦炎口服液。

熊雨田老先生在长期的临床实践中发现，感受外邪，胆腑郁热，邪舍鼻窍，正气不足是鼻渊发生的主要病机；鼻渊属湿属热者多，胆热湿热贯穿于鼻渊的全过程，主张鼻渊宜从胆治，并首创经验方"吉雷开窍汤"治疗鼻渊。

"吉雷"二字含义颇丰：一者，雷属震卦，受乙木天罡之气而生，对应甲木，在人为胆腑，说明本方以治胆为核心，恢复胆腑的清净刚正。二者"吉雷"二字，含熊雨田先生之父熊吉之（清末喉科名医）的"吉"及熊雨田先生之"雨田"二字合成为"雷"，表明该经验方是在熊氏行医过程中积累而成。

吉雷通窍汤主要由黄芩、栀子、柴胡、苍耳子、辛夷、薄荷、白芷、细辛、川芎、黄芪、桔梗等 13 味药组成。方中黄芩苦寒，善"清胆泻热""清肺泻热""清热燥湿"为君。栀子苦寒，清肝胆湿热为臣，以增黄芩清胆热、清肺热之功。柴胡苦辛微寒，解表退热、疏肝解郁、升举阳气，与黄芩、栀子相配，既清又散，宜于内郁胆热之清除。白芷止痛善阳明痛，辛香走窜，又具通鼻窍、除湿排脓之功。苍耳子、辛夷辛温，归肺经，具疏风通窍祛湿之功。薄荷辛凉，归肺肝经，能疏风散热，清利头目。桔梗系"诸药舟楫"，为使药，同时桔梗尚有排脓之功。

综观全方，有如下三个特点：其一，清胆泻热结合益气扶正，邪正兼顾。其二，发散郁火，导邪下除，给邪出路。其三，升降并行，气血并调，标本兼顾。

若鼻塞，涕多者，可酌加半夏、陈皮；若头痛甚者，可酌加菊花、藁本；若鼻涕带血者，可酌加鱼腥草、蒲公英、白茅根等；若发热者，加青蒿、茵陈。

（八）临证验案举隅

患者杜某，男，35 岁，初诊：2007 年 3 月 8 日。患者诉鼻塞、头痛、流黏脓涕伴嗅觉减退 2 年余。检查：双侧下鼻甲肿大，以右侧为甚，中鼻道及下鼻道有黏脓涕，色黄量多，舌红，苔黄腻，脉滑数。诊断为鼻渊，方以吉雷开窍汤化裁。处方：柴胡、黄芩、栀子、白芷、川芎、枳壳、瓜蒌各 10 g，黄芪 30 g，地龙 20 g。6 剂，水煎服。二诊：2007 年 3 月 15 日。患者诉黏脓涕有所减少，鼻塞症状有所缓解，仍有头痛，舌红，苔黄，薄腻苔。在原方基础上加藁本 15 g 清利头目，加法夏 10 g 以助除涕排脓。6 剂，水煎服。三诊：2007 年 3 月 28 日。患者诉因出差外地，药服完后无法按时就诊，遂按原方抓取 5 剂，自觉黏脓涕明显减少，鼻塞症状明显改善，头痛症状也有所减轻。在二诊基础上去法夏，加桔梗 10 g 排脓除涕，薄荷 10 g 疏风散热，清利头目，茯苓 20 g 健脾渗湿，导邪下除。6 剂，水煎服。四诊：2007 年 4 月 4 日。患者诉黏脓涕基本消除，头痛明显减轻。守三诊原方 6 剂而愈。

二、对鼻鼽的认识和治疗经验

（一）鼻鼽的病因病机

1. 鼻鼽的病因

鼻鼽是指特禀体质、脏腑失调，又受外界刺激所致，以突然或反复发作的鼻痒、喷嚏、大量清涕、鼻塞等主要特征的鼻病。有时伴有眼痒或头胀。鼻鼽之名，首见于《内经·素问·脉解》："所谓客孙脉，则头痛，鼻鼽，腹肿者。阳明并于上，上者则其孙络太阴也，故头痛，鼻鼽，腹肿也。"《释名·释疾病》解释为"鼻塞曰鼽"。《素问玄机原病式·六气为病》说："鼽者，鼻出清涕也。"明代王肯堂《正治准绳·杂病·鼻》列有"鼻鼽"一病。用鼻流清涕来解释鼻鼽。西医学的变态反应性鼻炎、嗜酸粒细胞增多性非变态反应性鼻炎、血管运动性鼻炎均属鼻鼽范畴。

（1）特禀体质

古代中医对过敏性疾病有所认识。《外科正宗·卷四》提出"漆疮"的发病："漆疮由来自异，有感而弗感也。"也就是说古人认识到接触到油漆，有的人发病，有的人不发病，是因为"由来自异"，所以"有感而弗感"。这是因为"特禀体质"，体质有偏差。甘祖望《甘氏耳鼻咽喉口腔科学》也认为，鼻鼽和过敏性疾病关系密切，鼻鼽和漆疮同属过敏性疾病，古人对漆疮的论述中认为，病人体质有偏差是鼻鼽发病的基础。

（2）脏腑虚损

素体虚弱或病后失养，导致肺脾气虚，腠理疏松，卫外不固，营卫失调，风寒邪气易乘虚而入，伤及人体正气，导致肺、脾、肾三脏功能失调，水液代谢紊乱，体现为肺的通调水道，脾的运化水湿，肾的蒸腾气化、温化固摄作用失调，致水液停聚，上达鼻窍就出现流大量清鼻涕、鼻塞。

（3）外界因素

鼻鼽的发病，内因是本质，外界因素的刺激是促使发病的关键。花粉、尘螨、特殊气体、寒热温差等，都可成为不良刺激因素，导致特殊体质人群发作鼻鼽。外界刺激因素进入体内包括呼吸道通路，也包括消化道通路，通过消化道进入体内的饮食，如鱼、虾、蛋、奶，损伤脾胃，也会导致脾的运化失调，气血生化不足，从而鼻窍失养，同时脾虚失运，易致水湿停运，湿浊上犯形成清涕量多。

2. 鼻鼽的病机

关于鼻鼽发作的病因病机，主要责之于肺、脾、肾三脏的亏虚，因外邪侵袭，触犯鼻窍，壅塞津液而出现鼻痒、喷嚏、清涕、鼻塞等症状。

（1）肺气虚寒，卫气不固

肺气虚寒之说，是隋、唐、宋、明、清时期认识鼻鼽病因病机的基本观点。如隋代巢元方的《诸病源候论·卷二十九·鼻病候》曰："肺气通于鼻，其脏有冷，冷随气入乘于鼻，故使津液不能自收。"认为鼻鼽是脏冷感寒所致。宋代赵信在《圣济总录·一百一十六》中设"鼻流清涕"一症，认为："鼻流清涕，至于不止，以肺脏感寒，寒气上达，故其液不能收制如此。"可见当时鼻流清涕的主要病机是肺气虚寒。清代陈士铎在《辨证录·卷三》中更加明确："人有鼻流清涕，经年不愈，是肺气虚寒，非脑漏也。"

（2）脾气虚弱，清阳不升

《圣济总录·卷第一百八十》治疗小儿多涕，常用人参，说明当时非常重视肺脾气虚这一病机。清代张璐《张氏医通·卷九·杂门·欠嚏》说："中寒而加火迫津气，或风激水液，皆清涕出，纵有土虚不能御邪之故。"

（3）肾阳不足，温煦失职

《内经》中多有论述"嚏"与肾虚有关。如《素问·宣明五气》说："肾为欠为嚏。"《素问·刺禁论》说："刺中肾，六日死，其动为嚏。"《素问·阴阳应象大论》说"年六十，阴痿，气大衰，九窍不利，下虚上实，涕泣俱出矣。"《内经》提出了肾虚鼻涕失制的病机。

（4）肺经伏热，上犯鼻窍

肺经伏热一说，金代刘完素最先提出。《素问玄机原病式·六气为病·热类》中认为，"肺热甚则出涕"，并明确指出"或言鼽为肺寒者，误也"。刘完素认为"寒伤皮毛，则腠理闭密，热极怫郁，而病愈甚也"，这是肺经伏热证候的病因病机。《素问玄机原病式·六气为病·火类》认为喷嚏也多为火热证："鼻为肺窍，痒为火化。心火邪热，干于阳明，发于鼻而痒，则嚏也。"说明肺经伏热是鼻鼽的病因病机。明代李时珍《本草纲目·主治第四卷·百病主治药·鼻》中提出"鼻鼽，流清涕是脑受风寒，包热在内"。这一论述和刘完素的观点相似。

（二）鼻鼽辨证分型和随证加减治疗

药物治疗鼻鼽，首见于唐代。《千金要方·卷六·七窍病上·鼻病第二》中"治鼻塞脑冷清涕出方"，作者沿用了《诸病源候论》的肺脏有寒观点。《圣济总录·卷第一百八十》治疗小儿多涕，用人参汤、甘菊花汤、前胡汤，三方主治证候病机均为"肺脏伤冷"，药方中均有人参，说明重视肺脾气虚。《普济方·卷二十二·脾脏门·兼理脾胃附论》中，治疗鼻流清涕、嚏不止，用吴茱萸丸，调理脾胃。《华佗神方·卷十一·华佗治鼻塞多清涕神方》用细辛、干姜、川芎、附子等，治疗鼻涕量多，药物以温补肾阳药为主。金代刘完素在《素问玄机原病式·六气为病·热类》提出鼻鼽的病机属热。他的另外两部专著《宣明论方》和《素问病机气宜保命集》中有相应的方剂。总之，鼻鼽的辨治，可从虚实来论，虚为肺、脾、肾虚，实为火热之邪气。

1. 辨证分型和随证加减治疗

（1）肺气虚寒，卫表不固

临床表现：此型病人多鼻痒，喷嚏较多，大量清鼻涕，随后鼻塞，病人面色少华，少气懒言，怕风自汗，咳嗽气短，鼻内窥镜检查见鼻黏膜颜色偏淡，黏膜水肿，淡白舌，薄白苔，脉细弱。

证候分析：风寒外邪侵袭入肺，邪气凝滞于肺，与正气交争，则鼻痒喷嚏；肺失宣降，津液代谢失调，则大量清涕，鼻黏膜水肿；肺气虚，则面色少华；卫表不固，则怕风自汗；舌脉均为肺气亏虚之所见。

治法：温肺散寒，益气固表。

常用方及加减运用：桂枝汤合玉屏风散加减。用药：桂枝、白芍、干姜、大枣、甘草、黄芪、防风、白术、柴胡、黄芩、白芷、桔梗、地龙等。鼻痒甚者，加蝉蜕；咳嗽气喘，鼻涕清稀量多者，合用小青龙汤；喷嚏多者，加仙茅、乌梅、五味子。

（2）虚弱，清阳不升

临床表现：此型多见于小儿，鼻痒，喷嚏较多，大量清鼻涕，随后鼻塞，鼻甲肿大明显，见于成人时，易生成鼻息肉，病人四肢倦怠纳少腹胀，大便溏薄，鼻内窥镜检查见鼻黏膜颜色偏淡，黏膜水肿，淡白舌，薄白苔，脉细弱。

证候分析：小儿脏腑娇嫩，脾常不足，故此型小儿多见；脾虚则气血生化无力，土不生金，肺气亦虚，则鼻痒喷嚏发作；肺失宣降，则津液输布失调，鼻流清涕；若成人犯病，则病程较长，脾虚生湿，湿邪聚于鼻窍，则见鼻息肉或鼻甲息肉样变，舌脉均为脾气虚之所见。

治法：益气健脾，升阳通窍。

常用方及加减运用：补中益气汤加减。用药：人参、黄芪、炙甘草、柴胡、升麻、陈皮、当归、白术、白芷、桔梗、地龙等。鼻痒、鼻塞，属风寒证，加蝉蜕、防风；鼻涕较多，加细辛、乌梅、五味子；若鼻痒、清涕量多，属脾虚湿盛者，合用参苓白术散。

（3）肾阳不足，温煦失职

临床表现：此型病人阵发性鼻痒、喷嚏、清涕、鼻塞，病人腰膝酸软，脊背发冷，四肢不温，便稀溲清，鼻内窥镜检查见鼻黏膜苍白，黏膜水肿，淡白舌，薄白苔，脉沉细。

证候分析：腰膝酸软、四肢不温属肾气亏虚，肾为原阳之府，肾为气之根，肺为气之主，肺主气、司呼吸，肾阳亏虚，失于摄纳，则清涕量多，鼻黏膜苍白水肿，舌脉均为肾阳不足之所见。

治法：温补肾阳，散寒通窍。

常用方及加减运用：金匮肾气丸加减。用药：熟地黄、山茱萸、山药、茯苓、泽泻、丹皮、附子、肉桂、柴胡、黄芩、白芷、桔梗、地龙等。清涕量多，加细辛、吴茱萸散寒通窍；气虚者，加金樱子、蛤蚧。

（4）肺经伏热，上犯鼻窍

临床表现：此型病人鼻痒，喷嚏较多，清鼻涕，鼻塞，病人烦热，大便干，小便黄，鼻干，鼻内窥镜检查见鼻黏膜颜色偏红或暗红，舌质偏红，薄白苔，脉数。

证候分析：肺脏郁热，复感外邪，肺失宣降则津液运行失常，导致清涕量多；清涕较多，耗伤津液，则鼻干气热，便干溲黄；肺开窍于鼻，肺热盛则鼻黏膜偏红或暗红；舌脉均为脏腑郁热之所见。

治法：清肺泄热，通利鼻窍。

常用方及加减运用：辛夷清肺饮加减。用药：辛夷花、黄芩、栀子、石膏、知母、麦冬、枇杷叶、升麻、甘草、柴胡、白芷、桔梗、地龙等。鼻黏膜红肿，加茜草、仙鹤草；鼻干气热者，加桑白皮、地骨皮；清涕量多，加黄芪、党参、茯苓。

2. 鼻鼽治验一例

（1）发病经过与现病史

陈某，女，15岁，中学生。初诊日期：2016年11月15日。

患者主诉：自国庆节开始，每天早上起床后，连续打喷嚏，有时候甚至打十余个喷嚏，随后流清鼻涕，自认为是感冒，自服感冒药3天，效果不佳，因学习任务重，未予重视，近一周，患者症状加重，并伴有鼻塞、鼻痒、眼痒。故来耳鼻咽喉专科门诊诊治。患者就诊时见：面色略苍白，下眼睑肤色偏暗，鼻塞、清涕，倦怠，饮食正常，大便稀溏，淡白舌，边有齿痕，薄白苔，脉细弱。

（2）证候分析

患者面色苍白，倦怠，大便稀溏，舌边有齿痕，脉细弱。据此表现，应属脾气虚弱。国庆节后，天气转凉，寒气侵袭人体，使病人喷嚏频发，治疗上未予重视，导致病情加重。

（3）施治过程

按中医基本理论立法施治，用补中益气汤加减以健脾益气，渗湿通窍。方如下：党参30 g、黄芪30 g、柴胡10 g、升麻10 g、陈皮10 g、当归10 g、白术10 g、山药30 g、白芷10 g、桔梗20 g、地龙20 g、薄荷10 g、炙甘草10 g。水煎服，一日一剂，热服，共6剂。

11月22日复诊，患者晨起喷嚏减少，鼻痒、眼痒情况好转，给予继续健脾益气，疏散外邪。上方减薄荷、白芷，加茯苓20 g。共6剂。

三、对喉源性咳嗽的认识和治疗经验

（一）对喉源性咳嗽的认识

喉咳是指因外邪侵袭、脏腑亏虚或脏腑失调、痰凝气滞及异气刺激咽喉所致的以突然和反复发作的咽喉干痒、咳嗽痰少为主要临床表现的咽喉疾病。[1]相当于西医学中的慢性咽炎。受凉、感冒、过度劳累、喜食辛辣刺激食物、尘螨过敏、肺炎支原体感染可能是喉源性咳嗽的诱因。随着环境的恶化，喉源性咳嗽的患者越来越多，严重影响了患者的生活质量。川渝地区，人们普遍惯食辛辣刺激性食物，故该病的发病率较高。

国医大师干祖望教授曾在其1985年的著作《喉科学》中提出"喉源性咳嗽"这一病名，属于中医"咽痒、喉咳、风热喉痹、慢喉痹"的范畴[2]，熊大经教授在1995年制定《中医临床诊疗术语》（GB）时提出"喉咳"一名[3]。

1. 病因病机

（1）外邪侵袭

《内经·素问·风论》云："风者，百病之长也。"风邪是该病的首发因素。

---

[1] 熊大经，刘大新，李云英. 中医耳鼻咽喉科学[M]. 上海：上海科技出版社，2008.
[2] 干祖望. 干氏耳鼻咽喉口腔科学[M]. 南京：江苏科学技术出版社，1999.
[3] 中华人民共和国. 中医临床诊疗术语（证候部分）[M]. 北京：中国国家标准出版社，1997.

咽属上焦，与肺相通，为肺之门户，"风邪上受，首先犯肺"，风邪为病必首先从肺开始，而咽又位于肺之上源，是肺气进出肺内的必经通道，无论寒邪热邪均由风邪所载而来，正所谓"风为百病之长"。《景岳全书·咳嗽》云："肺苦于燥，肺燥则痒，痒则咳不能已也。"喉咳以咽痒为主症，风甚则痒，而风有微甚之分，微者以痒为主，甚者以燥为主，而更甚者以痛为主。

（2）脏腑亏虚

《内经》谓："五脏六腑皆令人咳，非独肺也。"喉咳可由咽喉疾病治疗未愈迁延而来。《罗氏会约医镜》："凡干咳嗽，暴得者乃火郁于肺中，久病者系内伤亏损，肺肾不交，津液枯涸而然。"《证治汇补·卷之五·胸膈门咳嗽》谓："一遇外感风寒，疏散之外，牢不可破，殊不知久则传里，变为郁咳。"[1]《医碥·咳嗽》云："木火刑金而肺叶干皱则痒，痒则咳，此不必有痰，故名干咳。"熊教授认为某些咳嗽是因为喉部疾病的原因所致，与外邪侵袭、正气亏虚等有关，正所谓"邪之所凑，其气必虚"。

可见，喉咳病位在肺，与五脏有关，病因分外感与内伤，外感则与风邪密切相关，风邪可以是单一的致病因素，也可挟寒邪、热邪、火邪、湿邪、燥邪等共同致病。

2. 治　疗

（1）疏散风邪，利咽止咳

"风动则痒"，风胜则咽痒，咽痒旋即咳嗽，故而止痒当先散风，熊教授认为疏散风邪是治疗喉源性咳嗽的关键法门。同时，治病求本，仍须统筹多方因素，治鼻、治咽、治肺、治他脏，若兼夹他邪，尚需祛散他邪。风邪入侵，若饮食不慎、过食甜腻，脾土受困，则风邪难泄，病情迁延难愈，故当循因治疗。熊教授常以麻黄汤加减治疗，屡效。若风邪犯肺、咽喉不利者，多咽痒甚、异物感明显，稍遇风则咳，多用麻黄、杏仁、桔梗、地龙、紫菀等宣肺利咽。偏于风热者可用荆芥、薄荷、连翘、蝉蜕、柴胡等疏风清热、清利咽喉，脾虚痰凝咽喉者可用六君子汤健脾化痰，阴虚火旺者常以贝母瓜

---

[1] 李用梓. 证治汇补[M]. 上海：上海卫生出版社，1958：267.

蒌散、六味地黄丸等滋阴润肺止咳等，痰热者可加石膏、鱼腥草等，气虚者可加黄芪、南沙参等。

（2）补肺为主，兼顾他脏

本病病位在肺，与他脏相连。脏腑虚损，易致外邪侵犯，尤其是风邪。"急则治其标，缓则治其本"，故本病的后期，患者咳嗽、咽痒症状减轻或消失后，当补益脏腑虚损。《罗氏会约医镜》曰："凡干咳嗽，暴得者乃火郁于肺中，久病者系内伤亏损，肺肾不交，津液枯涸而然。"肺为娇脏，喜润而恶燥，肺中阴津亏损，肺燥失润，气机升降失司，或肺肾阴虚，虚火上炎，灼伤咽喉，皆可致干咳，治当滋阴润肺，止咳利咽。脾为后天之本，脾气虚弱，运化无力，则水湿停聚，聚而升痰，复感外风，内外合邪，随风往上，痰凝咽喉，风邪难泄，故当健脾化痰为主，并利咽以止咳。《医碥·咳嗽》云："木火刑金而肺叶干皱则痒，痒则咳，此不必有痰，故名干咳。"肝火犯肺易可令人咳，当清肝降火，润肺止咳。

喉源性咳嗽是耳鼻咽喉科的常见病与多发病，非耳鼻咽喉科的医生容易对此误诊误治。熊老认为风邪是主要病因，病机是外邪侵袭，脏腑亏损，故急性期当疏风散邪，利咽止咳；后期当治病求本，补益脏腑。

（二）案例精选 辨证治疗愈喉源性咳嗽 2 例

1. 病案一

张某，男，41 岁，2015 年 6 月 9 日初诊。

主诉：反复咽痒、咳嗽 2 周。

现病史：2 周来患者无明显诱因出现咽痒，咳嗽，咽痒则咳，难以抑制，咯白黏痰，伴鼻塞，无涕，自行购买抗生素、中成药等（具体不详）服用后，无明显改善。上诉症状，夜间尤甚，影响睡眠，纳差，二便调。诊查：咽部黏膜稍充血，双下甲肿大、充血。舌质淡胖、边有齿痕，苔薄黄。脉沉弱。

既往史：患有非萎缩性胃炎多年，未规律治疗。

西医诊断：慢性咽炎。

中医诊断：喉咳——脾虚夹湿证。

处方：麻黄 10 g　　杏仁 10 g　　桔梗 20 g　　浙贝母 10 g

南沙参 30 g　款冬花 10 g　紫菀 10 g　　山药 30 g

地龙 20 g　　黄芪 30 g

共 6 剂，水煎服，一日 1 剂。2015 年 6 月 16 日复诊，诉咳嗽、咽痒减轻，阵发性咳嗽，仍有少量黏稠白痰，夜间仍鼻塞，但不影响睡眠，纳仍差，查见：双下甲未充血；舌胖嫩、舌尖红、苔白，脉沉细。

易方：茯苓 20 g　　桔梗 10 g　　浙贝母 10 g　砂仁 10 g

建曲 20 g　　白术 10 g　　南沙参 30 g　白扁豆 20 g

藿香 10 g　　鸡内金 20 g　黄芪 30 g

共 6 剂，水煎服，一日 1 剂。2015 年 6 月 21 日三诊，诉咽痒、咳嗽明显减轻，鼻塞减轻。按二诊处方继服 10 剂，后诉症状消失，纳眠可，查脉象有力，遂停止服药，特别叮嘱患者规律饮食。

按语：急则治其标，患者初诊，咽痒、咳嗽剧烈，影响睡眠，当先疏散风邪，利咽止咳，故用麻黄、杏仁、桔梗宣肺利咽，紫菀、款冬花止咳，浙贝母、地龙清热化痰，南沙参、黄芪、山药健脾益气。二诊咽痒咳嗽减轻，邪已去半，但纳差、舌胖嫩、脉沉细，一派脾气虚弱之象，脾主运化，运化无力，则水湿停聚，聚而生痰，痰凝咽喉，风邪更难泄。缓则治其本，故治当以健脾化痰，利咽止咳。黄芪、白术、建曲、砂仁、白扁豆健脾益气，除湿化痰；茯苓与白术共奏利水渗湿、健脾宁心之功。浙贝母清热散结、化痰止咳；藿香芳香化湿，醒脾开胃；南沙参养阴润肺，生津止咳。熊老认为，咽喉为肺胃之气出入之通道，如若起居不慎，寒热失调；或因饮食失节，或过度疲劳，以致外邪犯肺，肺失清肃，邪壅咽喉，而发为喉源性咳嗽。患者平素脾胃虚弱，饮食稍有不慎则易食积化热生痰，故以鸡内金、建曲健脾消食，化痰去积。全方配伍，重在健脾除痰，兼以清热、化痰、消食、养阴、利咽。

2. 病案二

何某，女，67 岁，2015 年 9 月 30 初诊。

主诉：咽痛 10 天，咽痒、干咳 7 天。

现病史：患者 10 天前不慎淋雨后，出现恶寒发热（体温不详）、头身疼痛、咳嗽、咽痛、鼻塞、流涕等症状，自服抗生素及中药治疗（具体不详）后，恶寒发热、头身疼痛、鼻塞、流涕等症状消失，咽部仍有不适、咽干、咽痛。7天前，患者出现咽痒，痒后干咳，夜间明显，咯黄色黏痰，伴鼻干、口干、咽干。

诊查：咽部黏膜干燥。舌绛红少苔，脉细弱。

既往史：患者平素易感冒，每到换季之时即复发咳嗽。

西医诊断：慢性咽炎。

中医诊断：喉咳——阴虚火旺证。

处方：麻黄 10 g　　杏仁 10 g　　桔梗 20 g　　紫菀 10 g
　　　熟地黄 20 g　　山茱萸 20 g　　五味子 20 g　　浙贝母 10 g
　　　天花粉 30 g　南沙参 30 g　　款冬花 10 g　　麦冬 10 g

共 6 剂，水煎服，一日 1 剂。2015 年 10 月 6 日复诊，诉干咳消失，口干、咽干明显缓解，停止治疗。

按语：患者平素易感冒，责之肺脾气虚，营卫不固。1 周前患风寒感冒，经治后外感虽愈，但邪去未尽，留恋于咽喉，致咽喉不适。清末蜀中名医郑钦安曾云，"一病有一病之阴阳""万病总是在阴阳之中"。夜间阳气入里，故卫外更加不足，风邪容易乘虚而入，导致症状复发。肺肾阴虚，虚火上灼咽喉而干咳。本病属虚实夹杂之证，病程短者可数日不解，长则可达数月甚至数年。故治当滋阴降火，利咽止咳。方中以熟地黄、山茱萸、五味子滋补肾阴，天花粉、南沙参、麦冬养阴生津，麻黄、杏仁、桔梗、浙贝母、紫菀、款冬花宣肺化痰，下气止咳。桔梗如舟楫载药上行，使得诸药直达病所，故临床疗效明显、起效快，安全性高。

喉源性咳嗽临床表现中，咽痒、咳嗽尤为突出。"风为百病之长"，风动则痒，无论寒邪、热邪均由风邪挟载而来，故当循因治疗，熊教授惯用麻黄汤加减祛除风邪，屡试屡效。本病常常见支气管及肺部检查无明显异常，鼻咽喉镜检查也仅是急慢性咽炎的表现，多以咽喉局部黏膜充血及咽后壁淋巴滤泡增生为主，并未见明显器质性病变。现代医学中的急性或慢性咽炎、喉炎等咽喉疾病，一旦以咳嗽为主要症状，排除下呼吸道疾病均参考本病辩论论治。

四、对声带、嗓音疾病的认识和治疗经验

（一）对声带、嗓音疾病的中医认识

1. 声带归于喉，关乎发音

中医学对嗓音疾病的认识由来已久，早在《内经》中，便开始用"瘖"作病名。中医古代文献中具有大量关于"音瘖"的记载，但由于历史条件和认识局限，对声带却无过多描述，只能笼统地用"厌大而厚"（《内经·灵枢·忧恚无言》）一词来概括声带的病变，也曾推测到声带病变对发音的严重影响。[1]诸多学者认为，声带为气体出入之门户要道，喉位于上窍，上窍乃清阳濡润、津液滋养之部位，故声带具有喜润恶燥的特性，生理上以润泽洁净、开合灵敏为健。[2]故多将声带囊括于喉来论述，认为喉是发音器官，嗓音改变的主要原因责之于喉。十二经络皆与喉有直接或间接的络属关系，故脏腑失调必然会引起喉咙及声带的病变。喉腔的喉镜所见如图 2-3 所示。

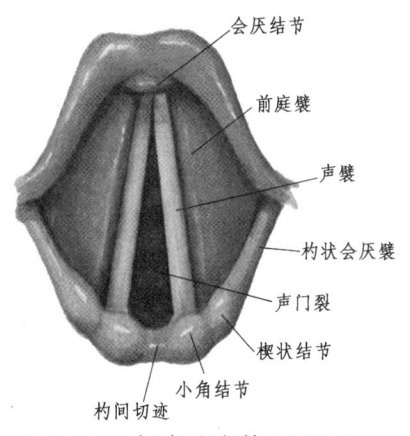

图 2-3 喉腔的喉镜所见图

---

[1] 刘学义，李红波. 中医辨证治疗声带病疗效观察[J]. 中医中药，2011，42（4）：109-110.
[2] 宣伟军. 声带小结的中医治疗体会[J]. 广西中医药，1991（1）：17-18.

2. 声带病变与脏腑功能有关，主责肝脾

声带病变虽与五脏六腑功能失调均有关联，但主要为肝脾二脏。从经络循行来看，足厥阴肝经属肝络胆，上贯膈，布胁肋，循喉咙之后；足太阴脾经属脾络胃，上膈，挟咽连舌本散舌下。肝脾二经均达喉咙，亦包括现代医学的声带。从结构功能来看，《脾胃论》中认为"胃气（脾气）一虚，耳、目、鼻、口俱为之病"，而且土位中焦（央），宫在土位，宫又为五音之首，故声带的振动发音与脾的功能密切相关。干祖望认为，"肝主筋膜，声带亦属肝"，肝体阴而用阳，司全身气血精津疏泄调达。若肝血充足、肝体柔和、筋膜濡养，声带方可开合有常，开合有度，故声带的开合运动正是肝调节喉气的一种形式。[①]

现代研究表明，声带小结的产生是由于滥用嗓音致血管扩张—瘀血—血管通透性增加—变性机化，其中血管壁通透性的增加在于声带黏膜下间隙出现间质性积液及水肿渗出[②]，这与中医"水道不畅，水湿瘀滞"的机理不谋而合。若脾失健运，水液代谢运化不畅，水湿输布受阻，聚湿成痰瘀滞声带发为小结。干祖望老先生认为声带肿胀多为脾虚而致。[③]此类声带肥厚、声带小结大多色白或淡红色且质嫩，视之似半透明状或水肿状，声哑沉重；多伴有咽喉不适、习惯清嗓、自觉/不自觉发挥"吭吭"之声、纳差、腹胀、咽干不喜饮、气微粗、便结干燥等症状。《内经·素问·经脉别论》曰："饮入于胃，游溢精气，上输于脾，脾气散精，为上归于肺。"由此可见，脾为后天之源，其气散精，将水谷转化为精微转输到他脏，若脾失健运则水液代谢、升降布散失调，且为涕、痰等提供了物质基础，所以健脾方可升清而降浊。正如黄元御所说："调声音者，益清阳而驱浊阴，一定之理。"由于脾不升清，导致痰湿内生，阻滞声带者，其声带见较多分泌物附着，声带小结暗红、质软，多伴有声带红肿、流清涕或者浊涕、鼻塞、咽部异物感或灼热感等。

---

① 陈小宁，严道南. 耳鼻喉科临证精粹[M]. 北京：人民卫生出版社，2014：172.
② 张守杰，余养居. 健脾补肾法治疗声带小结的疗效观察与机理探讨[J]. 中国中西医结合耳鼻咽喉科杂志，1999，7（3）：118-119.
③ 吴继勇，严道南，陈国丰. 从脾论治在慢喉喑治疗中的应用[J]. 江苏中医药，2010，42（4）：60-62.

3. 声带、嗓音主要疾病——慢喉喑

慢喉喑是因脏腑虚弱,声门失养,或气血瘀滞,痰浊凝聚于声门所致,以长期声音嘶哑为特征的慢性喉病。主要指西医学中的慢性喉炎,亦包括声带小结、声带白斑、声带息肉、喉肌无力症等。[①]

（1）诊断依据

① 以长期声音嘶哑,喉部干燥不适为主要症状。伴有咳嗽、咯痰等症。② 病程较长,声音嘶哑时轻时重。③ 从事教师、演员、营业员等用嗓较多职业者易患本病。多因急喉喑反复发作而转化为慢性,亦有长期发声过度,缓慢起病者。④ 喉部检查黏膜多有暗红色充血、肿胀或萎缩,声带肿胀、肥厚,声门闭合不密,或有室带肥厚、超越。⑤ 应与喉癌相鉴别。

（2）病因病机

慢喉喑多因脏腑失调或用声不当导致,《景岳全书·卷二十八》提出:"声音出于脏气,凡脏实则声弘,脏虚则声怯。故凡五脏之病皆能为喑。"

（3）证候分类

① 肺肾阴虚:声嘶日久,咽喉干燥、锨热微痛,口干,干咳无痰,或痰少而黏。声带微红。舌红,少苔,脉细数。

② 肺脾气虚:语声低沉,气短懒言,咳嗽咯痰,色白略稀,体倦乏力,纳少便溏。声带肿而不红,声门关闭不密。舌淡,苔白,脉细弱。

③ 气滞血瘀:声音嘶哑,咳嗽痰少,多言后喉中觉痛,痛处不移,胸胁胀闷。声带暗红、增厚,或有声带小结、声带息肉,或室带肥厚、超越。舌质紫黯或有瘀点,脉涩。

④ 痰浊凝聚:声音粗浊,喉中痰多,痰白而黏,声带水肿,或有声带小结、声带息肉,色灰白。舌苔白腻,脉滑。

（4）疗效评定

① 治愈:发音恢复正常。喉部检查正常。② 好转:声音嘶哑及喉部不适

[①] 慢喉喑的诊断依据、证候分类、疗效评定——中华人民共和国中医药行业标准《中医内科病证诊断疗效标准》(ZY/T001.1-94)[J]. 辽宁中医药大学学报,2019,21(2):55.

感减轻,喉部体征改善。声带小结或声带息肉缩小。③未愈:声音嘶哑及喉部体征无变化。

4. 熊教授对嗓音疾病的扩展——"声疲""声暗"

《内经》中有大量关于人正常生理性和非正常病理性发音的论述。对正常生理性发音称"声音能彰"。对病理性发音障碍称谓繁多,如"暗""无声""不能言""瘁音""言而微""言难""声从室中言""声嘶"等。可见《内经》不仅区分了能发音与不能发音两种截然相反的嗓音,而且又从音色、音量、音质、音调等的角度加以区分描述,如"言而微""声嘶""声从室中言""言声与平生异也",这其中都包含有音量、音色、音质、音调的变化。干祖望仿《内经》之体例,在《素问·类推第八十二篇》明确提出:"音声四本:音调属足厥阴,凭高低以衡肝之刚怯。音量属手太阴,别大小以权肺之强弱,音色属足少阴,察润枯以测肾之盛衰。音域属足太阴,析宽狭以蠡脾之充盈。肝刚,肺强,肾盛,脾充,则丹田之气沛然而金鸣高亢矣。"该观点认识到正常嗓音包括音色、音量、音调及音域四方的正常协调,现代嗓音病学也认为,正常的嗓音包括音调、音质以及响度的正常,二者不谋而合。现代中医学常用"喉暗"统称所有的嗓音疾病,熊教授认为这是不完善的。所谓"暗",系指涩哑不能言之义,《医学纲目·卷二十七》第一次提出喉暗不同于舌暗的观点:"暗者……一曰舌暗……一曰喉暗……喉暗但喉中声嘶,而舌本则能转运言语也。"鉴于此,熊教授提出"声疲""声暗"之名作为中医学对嗓音疾病的补充。

(二)声带白斑治验

1. 熊教授对声带白斑的认识

声带白斑是指声带黏膜表面呈白色斑块状隆起,也可呈白色角状突起样病变,主要是因刺激因素长期作用于喉部黏膜引起的病理改变[①],有一定的恶

[①] 杨庆文,徐文,叶京英,等. 声带白斑124例临床及病理分析[J]. 听力与言语学杂志,2011,19(5):425-427.

变倾向[1]，属于临床难治性疾病，本病属于中医学"慢喉喑"的范畴。

声带白斑病因不明，包括多种因素，如烟酒刺激、长期过度用声、病毒感染或维生素缺乏等。[2]主要病理变化是喉黏膜上皮增生，有不全角化，黏膜下组织有轻度增生；主要症状是声嘶，随病变发展而加重，喉镜下见声带表面或边缘前中1/3处表面平整的白色斑片状隆起，范围局限，不易除去。目前关于声带白斑的治疗强调早发现、早治疗。主要治疗手段：对于炎症性白斑（白斑伴喉炎），表现为声带充血肿胀，表面弥漫性白色伪膜样物，可先保守治疗，经戒烟、戒酒及中成药治疗，如果疗效不佳或反复发作，可尽早择期手术。[3]声带白斑的切除一般要考虑至少切除其附着部位的黏膜，甚至声韧带，这将造成患者的声音永久嘶哑，即使如此，白斑术后仍然保持高复发性以及癌变可能。因此，熊教授从"痰""瘀""虚"着手，攻克络闭声嘶。

熊教授认为，声带白斑多为本虚标实，虚实夹杂，病因复杂，痰、瘀、虚俱有。多因肺脾失调，内生痰浊，凝结咽喉，瘀滞增生，生化刺角，形成角化物，痰浊久郁可化痰毒，结于喉部则生白斑。治当以先标后本，标本兼治，前期行气化痰，祛瘀通络，利咽开音；后期当补益肺脾，改善体质，防止复发。与此同时，熊教授指出，良好的治疗效果得以取得，必须是医患双方齐心协力的结果。中医师辨证施治处方用药只能治一时之疾，患者调整作息摄生养护才是长久之计。声带白斑之虚多责之肺脾，脾之虚往往是由于患者的不良饮食习惯所造成，如过食肥甘厚腻，烟酒辛辣炙赙之品等；另一个与本病密切相关的日常习惯，便是不科学发音、过度用嗓。因此，本病治疗全程，须取得患者配合，助其坚持戒烟、戒酒，合理膳食，配合减少说话，休息声带，必要时禁声。

---

[1] 李惠萍，崔秀，关超，等. 喉癌前病变100例分析[J]. 中华耳鼻咽喉科杂志，1995，30（5）：302-304.

[2] WELER M D, NANKIVELL P C, MCCONKEY C, et al. The risk and interval to malignancy of patients with laryngeal dysplasia; a systematic review of case series and m eta-analysis[J]. Clin Otolaryngol, 2010, 35 (5): 364-372.

[3] 张金，杨劲松. 喉癌前病变的诊断与治疗[J]. 耳鼻咽喉头颈外科，2003，（6）：324.

2. 治愈声带白斑 1 例

患者：何某，女，41 岁，2015 年 11 月 20 日初诊。

主诉：声嘶、说话费力 3 余年。

现病史：患者自述于 3 年前无明显诱因出现咽痒、剧烈干咳，经自服药物无效，并于 2012 年 5 月出现声音嘶哑、说话费力，遂至当地医院就诊，因诊断不明故未予任何治疗。其后 3 年内，患者反复至多家医院检查，均诊断为"声带白斑"，建议立即手术。患者个人意愿拒绝行手术。经服用中成药（具体不详），其效不佳，且声嘶持续性加重。故前来熊教授门诊就诊。刻下症：声嘶，说话费力，咽干、咽痒、咽痛，咯白色黏痰，较难咳出，纳差，眠差。

诊查：舌暗、苔白厚腻，脉弦、关部尤甚。

西医诊断：声带白斑。

中医诊断：慢喉喑——气滞痰瘀证。

治法：行气祛痰，通络开音。

处方：瓜蒌皮 20 g　炒瓜蒌子 20 g　法半夏 10 g　麦冬 10 g
　　　　浙贝母 15 g　桔梗 20 g　　　天花粉 20 g　烫穿山甲 10 g
　　　　白芍 30 g　　竹叶柴胡 10 g　炒枳壳 10 g　炒苍术 10 g

共 6 剂，水煎服，一日 1 剂。2015 年 11 月 27 日二诊，患者诉诸症减轻，首方继服。2015 年 12 月 5 日三诊，诉症状持续减轻，在前基础上，加入川芎 10 g。2015 年 12 月 12 日四诊，复查白斑完全消失。

按语：经多家医院诊断为"声带白斑"，建议直接手术治疗，但患者为求生存质量，拒绝手术治疗，转而求助于中医，这种情况在本病中较为常见。但结合本病具有癌变的风险，熊教授仍建议患者早发现早治疗，符合手术指征的情况下，以手术治疗配合中医，预防复发，疗效甚是理想。患者初诊时熊教授认为其为气滞痰凝，结于声户。本方中以瓜蒌皮、瓜蒌子、炒苍术、法半夏、浙贝母以祛痰散结，配合柴胡、枳壳行气；桔梗、穿山甲通络散结；白芍、天花粉养阴生津以濡声户。全方兼顾行气、化痰、通络、养阴，面面俱到，收效显著。

3. 预防声带白斑术后复发病案 1 例

陈某，男，58 岁，2015 年 6 月 6 日初诊。

主诉：声嘶 7 余年，加重 1 周。

现病史：患者于 7 年前行声带小结摘除术后出现声嘶，2008 年 9 月 1 日于当地医院诊断为"右声带及左声带前上 1/3 处声带白斑"，并于 2008 年 9 月 8 日行喉镜下二氧化碳激光声带白斑切除术，术后创面恢复良好，但是声嘶情况无明显改善。1 周前，患者症状加重，故前来熊教授门诊寻求中医治疗。刻下症：声嘶，说话后易感疲劳，咽干、无痰，纳差，眠差。个人史：患者吸烟史 40 余年，平均 60 支/日。饮酒史 40 余年，每日佐餐少量饮酒。

一诊：舌暗、苔黄厚腻、裂纹，脉弦。间接喉镜下可见双侧声带充血，增厚，表面凹凸不平，声带动度良好，闭合不良。

西医诊断：声带白斑。

中医诊断：慢喉喑——气阴两虚，痰瘀互结。

治法：益气养阴，化痰祛瘀。

处方：法半夏 10 g 菖蒲 10 g 苍术 15 g 白蔻仁 10 g
  玄参 15 g 桔梗 20 g 浙贝母 10 g 黄芪 30 g
  山楂 20 g 皂角刺 10 g

共 6 剂，水煎服，一日 1 剂。嘱患者戒烟、酒，减少说话，休息声带。

二诊：2015 年 6 月 13 日，患者自觉说话较以前轻松，声嘶仍然严重，吸烟量减少，由 60 支/日至 40 支/日，未再饮酒，伴纳差，诊查见舌暗、苔黄厚腻，脉弦。间接喉镜下仍见声带充血，凹凸不平。

处方：茯苓 20 g 法半夏 10 g 浙贝母 10 g 桔梗 20 g
  丹参 20 g 黄芪 30 g 苍术 15 g 白蔻仁 12 g
  皂角刺 10 g 山楂 20 g 鸡内金 20 g

共 6 剂，水煎服，一日 1 剂。

三诊：2015 年 6 月 18 日，患者诉声嘶明显减轻，说话费力好转，舌暗、苔黄厚腻，脉滑数。间接喉镜下见声带明显充血。

处方：法半夏 10 g　　桔梗 20 g　　苍术 15 g　　白蔻仁 15 g
　　　枳壳 10 g　　　石菖蒲 10 g　　皂角刺 10 g　　黄芪 30 g
　　　浙贝母 10 g　　鱼腥草 20 g　　夏枯草 20 g　　鸡内金 30 g
　　　党参 30 g　　　细辛 6 g

共 6 剂，水煎服，一日 1 剂。

四诊：2015 年 6 月 25 日，患者诉声嘶明显好转，食欲增强、食量增加。舌暗、舌苔黄厚；脉沉细。间接喉镜下见声带充血消失，仍有凹凸不平，但是明显好转。

处方：黄芪 30 g　　　法半夏 10 g　　党参 30 g　　　白蔻仁 10 g
　　　浙贝母 10 g　　桔梗 20 g　　　皂角刺 10 g　　山楂 20 g
　　　丹参 20 g　　　细辛 6 g

共 8 剂，水煎服，一日 1 剂。

五诊：2015 年 7 月 2 日，复查电子鼻咽喉镜检查示：恢复良好，未有复发。

处方：法半夏 10 g　　白蔻仁 15 g　　厚朴 15 g　　丹参 20 g
　　　苍术 15 g　　　菖蒲 10 g　　　黄芪 30 g　　桔梗 20 g
　　　皂角刺 10 g　　白芥子 10 g

嘱随访，戒烟酒，避免长时间用嗓。

按语：患者声嘶的症状已有 7 余年之久，说话易感疲劳，咽干、无痰，加之舌有裂纹，一派气阴两虚之象。但是，患者舌质暗淡、苔黄厚腻、声带增厚，又乃实证之候。此为熊教授所言之：虚实夹杂，本虚标实。患者年老、久病，气虚日久，因虚致实，水湿不运，郁于中焦，郁久化热，故见苔黄厚腻。"声带属肝"，脾虚日久，运化失常，气血生化乏源，肝则无源疏泄，故当选择入足厥阴肝经的药物：山楂、皂角刺，祛瘀通络；菖蒲开窍，法半夏、苍术、浙贝母祛湿化痰，白蔻仁温阳利水，桔梗、黄芪托里行气；久病入络、久病成瘀，皂角刺破血散瘀，患者纳差，故加山楂化积消食。在一派健脾益气，扶阳升清之品中，加滋阴之玄参 15 g，取"善补阳者，于阴中求阳"之义。

熊教授认为本病治疗先标后本，故从二诊开始，加大补益脾胃的力度，增加了白蔻仁的用量，加入茯苓、鸡内金健脾益气，丹参加大活血之力。三诊时已明显好转，说明先治标已有效果，可以适当增加补益之品，加入党参补气，细辛温阳。四诊时患者食欲和食量增强，可以看出患者的湿热已解大半，湿不碍脾，故食欲有所恢复；从舌象舌苔黄厚仍提示有湿热的存在；脉沉细，说明仍需补益肺脾，益气温阳，则湿邪自去。五诊时，虽然患者通过自身感受和现代检查手段已经知道病情得到控制，并大有好转，但是仍然需要坚持用药。随访近3个月，未有复发。

在对该患者的治疗中，熊教授指出改善症状，预防术后复发，减轻患者的痛苦，提高患者生活质量是治疗的重要目的之一，也是中医药治疗本病的优势所在。正所谓"缓则治其本"，这句话换一个角度理解，也说明，在治疗过程中，补益切不可操之过急，若邪仍占据上风，投以补益，无异于闭门留寇，反导致病情缠绵。故而，治标与治本的切换，当精准审查病机变化，避免犯虚虚实实之戒。

4. 优势与问题

中医药凭借其特有的整体观和辨证论治，在声带白斑治疗中具有不可替代的优势。具体而言，中医治疗声带白斑具有毒副作用较小，能有效改善病人的症状和体征，提高生活质量，调理体质，预防癌变，减少复发等特点，并在术后调理方面发挥着重要作用。虽然中医药治疗声带白斑取得了不少进展，尤其对单纯增生或轻度不典型增生的声带白斑，以及在术后预防复发方面，但对中、重度不典型增生患者，手术治疗仍应作为首选。熊教授认为：中医治疗声带白斑存在一个潜在但限制中医发展的问题，即在临床研究中，缺乏针对中医药治疗声带白斑临床疗效的评价标准。现目前，声带白斑的临床疗效评价标准仍然建立在西医解剖学和影像学的基础上，与西医治疗相比无特异性差异。有鉴于此，应结合临床，制定全国性的统一的中医治疗声白斑的临床治疗标准。当然，不只仅限于本病，耳鼻喉其他疾病，如鼻渊、鼻衄等亦当如此，进一步可以说，制定适合中医的临床疗效评价体系是中医药发展的必经之路。

(三) 慢喉喑治验

1. 中医对慢喉喑的认识

慢喉喑，中医又称之为"久喑""久无音""久嗽声哑""久病失音"等，以声音不扬、经久不愈，甚则嘶哑失音为特征，由喉部慢性非特异性炎症引起。主要表现为声带或室带充血、肿胀，甚至表现为声带小结、声带息肉等特殊形式。此病是耳鼻喉科的常见病，因其病程较长、易反复发作、缺乏特异性药物，临床治疗颇为棘手。这使得慢喉喑患者对中医治疗有了较高的期望值，同时这也是中医发挥其独特优势的一个领域。

《诸病源候论》注"入脏则喑哑，口舌不收"。《三因极一病证方论》谓："五脏久咳则声嘶，嘶者喉破也。"《世医得效方》注"虚损憔悴，气血不足，失声音，久喑"，提出"久喑"这一病名。《类证治裁》谓："失音一症，亦如金实则瘖，金碎则哑。"本病多虚，病位在肺，与其余他脏均有关联，责之肺之气血阴液不足，不能濡养喉窍而致喑。

本病分为四个证型，肺肾阴虚、肺脾气虚、气滞血瘀、痰浊凝聚。然而当今社会，因素体虚弱、劳累太过、过度发音等原因表现为肺脾气虚和脾虚痰阻症状的患者较为多见；且本病病程长，病久致虚者也颇为多见。而目前临床上治疗慢喉喑的中药汤剂、中成药等多以化痰散结、活血祛瘀为主，这显然与中医辨证论治的原则相悖，过用攻伐之品反倒加重了本虚。熊教授认为，在临床中遇到此类患者，需在补肺健脾基础上，辨证论治，佐以行气、化痰、活血、滋阴等治法。

2. 经典病案一则

患者：王某，女，43岁，2015年9月2日初诊。

主诉：声音嘶哑6月余。

现病史：患者6月前无明显诱因出现声音嘶哑，语音低沉，每因说话较多则加重，伴咽干咳嗽，痰黏难咯，纳差，常感乏力，易于疲劳，食后胃脘部胀闷不适，反酸嗳气，大便溏薄，小便正常，眠尚可。

诊查：舌淡苔薄微腻，边有齿痕，脉沉细。舌根及咽后壁淋巴滤泡增生，双侧声带肿胀，右侧声带前中 1/3 处隆起，声门闭合欠密。

西医诊断：慢性喉炎。

中医诊断：慢喉喑——肺脾气虚证。

治法：补肺健脾，化痰开音。

处方：黄芪 30 g　　白芍 30 g　　桔梗 20 g　　生地黄 15 g
　　　玄参 10 g　　生晒参 20 g　　麻黄 10 g　　地龙 20 g
　　　桂枝 10 g　　浙贝母 15 g

2015 年 9 月 9 日二诊，患者诉说话较前明显轻松，声嘶有所减轻，乏力、疲劳、胃脘不适等明显改善，久言后喉部轻微疼痛，遂去生地，加烫水蛭 5 g，共 6 剂，水煎服，一日 1 剂。2015 年 9 月 16 日三诊时，患者诉发音如常，检查右侧声带已正常，但不能久言，易疲劳，患者补充病史诉平素月经量较少，且行经后声嘶程度加重，遂去水蛭，加阿胶粉 3 g 与紫河车粉 3 g 冲服。照此方，服药 12 剂后，患者复诊诉声嘶不曾复发，发音如常，其余诸症明显减轻，检查见：声带欠清白，右侧声带已正常，声门闭合尚可，停止服药。随访 3 个月未再复发。

按语：《景岳全书·声音》有云，"声由气发，气实则声壮，气虚则声怯，故欲察气之虚实者，莫先乎声音"，提出声音受气机影响。《古今医统》指出："凡病人久嗽声哑，乃是元气不足，肺气不滋。"肺为娇脏，主气与发声；脾主升清，足太阴脾经连舌本。肺脾乃一身气机之枢纽，肺脾气虚，升降出入异常，气机阻滞不畅，滞于咽喉则为喑。脾乃后天之本，气血生化之源，脾气亏虚，土不生金，肺主濡养，声带失滋，声门鼓动无力，故声音嘶哑，言语费力。肺脾气虚型慢喉喑，症见语音低沉，言语费力，晨重午轻，遇劳则甚，神疲乏力，纳呆便溏，舌淡边有齿印，苔白，脉细弱。检查可见喉黏膜色淡，声带松弛无力，闭合欠密。熊教授主张慢喉喑的治疗，当补脾益肺，培土生金。熊教授惯用黄芪补气健脾，生晒参补肺健脾，益气生津；白芍滋补肺阴；久病多瘀，还喜用水蛭、地龙等动物药，通络去瘀。

本例患者，初诊时症见声嘶，不能久言，乏力易疲劳，且食已腹胀、大便稀薄，呈一片肺脾气虚之候。患者诉不能久言，多言后声嘶加重，熊教授认为：劳则耗气，过度发声或用声不当也是"过劳"的一种，均可损伤气机，气损则滞，声嘶加重。故当以补益为主，兼顾化痰。用药以黄芪、生晒参、白芍补肺健脾，益气养阴，桔梗宣肺开音、载药上行，玄参、生地黄凉血滋阴，浙贝母化痰祛瘀散结，地龙以走窜之力搜痰通络，桂枝温经通络，在大量益气之品加入少量桂枝与麻黄，借其辛温之力，振奋阳气，取"少火生气"之义。二诊，患者诉说话较前明显轻松，声嘶减轻，乏力、疲劳、胃脘不适脾胃虚弱之症明显改善，说明补益之效发挥良好，正气来复，可加强祛瘀化痰，故加用水蛭。气血津液运化无力，聚则生痰，停则成瘀，痰瘀互结，相结于喉，声门不利，音出嘶哑。生地较为滋腻，不利于痰化瘀去，遂去之。三诊时，患者发音如常，检查右侧声带已正常，表明痰化瘀解音清，此乃喜象。患者补充月经病史，其乃气血不足之征，而此时痰瘀已去，可充分运用血肉有情之品，补气养血益精，且方中本有通络温阳之品，故无需担心过于滋腻。本病治疗全程，可看出熊教授对于补益与攻伐轻重的把握之妙，其对"度"的精准控制，是基于其多年临床经验而来，我辈当反复揣摩以备临床之需。

熊教授治疗慢喉喑虽以补肺健脾为主，却不仅限于此。临床上亦有一类患者，有长期过度或不规则用声、高声大叫病史，患者多怒，情志呈现急躁好动、争强好胜和喜大喊大叫等特点，西医诊断为声带小结。此类患者发病机制与声带黏膜反复机械振动与摩擦、声带充血水肿、局部纤维组织循环代谢障碍有关。中医认为，当责之肝体过旺及肝火上炎有很大的相关性。《内经·素问》"五气所病"指出"肝主语"。《古今医统大全》注："有因竞争大声号叫以致失声，或因歌唱伤气而声不出。"《景岳全书》曰："复有号叫歌唱悲哭……而致喑。"情志不遂，气郁化火，易耗伤肝阴，肝体失濡，气血津精失疏泄而阻滞，滞于咽喉则声嘶。治当养肝柔肝，滋阴降火，调理气血津精。

（四）声疲治验

1. 声疲的内涵

熊教授指出，声疲是指用嗓过度、用嗓不当或嗓音工作超过一定的时间和强度后，音量和音质下降所表现的一系列嗓音症候，即嗓音疲劳。本病在喉部虽无器质性病变，多表现为职业用嗓者嗓音功能障碍，音质、音量的失常。临床上以发音无力、不能持久为主要症状，患者常表现为说话费力、发音不能持久，嗓音易于疲劳等。声疲多由内外因素相合而致。内因由于脏腑虚损，咽喉声带失于温煦滋养所致，故喉部不耐疲劳；外因多为用嗓不当，或用嗓过度。

2. 声疲的产生机制

熊教授认为，人之发声由多器官协调完成，包括心系的指挥协调、肺气的动力、喉部声带的振动、鼻咽喉气管等处的共鸣，以及口齿唇舌的吐字言语形成等，其中喉部声带的振动作用对声音的产生和声音质量的优劣最为重要。因此，正常的言语发音有赖于五脏功能之健旺，《景岳全书·卷二十八》指出："舌为心之苗，心病则舌不能转，此心为声音之主也；声由气而发，肺病则气夺，此气为声音之户也；肾藏精，精化气，阴虚则无气，此肾为声音之根也……是知声音之病，虽由五脏，而实惟心之神，肺之气，肾之精三者为之主耳。"音质、音量、音调之变化，其关键则在于脏腑功能和气血津液是否充沛。而用嗓不当或用嗓过度、病后体虚等可致脏腑虚损，声门鼓动无力而发病。

声疲患者往往表现为嗓音疲劳，初期时在休息、静养之后，正气得以来复，故声疲尚可暂时消除，声音一时性地恢复清澈、亮泽；若迁延日久，正气亏虚逐渐加重，即使休息、静养，其疲劳也无法消除。因此，声疲多由内外因素相合而致。内因由于脏腑虚损，咽喉声带失于温煦滋养，无以鼓动声门所致，故喉部不耐疲劳；外因多为用嗓不当，用嗓过度，或大病久病之后。其脏腑常涉及肺、脾、肾三脏。

3. 声疲的辨证论治

声疲以说话费力，不能持久为主要临床表现，究其根本，总不离一个"虚"字。虚者，正气不足也，正气者，气血阴阳也。故气、血、阴、阳的虚衰与不足均能引起声疲。一荣俱荣，一损俱损，病久者，气、血、阴、阳之虚衰可兼而行之，甚至并可能兼有瘀血、痰浊之变。总之，本病在病因上多有气血耗伤史，在病位上不离肺、脾、肾、心诸脏，其病性常以虚为主，总属"虚劳"范畴。故治疗应以扶助正气、减缓疲劳、护嗓防病为法，采用调补肺、脾、心、肾功能之剂，配伍开音护嗓药物，加快声疲患者的嗓音恢复。此外，声疲可以通过休息、保健和改进发声方法等使嗓音恢复。辨证论治有利于嗓音恢复。

4. 典型病例

患者：陈某某，女，34岁。

主诉：说话费力、声嘶1年余。

现病史：患者自述因其子（时值3岁）顽劣异常，在其教育时常提高音量训斥、叫骂，1年前因持续高声说话数晚后出现声音嘶哑，休息一天后缓解，此后，每遇高声言语或持续说话即复发，休息后略有缓解，上述症状时好时坏，反复发作，逐渐加重，曾前往我市某西医医院就诊，被告知为声带松弛，曾口服中成药（具体不详）、雾化吸入等处理，效不佳，现患者感声音即使在休息后也未能恢复正常，遂来中医就诊。

刻下：患者说话费力，声音嘶哑，咽喉间稍干涩不适，自觉有痰，说话间常喜"吭喀"清嗓，在叫喊后感声音干涩难出。

诊查：双侧声带稍显松弛。舌质，淡胖有齿印，脉细弱。

西医辨证：声带松弛。

中医辨证：声疲——气阴不足证。

治法：益气养阴。

处方：　南沙参 30 g　　黄芪 30 g　　　党参 20 g　　　升麻 10 g
　　　　桔梗 10 g　　　生地黄 20 g　　怀山药 30 g　　百合 20 g
　　　　麦冬 20 g　　　红花 10 g

上方共服用10剂后，患者复诊，自述诸症悉减。发声费力明显减轻，黏痰附着感仍较明显，检查见咽喉较前润泽，声带紧张度较前转佳，舌苔薄腻。故原方基础上，去党参、红花、升麻，加白术10 g、法半夏10 g、砂仁10 g、柴胡10 g。调整为以下处方：

　　　　南沙参 30 g　　黄芪 30 g　　　白术 10 g　　　法半夏 10 g
　　　　砂仁 10 g　　　柴胡 10 g　　　桔梗 10 g　　　生地黄 20 g
　　　　怀山药 30 g　　百合 20 g　　　麦冬 20 g

再服 14 剂后,三诊诉发音基本恢复正常。检查见声带闭合良好。原方加减以善后:

南北沙参各 20 g　　百合 10 g　　白芍 10 g　　桔梗 10 g
怀山药 30 g　　云茯苓 20 g　　法半夏 6 g

继服 7 剂后停药。随访 2 年余,未见复发。

按语:患者有长时间过度用嗓病史,多言则易耗气伤阴,喉门失于鼓动,故声出不宏,说话费力,不能持久;阴液不能上承,喉失肺之津液濡润,故声音沙哑,缺少润泽感;咽喉干燥、常作清嗓动作,舌质淡胖有齿印,脉细弱皆为气阴不足之征。气阴不足,喉失气之鼓动、阴之濡养遂成本证,治疗宜益气养阴。患者迁延日久,气虚推动无力,喉门气血运行不畅,治宜稍佐行气活血。二诊时,患者气阴亏虚之象均稍退,但舌苔薄腻,可见痰湿之征内生,盖患者素体脾胃虚弱,运化欠佳所致,则加强补益中焦之力,故以 14 剂之量,长时间、缓缓补之,功到自然成,故三诊反馈发音基本恢复。

由于本病在喉部并无器质性病变,西医学治疗手段单一,效果欠佳,主要进行发音治疗纠正不良发音行为。中医治疗本病有其独特优势和特点,对改善声音质量、减轻发声疲劳等方面有比较明显的优势。中医以整体观念为指导思想进行辨证论治。由于人体的局部与整体是辩证的统一,治疗局部的病变,也必须从整体出发,才能采取适当的措施。正如熊教授所说:"任何局部病变皆系体内,脏腑失调,气血失和,经络瘀滞闭阻,循经反映于局部之全身性疾病。"

(五)声暗治验

1. 声暗的内涵

"声暗"一名,是熊教授在临床实践中提出,不同于"喉"及"声疲",无声音嘶哑及说话费力等症,主要表现为声音音质的改变,类似于西医学"嗓音异常"的范畴。

嗓音异常包括患者音强、音调、音质的异常。

（1）音强反常

正常的声响强度调整范围有上下 20 dB 的变化。常见于喉功能过弱。

（2）音调反常

正常的语调，女性约为 256 Hz，男性约为 128 Hz。语调的高低虽然有个体差异，但如语调超过或低于正常人一个音阶（8 度音调）以上，属音调反常。包括男性青春期变声障碍为高频反常等。

（3）音质反常

喉部病变引起的音质反常。比如说声音沙哑、嘶哑、失声等变化，可见于前面提到的"喉暗""声疲"等。此外，就是声音虽无嘶哑等变化，但音质较患者以前明显改变，失于其原有的清亮圆润。

本病局部检查声带、室带等结构无异常，加之声音无嘶哑、患者无说话费力等症状，故西医学往往不予治之，而患者却常感痛苦万分，鉴于这种情况，熊教授提"声暗"一病。"声暗"一词首见于《本草乘雅半偈·第三帙》："弦旧而声暗。"熊教授借"声暗"一词暗喻本病的发生与喉门功能失健有关。因此，他将"声暗"定义为由于脏腑功能失调或虚损、咽喉失于温养所致的以声音不扬，音暗不明等为临床表现的一类咽喉疾病。

2. 声暗的发生机制

熊教授常言：声音的清亮润泽与否可以直接反映肾气的盛衰刚健，《内经·素问·上古天真论》中女子以"七"，男子以"八"为基数，论述人体天癸的盛衰变化，实际音色的变化亦是随着天癸的变化而变化的。垂髫稚子，天癸初至，嗓音尖锐清亮但失于圆润；而立之年，天癸壮盛而声音洪亮圆润；花甲之年，天癸衰竭，声音失于清亮圆润，低暗浑浊，这是嗓音由清转亮、由亮转暗的生理变化过程。但是，如果患者先天禀赋不足或后天久病欠养，损及脏腑阳气，则声音暗涩不彰，发为声暗。

3. 声暗的辨证论治

一般而言，如是属于正常的生理变化，不需要特殊治疗，但如果是因为病理状态所致的声暗，则应辨虚实，施治之。声暗的发生多与阳气亏虚有关，脏腑多涉及脾肾,《景岳全书·卷二十八》指出:"声音出于脏气,凡脏实则声弘,脏虚则声怯。"据此,本病的治疗应遵循"补、提、健"的原则,补脏腑之正气以温养声门,提清阳之精气以鼓动声门,健声门之开合以发声明亮悦耳。

4. 典型病例

患者:王某,女,45岁,2015年2月4日初诊。

主诉:声音干涩、低暗浑浊5月余。

现病史:患者自述于5月前行"胆囊摘除术",感音质发生改变,不若术前清亮、声音干涩、发紧、亮度下降,伴咽部不适、异物感,但无声音嘶哑,曾先后前往本市各大医院就诊,经纤支镜等检查均示:双声带无异常,为求进一步诊治,患者遂来我院就诊。就诊时患者一般情况可。声音干涩、亮度下降,口干,怕冷,怕风,受冷热刺激则感咽部发痒,易干咳。

诊查:咽喉部黏膜色淡,双侧声带色白,闭合尚可,未见异常新生物。舌质暗红少苔,淡胖有齿印,脉细浮,双尺无力。

西医辨证:嗓音异常。

中医诊断:声暗——营卫不和证。

治法:调和营卫,利咽开音。

处方:桂枝 10 g　白芍 30 g　大枣 20 g　黄芪 30 g
　　　泡参 30 g　怀山药 30 g　白术 10 g　法半夏 10 g
　　　细辛 3 g

共6剂,水煎服,一日1剂。2015年2月11日二诊,自述咽部异物感减轻,怕冷好转,自觉声音较前转亮,低声说话自感声音基本恢复正常,大声说话仍感声音干涩,但较前好转,遇冷、热刺激则咽痒、干咳缓解。检查:舌质稍暗,脉沉细,局部检查无异常。

处方:黄芪 30 g　党参 20 g　五味子 10 g　细辛 3 g
　　　大枣 20 g　地龙 20 g　桔梗 10 g　升麻 10 g
　　　山茱萸 20 g　熟地黄 20 g

共6剂,水煎服,一日1剂。

2015年2月18日三诊，自觉诸症进一步缓解，自诉吹冷空调后感咽异物感、咽痒，咳嗽基本消失，发音基本恢复正常。但服药后感觉无饥饿感，苔中间黄、边有齿痕，脉沉细缓。

处方：桂枝 10 g　　　白芍 30 g　　　大枣 20 g　　　细辛 3 g
　　　怀山药 30 g　　黄芪 30 g　　　党参 30 g　　　升麻 10 g
　　　白术 10 g　　　砂仁 10 g　　　制附子 20 g（另包，先煎 1 小时）

共14剂，一日1剂，水煎服。随访3个月，未见复发。

按语：初诊患者以声音干涩、难听，失去原有的清亮已有 5 月余为主诉而就诊，诊为声暗，该患者素体瘦弱，加之手术后耗伤正气，阳气不充，声门张弛失于协调，故声音不扬，干涩难听，亮度下降，结合其舌、症、脉，患者属于阳气不足，患者怕冷、怕风，受冷热刺激则感咽部发痒，易于咳，兼之脉细浮、双尺无力。可见：患者的主要矛盾为营卫不和。营卫不和，自当调和营卫，方选桂枝汤加减。方中以桂枝汤调和营卫，酌加泡参、怀山益气养阴，鼓动声门，使其功能复健。鉴于患者阳气亏虚，不能温化津液，津聚成痰，痰浊中阻、津液不能上承故口干，因此加白术、法半夏健脾消痰，佐以细辛通窍利咽。二诊，患者怕冷、不耐外界刺激等症好转，说明其营卫不和之象稍退，但大声说话仍感声音干涩。脉沉细说明气阴亏虚，舌质暗说明患者夹瘀，但目前其时值经期，故仍以益气养阴通窍利咽为主，暂不活血，方以补中益气汤加减。三诊时，患者阳气亏虚，失于健运，治宜温卒阳气，利咽开音，故加入制附子 20 g。根据患者不同时期、不同阶段、疾病主要矛盾的变化投以不同治法与方药，自然药到病除，疗效理想。

熊大经教授数十载如一日，不断地在临床中实践、总结、再实践，提出了"声疲""声暗"两种新的中医嗓音疾病，在临床中不断完善其理论，丰富其内涵，获得了良好的临床疗效。总之，现代中医嗓音病学是建立在现代嗓音病学和中医五官科学基础上的一门新兴学科，需要我们后学者在继承熊教授等老一辈中医耳鼻咽喉科学家的学术思想的基础上，不断探索、不断总结。

（六）咽喉用药远寒凉

在论及喉痹咽喉部疾病治疗时，熊大经教授有一句简明扼要的话——"咽喉用药远寒凉"，这对我们当下的耳鼻喉科医生影响颇为深远。这句话乍看之下，或觉狭隘，但我们一起来看一下近现代对以喉痹为代表的咽喉部疾病的主流认识和目前的治疗现状，就可以用发展的眼光更好地理解这一句简单却深刻的话语。

1. 简单粗暴，误归火热

随着一些中成药物的电视广告的广为流传，普通大众对"咽炎"的治疗变得重视起来。大众将咽喉部疼痛、异物感、回吸咯痰、清嗓等一系列表现均归为咽炎。对疾病的认识，我们回到根本，不管是辨证还是病机，每一个疾病都是多样的，不会存在一个疾病一种病机，一种证型——虽然某一疾病可能会有一个最常见的证型或者病机中的某一过程是共同存在的。而且从经络上我们便知"夫人身五脏六腑，十二经脉，除足太阳经，其余十一经，皆内循咽喉"，咽喉脏腑、经络均有着密切关系。即使感受同一种外邪，因为禀赋、饮食嗜好、居处等，也会出现多种导致不一样结果的影响因素。而且对应到现代医学，咽喉部症状尤以异物感为表现的患者，我们需要从全身情况去考虑，需要考虑鼻窦炎、腺样体肥大、变应性鼻炎相关的鼻后滴漏，需要考虑胃食管返流、甲状腺功能减退等其他或者全身疾病引起的咽喉部异物感。但对于咽炎这样的"小毛病"，多数患者起初的选择分为两种：第一种，小问题，不管它；第二种，药店自行买药。但事实上，街边大部分药店在售的所谓"咽炎药"都以清热为主。

前文我们还在阐述咽炎的病机绝不止一种，面对作用相对类似一致的"清热"药物，对应病机的患者是可以获得一定缓解的；而病机、辨证不符的患者可能会加重，也可能出现短暂缓解病情反复。也就是说，有一部分风热、虚热的喉痹患者已经自己把自己治好了；而那些无热的咽炎患者不仅症状不会减轻，反而可能加重。

2. 当代人火不足矣

（1）过度寒凉

成都地区老年人茶杯大多有三宝：金银花、菊花、蒲公英，从头到脚，从内到外，但凡不适，"火大""清一下热"，有短期服用的，有长期服用的。

此外，夏季生吃得过"凉"属于常态。除了所说的药物过凉，食物里，"冰激凌文化"泛滥，遍布街头的饮品店，其共同特点也为"甜、凉"，嗜食生冷的病理结果呢？寒湿困阻，脾虚夹湿，脾肾阳虚证型亦屡见不鲜。除了直接的脘痞、腹胀、泄泻、痤疮（上腹胀、上腹痛、大便不成形、痘痘），合并"咽炎"（咽喉部异物感、痰着感）的也需考虑到患者日常饮食习惯。

此外就是夏天过度使用空调对人的伤害，尤其在南方，夏天天气很闷热；热的时间持续长，人们特别喜欢喝冷饮，喝冰镇汽水、果汁，冲冷水澡。空调开得很大，睡着以后就容易得病了。

所以过度寒凉饮冷、过度空调环境造成了阳气不足的情况。

（2）起居失衡

除却清热三宝，我们的生理就完美符合了各个阶段的最佳状态吗？且不说"年四十，而阴气自半也，起居衰矣"。在四十岁以前，由于中西方文化的融汇，符合《内经》"和于阴阳，法于术数，食欲有节，起居有常，不妄作劳"的饮食起居生活文化对于当下的人来说很难做到。

当今社会，随着节奏的加快，人们的生活理念和生活习惯发生了很大的变化。现代人晚睡晚起的起居节奏违反了我们老祖宗传下来的养生要领、原则和方法。人和自然界应当同一步调，在晚上 10 点钟以前应该入睡，如果阴阳颠倒，人的生活就不能和大自然同步了。晚上正常入睡的时间正是人体胆经开始造血、清除体内垃圾的时间。如果这个时候不能入睡，没有充足的睡眠、深层的睡眠，那么体内的功能就发挥不好，人体的生物钟功能同样会被改变，被破坏。这也就造成人体阳气不足的一种情况。

（3）运动失当

这样一说，你可能觉得是否在表达一种"全民皆虚"论。非也。再来谈谈运动。在相当一段时间内，锻炼强身是大方针，但锻炼就一定可以预防疾病吗？这里我们举两个方面的例子。第一个，变应性鼻炎的发病群体，男女老少均可见，运动员群体里患该病的亦不新鲜。再者中国传统文化里长寿的象征——龟、鹿，此二者，一动一静，皆为长寿，《龟鹿二仙胶》取名即暗含此意。中医认为："久视伤血，久卧伤气，久坐伤肉，久立伤骨，久行伤筋。"久坐久视，思虑过度，影响我们脾的正常生理功能，影响气血周流，当然久立久行也会损伤筋骨，所以，适度的运动才是对人体有益的，过度运动，过度发汗，则损耗人体阳气，造成阳气不足。

3. 时代的选择

每一个时代中医的流派、大家都有其特色，纵观整个中医历史，不止耳鼻喉科，我们会发现每个流派的产生都有其时代烙印。除了时代烙印，还有区域的差别。例如：在小儿推拿的流派上即有明显的区别，山东"胶盐之地"易生湿热，其手法即与川内有诸多差异。而扶阳派在川内的广泛应用屡起沉疴当然离不开医生的个人高超医术，也与川蜀地区的自然环境密不可分。

今天我们强调"咽喉用药远寒凉"是针对当今的生活方式、节奏、饮食，尤其不同于以前的变化。

老百姓最喜欢说"感冒""上火"，对于咽喉部疾病，基本上都会归为"上火"，在就诊时相当的病人是不会直截了当诉说"症状"的，都是"咽炎""上火"。"感冒""上火"这两个概念何以如此深入人心？回顾中国医学史，明清的经方派肯定有大家，但是不得不提"温病学说"，该学说在此时期形成了完全不同于以往上千年的医学学派分支。清朝郑梅涧所著《重楼玉钥》可窥一斑，其在"喉科总论"中分析病机指出，"若脏腑充实，肺胃和平，则体安身泰。一有风邪热毒蕴积于内，传在经络，结于三焦，气凝血滞，不得舒畅，故令延后诸症种种而发"。其时医生面对的咽喉科疾病病种和今日接诊疾病病种已有差异。就像呼吸科的医生很少遇见开"麻黄汤"的机会，表实患者已不似往日，典型患者在来到我们面前时，很多已经采取了治疗了。郑梅涧的总结，必与其当时行医所行所见为基础。其影响也对后世影响深远，除却医术技艺上的流传，对于我们中医人的自信心也是极大的鼓舞。该书也是熊大经教授在吾等跟师学习中推荐阅读的书目。

"咽喉用药远寒凉"是熊大经教授在临床实践中提出的,具有时代性、实用性和科学性。

4. 病案两则

病案一:何某,女,39岁,2012年11月21日初诊。主诉咽喉部异物感、梗阻感,伴口干甚。腰肌劳损病史。查见舌淡红苔薄黄腻,脉细弦数,尺脉沉。

处方:熟地黄20 g　　山药30 g　　山茱萸20 g　　南沙参30 g
　　　白芍30 g　　砂仁(后下)10 g　女贞子20 g
　　　墨旱莲20 g　　炒鸡内金20 g　　茯苓20 g

12剂,一日一剂,水煎服。

2012年12月5日复诊,诉诸症皆除,以求巩固,补充疲劳后腰酸胀。舌脉同前。

处方:熟地黄20 g　　山药20 g　　枸杞20 g　　砂仁(后下)10 g
　　　茯苓20 g　　白芍30 g　　麦冬10 g　　丹参20 g
　　　黄芪30 g　　炒鸡内金20 g

6剂,一日一剂,水煎服。

按语:初看此病例,我们往往想到:咳嗽、外感思及肺,耳鸣耳聋易从肾论治,口苦口干易想到肝。咽喉部异物感,咽炎,"妇人咽中如有炙脔,吞之不下咯之不出,半夏厚朴汤主之",半夏厚朴汤成为了一个极佳乃至唯一选项。该方确实解决相当一部分自服"咽炎药""消炎药"效果欠佳的患者。治病求本,本指什么?"病机"应该是比较公认的答案。

回到该病案,患者主诉咽喉部异物感,伴随症状也都指向喉痹,慢性咽炎。熊大经教授临床每每重视脉诊,该患者熊教授查舌按脉后即让跟诊同学们轮流体会,双尺沉,辨病在肾。且患者补充病史也符合腰为肾之府。至于苔黄,未见热象,四诊合参治病求本,从肾论治,兼顾中焦。患者口干明显,滋补肾中真阴。方中熟地黄、山药、山茱萸乃"六味地黄汤"中三补,熟地黄滋阴补肾,填精益髓,山茱萸补养肝肾,并起"肝肾同源"之效,山药补益脾阴,亦能固肾。其中女贞子甘、苦、凉,归肝、肾经,滋补肝肾。墨旱莲甘、酸、寒,归肝、肾经。女贞子冬至采收者最佳,墨旱莲夏至时节采集最佳，二者合为二至丸，填补肾中真阴。砂仁醒脾和胃要药，化湿行气。临床诸多名家随症加减，见腻苔即加此药。南沙参味甘，微苦、微寒，归肺、胃经，且因既滋阴润肺，又清肺祛痰，故为清润佳品。白芍苦、酸、甘，微寒，归肝、脾经，养血敛阴。中焦有湿，苔腻，除却前所述砂仁、鸡内金、甘、平，归脾、胃、小肠、膀胱经，既补且行。熊教授在临床中每每顾及中焦，尤其小儿患者，习用炒鸡内金且补且行顾护中焦。茯苓，甘、淡、平，归脾、肾、心经，健脾利水，利水不伤正气。全方未用一味"利咽要药"。二诊时患者大效，效不更方，舌脉同前，原方化裁，易山茱萸、南沙参、女贞、墨旱莲为枸杞、麦冬滋阴之品，加黄芪30 g益气升清阳，茯苓健脾补中，配合黄芪尚能益心脾而宁心安神。丹参味苦、微辛，性微，乃心、脾、肝、肾血分之药，具有活血祛瘀、养血安神之效。且有云，一味丹参散，功同四物汤。

病案二：彭某，女，36岁，2012年8月15日初诊，主诉咽喉部异物感、梗阻感，伴咽痒甚。查见：舌淡红苔白腻，脉细。

处方：茯苓20 g　　　山药30 g　　　南沙参30 g　　　砂仁（后下）10 g

　　　桔梗20 g　　　肉豆蔻20 g　　　浙贝母10 g　　　黄芪30 g

　　　鸡内金20 g　　　天花粉20 g

6剂，一日一剂，水煎服。2012年8月22日复诊，诉咽痒作咳、咽喉部异物感等不适症状全部消失，再进前方6剂。

按语：该方应该是比较典型的符合熊大经教授治疗喉痹的基础方的。即使加减化裁，基本着眼点分析该方都涵盖了。我们从方药入手进行简单的分析。喉痹的临床症状多样，其包含范围大约符合我们对慢性咽炎约定俗成的认识。"痹"不通也，肢体的痹症，胸痹，都有"不通"之意。喉痹之"痹"，无有形之物，痰气互结，或兼瘀滞。中焦湿困气阻为常见病机之阶段特点。茯苓、山药、砂仁、黄芪、肉豆蔻乃益气温中除湿之品。茯苓，甘、淡、平，归脾、肾、心经，健脾补中，健脾利水，利水不伤正气。砂仁醒脾和胃要药，化湿行气。山药补益脾阴，亦能固肾，肺脾肾三脏同补而不燥，气阴同补。黄芪益气升清，黄芪配茯苓尚能益心脾而宁心安神。鸡内金，甘、平，归脾、胃、小肠、膀胱经，既补且行。南沙参味甘、微苦、微寒，归肺、胃经，且因既滋阴润肺，又清肺祛痰，故为清润佳品。

五、对耳聋耳鸣的认识和治疗经验

（一）对耳聋耳鸣的中医认识

1. 定义及病名沿革

耳鸣耳聋是指因外邪侵袭或脏腑实火上扰耳窍，或瘀血痹阻、痰浊蒙蔽清窍，或脏腑虚损，清窍失养所致的以耳内鸣响、听力障碍为主要临床表现的疾病。[1]耳鸣是指患者自觉耳中鸣响而周围环境中并无相应的声源，可发生于单侧也可发生于双侧，有时患者自觉鸣声来自头颅内部，可称为"颅鸣"或"脑鸣"。耳聋指不同程度的听力减退，程度较轻的也称为"重听"。[2]耳鸣与耳聋在临床上常常同时或先后出现，如《杂病源流犀烛·卷二十三》所载："耳鸣者，聋之渐也，惟气闭而聋者不鸣，其余诸般耳聋，未有不先鸣者。"耳鸣耳聋在中医古籍中常常是一病两名，病机相通，故历代医家多将二者作为同一种疾病论述，但耳聋的记载早于耳鸣。

（1）耳鸣

"耳鸣"首次出现于《内经》，如"所谓耳鸣者，阳气万物盛上而跃""人之耳中鸣者，何气使然？"显然，上述条文均将"耳鸣"视作一个症状而非一种疾病，后《诸病源候论》将其列为耳疾中一候，至此耳鸣开始作为病名出现。宋金元时期的综合性医书、方书如《太平圣惠方》《圣济总录》等也将耳鸣列为耳科疾病。到了明代，耳鸣仍被视为疾病但分类多在耳聋或耳证条目下，多被认为与耳聋是同一种疾病。在清代耳鸣耳聋渐渐被当成一种症状，如陈士铎《辨证录》记载耳鸣耳聋为"症"。纵然历代论述存在出入，但耳鸣这一病名一直被沿用。

耳鸣的别名有许多，譬如《内经》中除"耳鸣"外，尚有"耳数鸣""耳中鸣""耳善鸣""脑转耳鸣"，《脉经》中最早出现的"虚鸣"，以及皇甫谧在

---

[1] 熊大经. 中医耳鼻咽喉科学[M]. 上海：上海科学技术出版社，2008.
[2] 王士贞. 中医耳鼻咽喉科学[M]. 北京：中国中医药出版社，2012.

《针灸甲乙经》中关于"蝉鸣"的记载等。从上述各异的别名中，可见耳鸣的不同特点。

（2）耳聋

关于耳聋的记载上可追溯至先秦时期，最早记载"聋"的文献为《左传·僖公二十四年》，中云"即聋从昧"，又云"耳不听五声之和为聋"。作为疾病出现则见于《国语·卷十·晋语四》，"文公问于胥臣……聋聩不可使听……公曰：'奈夫八疾何'？"，明确指出聋聩乃八疾之一。《内经·素问》中记载"所谓浮为聋者，皆在气也"，耳聋病名一直沿用至今。

耳聋在先秦时期因地域不同而叫法各异，有聤、耳闃、耺、聩、聋等不同名称，亦见表达为"不听五声"。《内经》中则有耳无闻、无闻、微闻、聋等不同的别名。

2. 病证分类

耳聋在《内经》中已有聋与暴聋的分类，如《素问·厥论篇》所言"少阳之厥，则暴聋"，认为气机厥逆所致者为暴聋。晋代《肘后方》中又添卒聋病证，至南北朝《小品方》时期，又有新的变化，书中载有风聋、劳聋之分；隋代《诸病源候论》乃我国第一部病因病机学专著，书中设专篇列耳科诸疾，将耳鸣作为一候，耳聋则分虚劳耳聋、风聋、劳重聋、久聋四种。至唐代，政治局面稳定，文化发展繁荣，医学呈现出前所未有的各民族相互交流融合的态势，孙思邈著《千金要方》记载"劳聋、气聋、风聋、虚聋、毒聋、久聋耳鸣方"，说明耳聋的病证分类进一步发展，新增了虚聋和毒聋。宋代政府尤为重视医学，官方组织搜集编撰医书，《太平圣惠方》中又分出暴热耳聋病证，《圣济总录》则明确提出耳聋分五种，即风聋、虚聋、干聋、劳聋、聤聋。

"儒之门户分于宋，医之门户分于金元。"宋代改革派的革新思想，直接影响着医药学术界，孕育着医学理论的发展和临证实践的创新；金元时期的学术争鸣促使各家学派的形成，开创了医学发展新局面，医家的不同学术观点，补充和发展了中医学理论，是祖国医学临证和理论成熟的一个重要里程碑。受宋金元时期各家学术思想的影响，明代对耳鸣的分类又有发展，如徐春甫《古今医统大全·耳证门》中将耳聋分为六种，分别为风聋、劳聋、热聋、气聋、阴聋、厥聋。其中，热聋、阴聋是对金元时期河间学派和丹溪学派治疗经验的总结，分类体系渐趋完善，后李梴《医学入门》将耳聋分新旧，新聋多实热，旧聋多虚热。张景岳认为耳聋皆因气闭，遂将耳聋病证分为五闭，即火闭、邪闭、窍闭、气闭、虚闭。五闭就其病因病机又可归为实闭与虚闭两类，虚闭多于实闭，实闭往往多夹虚证。清代王清任另辟蹊径，基于解剖生理的实践，创造性地提出了瘀血耳聋，是对耳聋病证分类的一大突破。林佩琴在《类证治裁》提出"因痰火则鸣甚，因肾虚则鸣微"，该论点对耳鸣病证特点作了一个总结。张锡纯衷中参西，提出因耳膜破所致聋病不可治，实为中医在西医学思想冲击下发展创新的新成果。

熊教授在临床上将耳鸣耳聋分为虚实两端，实者多因外邪或脏腑实火上扰耳窍，或瘀血、痰饮蒙蔽清窍；虚者多为脏腑虚损，清窍失养所致。

3. 病　因

熊教授主编的《实用中医耳鼻咽喉口齿科学》[①]从专科整体的角度，结合了现代认识，论述病因最为详细，主要有外感时邪、内伤七情、饮食不节、痰饮瘀血、外伤五个方面。其中，外邪主要责之风邪，内因则与脏腑虚损，以及其产生的病理产物痰火、瘀血有关。

"伤于风者，上先受之。"风为阳邪，易袭阳位，其性清扬，侵犯人体时上部器官首当其冲。外邪侵袭，首先犯肺，风邪上受，肺气宣降失常，风引阳气壅塞于上，则耳闭为病，不通鸣生。痰邪为患，随气窜扰，无处不至，火性炎上，痰随火升，上于耳窍。火热炽盛，以肝、胆经火热最为多见，火毒蕴结，循经上盛而扰动耳窍组织脉络而发耳鸣。《杂病源流犀烛》曰："有怒气厥逆，气壅于上而聋者，有气实而鸣者，有气闭而忽聋者，有肝胆火盛，耳内蝉鸣，渐至于聋者。"足少阳经上入于耳，下络于肝而属胆，肝气失于疏泄，肝胆之火上扰，清窍被蒙而致耳鸣。耳为清空之窍，以通为顺，以空为用。瘀血阻窍，气血为之痞塞，使清气不得上升至耳窍，又使郁于上的阳气不得向下流行而躁扰不宁。瘀血内阻则气郁，气郁血瘀则阳气盛结于局部，与瘀血相搏击扰耳窍而发耳鸣，症见持续耳鸣，听力下降，耳堵等。

---

① 熊大经. 实用中医耳鼻咽喉口齿科学[M]. 上海：上海科学技术出版社，2001.

4. 病　机

耳鸣耳聋是指因外邪侵袭或脏腑实火上扰耳窍，或瘀血痹阻、痰浊蒙蔽清窍，或脏腑虚损，清窍失养所致的以耳内鸣响、听力障碍为主要临床表现的疾病。本病病位在耳，与肝、胆、心、肾关系密切。熊教授在此基础上，将耳部的局部解剖学部位进行脏腑的归属，认为"咽鼓管属肺，鼓室属脾，鼓膜属肝，内耳属心肾"。（耳部经络分布如图2-4所示）

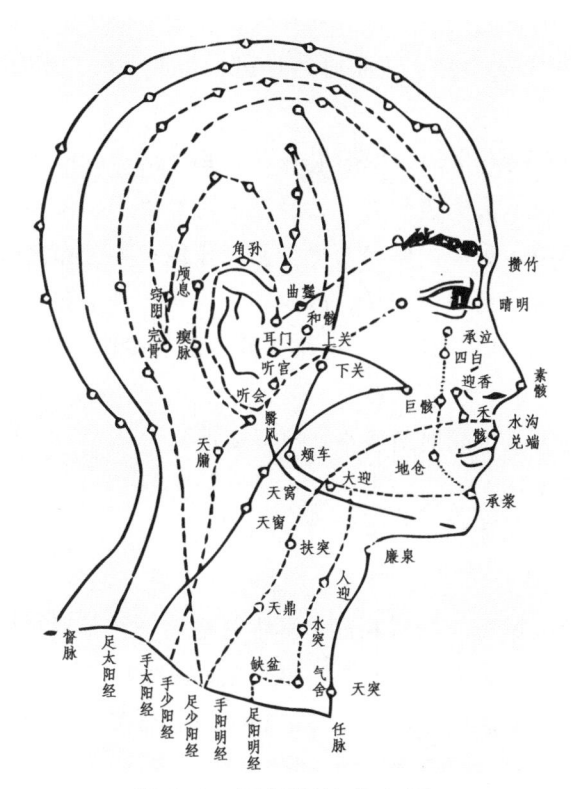

图2-4　耳部经络分布图

（1）肝主疏泄

肝藏血，主疏泄，调节全身气机，肝喜条达而恶抑郁，而耳窍喜通调而恶阻塞。若情志所伤，肝气不舒，肝郁气滞，甚则循经上逆，上阻清窍，如《内经·素问·藏气法时论》中提到"肝病者……气逆则头痛，耳聋不聪"，肝气上逆导致耳窍闭阻，头晕耳鸣，且诸症多与情志相关。若肝不藏血，肝血失充，不能上荣清窍，耳窍失养致耳鸣耳聋，妇女常伴月经量少、色淡等。肝经火热，肝木克土，脾聚湿生痰，痰火内生，上蒙清窍，正如《名医杂著·卷三》所载："耳鸣者，或鸣甚如蝉，或左或右，或时蔽塞，世人多作肾虚治，不效，殊不知此是痰火上升，郁于耳中而为鸣，愈甚则壅闭矣。"《保婴撮要·卷四》中总结从肝论治耳疾："耳证……肝经风热，宜用柴胡疏肝散，若因血燥，用栀子清肝散，肝经怒火而致者，加味逍遥散。"耳鸣耳聋实则多因气血阻塞，或实火上扰，虚则责之气血不足，熊教授在临床辨证中从肝论治，调肝气，养肝血，滋肝阴，降肝火，从而通利耳窍，可谓整体局部结合，脏腑官窍兼顾。

（2）耳与胆经关系密切，少阳主半表半里

耳窍居于头面，头为诸阳之会，且在全身经络中，阳经与耳关系最为密切。而在三阳经中，足少阳胆经与手少阳三焦经在耳分布之穴位尤其多。一方面，由于少阳与耳窍关系密切，故少阳之为病，常上犯耳窍，如《医学心悟·卷二》所载："足少阳胆经，上络于耳，邪在少阳，则耳聋也。"另一方面，少阳为半表半里，联系在表之太阳，与在里之阳明，基于其特殊的位置，因此成为邪气由表入里的惯用通路，殃及耳窍。

（3）肾开窍于耳

耳窍司听觉之功能的正常发挥，离不开精、髓、气、血的濡养，尤其与肾休戚相关。《中藏经》曰："肾者，精神之舍，性命之根，外通于耳。"肾藏精，精生髓，脑为髓海，与耳相连，耳为肾之窍，肾精通过脑髓滋养耳窍，促其生长发育。肾气实则精气上通，闻五音而聪矣。正如《内经》所言，"肾气通于耳，肾和则耳能闻五音矣"，耳之聪听的基础在于肾精充足，肾气充沛。肾精充盈，髓海得养，则听觉灵敏，分辨力强；反之，肾精虚衰，髓海失养，则听力减退，耳鸣耳聋。若肾阴亏虚，虚火上炎，扰动耳窍则见耳鸣。

（4）心寄窍于耳

孙思邈在《千金要方》中言："心气通于舌，非窍也，其通于窍者，寄见于耳，荣华于耳。"明代赵献可的医学著作《医贯》中将心、肾与耳的关系进一步明确："盖心窍本在舌，以舌无孔窍，因寄于耳，此肾为耳窍之主，心为耳窍之客。"心藏神，主血脉，心寄窍于耳，心为耳之客窍，耳司听，受心之主宰。血脉通畅，血液充盈，上奉于耳，濡养耳窍，从而使之功能健旺；反之，心血失充，耳窍失荣，而功能减退，耳鸣耳聋。

5. 病机要点

（1）五脏六腑皆致鸣聋，然十一脏皆取决于胆

耳鸣耳聋一病，除肝胆之外，与他脏亦有关系，如肾藏精，开窍于耳，肾精充沛，上荣于耳，耳窍得以滋养，耳聪目明。如"劳伤气血，精脱肾急，必致聋聩"（《景岳全书·卷二十七》），"髓海不足，则脑转耳鸣"（《灵枢·海论》）。又如心开窍于舌，寄窍于耳，"心虚血耗，必致耳聋耳鸣"（《证治准绳·杂病》）。又如《保婴撮要》中提到"脾经郁结"，可致耳鸣。另有《医学入门》载："肺主气，一身之气贯于耳，故能听声。"可见五脏皆与耳有关，然《内经》所载"凡十一藏取决于胆"和《杂病源流犀烛》所曰"十一脏皆赖胆气以为和"，一方面说明胆主少阳升发，少阳枢机通利则五脏六腑功能正常，阴平阳秘，气血调和；若胆失疏泄，则气机紊乱，百病丛生。正如《丹溪心法》所载："一有怫郁，诸病生焉。故人身诸病，多生于郁。"另外，胆为中精之府、清净之府，藏精泻浊，助脾胃运化水谷精微以养五脏。胆的功能正常与否，关系着其他十一脏的功能能否正常发挥，进而影响着十一脏的结构。故而，他脏病变也可从少阳胆入手进行治疗，究其根源，在于少阳属胆是三焦阳气升降出入的枢纽。"少阳为枢""胆气升则十一脏腑之气皆升"（《黄帝内经素问集注》），这亦是熊教授所遵循的经典理论。

（2）耳的分布与脏腑归属

本病病位在耳，与肝、胆、心、肾关系密切。熊教授常言，现代医学理论和技术手段的进步和发展应当为中医所用，作为中医诊疗方法的延伸。故而，熊教授在上述基础上，将耳部的局部解剖学部位进行脏腑的归属，认为"咽鼓管属肺，鼓室属脾，鼓膜属肝，内耳属心肾"。

6. 治　疗

（1）重视从肝论治

熊教授认为，肝失疏泄是耳鸣耳聋的基本病机，加之现代生活的影响，焦虑、烦躁、抑郁等不良情绪时有发生，情志异常导致肝失疏泄，肝失疏泄

则难以正常调节情绪，如此恶性循环，表现为耳鸣耳聋的发生与情志异常有关，而病程中患者的情志异常加剧病情，甚至造成病情反复、迁延难愈。因此治肝当贯穿耳鸣耳聋治疗的始终。

肝气通于耳，其疏泄功能正常，则气机条达，耳窍通利，听觉聪敏。具体而言，当肝失疏泄，郁则痰聚，气郁成结，久则化火，痰火郁结，上扰耳窍，耳窍不宁则为鸣，闭塞不通而为聋；或因肝之阴血不足，耳窍失养，亦致耳鸣耳聋。熊教授在临床辨证中，多方位多角度从肝论治，调肝气，养肝血，滋肝阴，降肝火，达耳窍通利、听觉清明之功。

临床中，熊教授治疗耳鸣耳聋常善用柴胡、葛根、地龙、全蝎、天麻、鳖甲等入肝经之品，再根据不同情况加减化裁。对于情绪易怒的患者，常予以钩藤、刺蒺藜配伍，平肝熄风。刺蒺藜不仅"镇肝风，泻肝火，益气化痰，散湿破血"（《本草再新》），又可"行肝脾滞气"（《本草汇言》），"疏肝之瘀"（《本草便读》）；钩藤擅平肝风，"去风甚速，有风症者必宜用之"。但因其"最能盗气"，故"虚者勿投"（《本草新编》），因此临床上虚证者不适宜投此二味。若老年患者，疲乏少气，或患者自诉畏寒肢冷，腰膝酸软，以及诊脉得尺部脉沉弱，则应之肝肾亏虚，常以生晒参、黄芪、巴戟天、山茱萸、黄精、熟地黄等补益之品，益气健脾、滋补肝肾；若耳胀耳闷感明显者，常责之痰阻耳窍，加半夏、胆南星祛湿化痰，桔梗、皂角刺祛痰排脓，石菖蒲取其既能通窍安神之力，又兼祛湿排痰之功；若气血瘀滞明显者，加川牛膝、红花配地龙通经活血；若患者眠差难眠，予以酸枣仁与柏子仁配伍，养心安神，配合白芍酸甘敛肝阴，加之平肝潜阳之鳖甲，潜阳与滋阴并用，养心与柔肝同治，使夜间阳气能入阴分，则能寐。伴眩晕者用天麻、钩藤、刺蒺藜配伍熄风止眩。另外，熊教授还常嘱耳鸣耳聋患者调整心态，调畅情绪，通过与家人沟通、适量运动等转移注意力，并尽量避免处于纷乱嘈杂的噪声环境，药治与心治双管齐下，方能力半功倍取得更佳疗效。

（2）协调整体与局部关系

熊教授常言，中医是治人的艺术。人是一个整体，中医治病从诊断到治疗都必须将整体观一以贯之，切忌"头痛医头，脚痛医脚"，"见耳治耳"是万万要不得的！耳鼻喉疾病根本在于全身脏腑失和而表现于局部，这是熊教授对于耳鼻喉疾病认识的精髓。因此，治疗自当整体与局部结合，脏腑和官窍兼顾。

一方面，精准辨证，抓住疾病主要病机，处方用药突出重点。对耳鸣耳聋的治疗，抓住本病与肝胆关系最为密切的要点，主要从调肝疏肝着手，活用入肝经之品，以达"药专力宏"之效。另一方面，不忘五脏六腑彼此联系，耳鸣耳聋一病，除肝胆之外，与他脏亦有关系，治疗上兼顾心肾，顾护脾胃，只有当患者的局部病证解除，整体的内环境经调治后阴平阳秘，才算真正意义上的治愈。

（二）暴聋的中医认识

1. 定　义

突发性耳聋是指 72 h 内突然发生的、原因不明的感音神经性听力损失，至少在相邻的两个频率听力下降≥20 dBHL[①]，可伴耳鸣，或耳闷胀感，或眩晕或头晕，部分患者有听觉过敏或重听症状，有些患者会出现精神心理症状，如焦虑、睡眠障碍等，影响生活质量。近年来，突发性耳聋患者的发病率越来越高，可能与工作压力大、生活不规律、精神紧张、情绪波动等因素有关。突发性耳聋作为耳鼻喉科的常见病，无明显季节性及年龄相关性，属于耳鼻喉科的急症。

中医学认为突发性耳聋属暴聋的范畴。暴聋最早见于《内经》，正如《素问·厥论篇第四十五》曰："少阳之厥，则暴聋颊肿而热，胁痛，䯒不可以运。"后代医家所述之卒聋、气聋、火聋等均属暴聋的范畴。如《丹溪心法》曰："十二经络上络于耳，其阴阳诸经，适有交并，则脏气逆而为厥，厥气搏入于耳，是谓厥聋。痞气不通，必兼眩晕。"

---

① 中华耳鼻咽喉头颈外科杂志编辑委员会，中华医学会耳鼻咽喉头颈外科学分会. 突发性聋诊断和治疗指南（2015）[J]. 中华耳鼻咽喉头颈外科杂志，2015，50（6）：443-447.

2. 病因病机

中医学认为暴聋的病因病机有虚实之分，实证多为外邪侵袭、肝气郁结、气滞血瘀、痰火郁结，虚证多为脏腑虚损，耳窍失养。

暴聋可由风、寒、暑、湿、热（火）等六淫邪气引起，《内经·素问·脏气法时论》提出："伤寒一日……三日，少阳受之，少阳主胆，其脉循胁，络于耳，故胸胁痛而耳聋。"《景岳全书·卷二十七·耳证》也说："风寒外感，乱其营卫，而致暴聋。"若肝气郁结，日久化火，此所谓"气有余便是火"，气火上炎，循经上扰耳窍可发为暴聋。如《内经·素问·通评虚实论》曰："暴厥而聋，偏塞闭不通，内气暴薄也。"《医学心悟》卷四曰："若病非外感，有暴发耳聋者，乃火气上冲，名曰气闭耳聋，宜用逍遥散加蔓荆子，石菖蒲，香附主之。"《医贯·卷之五》亦提出："若怒便聋或鸣者，属胆经气实。"若脾胃内伤，水湿不运，湿聚成痰，痰郁化火，上扰耳窍，壅塞清窍可致暴聋。《医学入门·卷四》曰："盖聋皆痰火郁结。"若气机不畅，运血失司，血瘀耳络，也可发为暴聋。如《医林改错·上卷》曰："两耳通脑，所听之声归于脑，耳窍通脑之道路中，若有阻滞，故耳实聋。"书中详细论述了瘀血致耳聋的机理，"耳孔内小管通脑，管外有瘀血，靠挤管闭，故耳聋"，并提出了活血化瘀法治疗耳聋，创立了通窍活血汤和通气散两首方剂。若脏腑虚损，血气不足，不能上濡耳窍则暴聋发生。《内经·灵枢·决气》曰："精脱者，耳聋。"《古今医统大全·卷六十二·耳病门》曰，"忧愁思虑则伤心，心虚血耗，必致耳聋耳鸣"，即气血不足，耳窍失养亦可致暴聋。

熊教授认为，突发性耳聋的病机包括病邪留滞与正气抗邪能力下降两个方面，其标在风、痰、瘀，其本在肝、脾。且不管何因所致，突发性耳聋皆同清窍闭阻有关，故而治疗之机窍在于"查脏腑之盛衰，究邪气之所在"，启闭开窍。

3. 治　疗

暴聋的治疗，当以标本同治为原则，首重肝脾，以疏肝柔肝、健脾和脾、佐以行气活血祛痰为治法，并在长期的临床中总结出经验方——启聋汤。

（1）疏肝为基本大法

突发性耳聋的发病多与不良情绪有关，又因突聋久治不愈，易致患者情绪焦躁不安、抑郁加剧。熊教授认为治疗突发性耳聋，疏肝理气为基本治疗原则，正如《医学入门·卷四》所谓："凡治诸聋，必先调气开郁。"在疏肝基础上，依据辨证，或行气活血，或化痰祛瘀，或益气活血，或培补脾肾。组方遣药上结合肝体阴而用阳的特点，实则清疏并用，适当配伍甘缓柔肝之品；虚则补虚养肝，酌用疏肝理气之品。而"气郁则痰聚，故散郁必以行气化痰为先"（《医方集解·理气之齐必》），"血积既久，亦能化为痰水"（《血证论·卷五》），因此治疗上当把握痰瘀共治之机，涤痰常选用石菖蒲、法半夏、僵蚕等，祛瘀则常选用丹参、三七、桃仁、水蛭等，至于孰轻孰重，则视二者之多寡与比重来配伍。

（2）脉象是用药的风向标

熊教授治病，尤重脉象，对于每一位患者的脉象都会细细体会，常常闭目感受。若诊得患者关脉较大或整体脉弦，多加白芍等柔肝养肝之品；若尺脉沉细时多考虑补益肝肾，习用熟地黄、山茱萸等滋肾益精之品；若寸脉独浮或整体略浮，多加入荆芥、防风、柴胡、麻黄等清轻解表之品。

（3）扶正须贯穿始终

熊教授认为突发性耳聋的病机在于病邪留滞与正气抗邪能力下降两方面，因此治疗本病的实质便是调整正邪相互关系。根据《内经》所言，"正气存内，邪不可干，邪之所凑，其气必虚"，所以本病治疗过程之中自当时时扶助正气。一方面，本病行气活血、祛痰降火等法，难免耗伤气阴，因此熊教授习惯配伍沙参、黄精、西洋参等益气养阴之品。另一方面，若失治误治，久病伤正；或肝气乘脾，肝木克土，导致脾胃虚弱，气血生化乏源，耳窍濡养失荣，耳聋迁延难愈。因此，扶正这一要点当贯穿治疗全程。

（4）心理疏导锦上添花

《内经·灵枢》第二十九篇《师传》中有这样一段话："人之情，莫不恶死而乐生，告之以其败，与之以其善，导之以其所便，开之以其所苦，虽有无道之人，恶有不听者乎？"短短的一句话，道出了建立良好的医患关系及收获理想的治疗效果的真谛——中医师治病除了看病以外，还当循循善诱、因势利导对患者进行心理疏导。这在暴聋的治疗中尤其适用，也是熊教授一以贯之的做法。凡是在熊教授的门诊跟师学习过的人都知道，小小诊室，方寸之间，却总是充满了欢声笑语。暴聋的发病通常与患者长期或者激烈的不良情绪有关，听觉的下降甚至缺失，对每一位患者都是一个不小的打击，对其正常的生活、学习、工作等也会产生大大小小的干扰，反过来增加患者的不良情绪，情绪不畅，肝失条达，肝气与耳相通，势必加重耳聋的病情，如此便是一个愈演愈烈的恶性循环。在为患者诊疗的过程中，熊教授的脸上总是洋溢着生动、活泼的表情，或三言两语春风化雨，或疾言厉色指出患者的"纠结"想法，或言笑晏晏引导患者吐露心声……借用宋代黄庭坚《东坡先生真赞》的名句："东坡之酒；赤壁之笛；嬉笑怒骂；皆成文章"——熊老之治，嬉笑怒骂，皆成文章！

（5）经验大成启聋汤

熊教授在长期的临床实践中，总结出经验方启聋汤，经数十载治疗突发性耳聋的临床验证，疗效显著。该方是在小柴胡汤合玉真散的基础上加减化裁而成，基本药物为柴胡、葛根、红花、黄芪、丹参、水蛭、法半夏、天麻、石菖蒲。方中小柴胡汤和解少阳，疏利胆气；大剂量使用黄芪补气健脾，升阳通络，助脾升清。玉真散首载于《外科正宗》，本是用于治疗破伤风之方剂，但熊教授认为暴聋之本质是由外风或内风上扰耳窍所引起的疾病，"风"乃本病之祟，故取其搜风祛痰之意活而用之。其中天麻功善熄风解痉，半夏燥湿化痰，石菖蒲芳香开窍，丹参、红花活血化瘀，葛根解毒退热、生津升阳、通经活络。纵观全方，结构完整，配伍精妙，理肝和脾为要，祛风、涤痰、化瘀为佐，将标本兼治、首重肝脾的用意体现得淋漓尽致。临床实践证明，启聋汤用于治疗突发性耳聋，不但能够明显缓解耳鸣症状，同时可有效提高患者听力。[①]

（三）案例精选 辨证治疗耳鸣耳聋 3 例

1. 病案一：活血祛瘀、化痰开窍法

陈某，男，53 岁。

主诉：双耳听力骤降伴耳鸣 1 周余。

---

① 雷蕾. 熊大经教授诊治突发性耳聋经验初探[D]. 成都：成都中医药大学，2004.

现病史：1 周前患者无明显诱因出现双耳耳鸣，为蝉鸣音，持续性发作，自觉听力下降，右耳为甚，伴胀闷感、堵塞感，无外耳道流脓，不伴眩晕、恶心呕吐等，纳眠可，二便调。

诊查：纯音测听示双耳中度感音神经性听力下降。声导抗未见异常。舌紫暗、边有瘀点，苔白腻，脉沉，关部弦、尺部沉弱。

西医诊断：突发性耳聋。

中医诊断：暴聋。

辨证：痰瘀内阻。

治法：活血祛瘀，化痰开窍。

处方：柴胡 10 g　　葛根 30 g　　地龙 20 g　　法半夏 10 g
　　　石菖蒲 10 g　羌活 10 g　　炙黄芪 30 g　白芷 10 g
　　　麻黄 10 g　　全蝎 5 g

服 6 剂，日 1 剂，水煎服。配合鳖甲及西洋参最细粉冲服。复诊时，患者自诉双耳耳鸣均较前减轻，听力较前有所恢复，复查听力：纯音测听示右耳 0.25～4 kHz 各频率平均听阈恢复正常，左耳 0.25～4 kHz 各频率听力平均提高 20 dB。余未诉特殊不适。在首方基础上，去石菖蒲、白芷，加天麻 20 g、川芎 10 g，服 6 剂。诉耳鸣基本消失，检查双耳各频率平均听阈基本恢复正常。续服上方 6 剂后，患者耳鸣完全消失。

按语： 临床试验表明，突发性耳聋的治疗应越早越好，听力完全恢复或明显恢复多在病后 1～2 周之内，若超过 2 周，治疗的有效率将大打折扣。[1]《证治准绳》有云："暴聋之病，多因经脉运行而未通。" 熊教授认为耳乃宗脉之所聚，听声之功能的正常发挥，必须仰仗绵绵不绝的脏腑清阳之气以温煦，必须依靠源源不断脏腑精华之血以濡养。若肝郁气滞，难帅血行，血脉停滞，则清窍闭塞，继而痰瘀互结，蒙蔽听官。该患者病因病机应责之痰瘀互结，闭阻耳窍，耳为清空之窍，以通为用，耳窍不通故难以闻声，耳鸣耳闷。治当予以"通"为大法，升阳通络，活血祛瘀，化痰开窍。方中柴胡、葛根、地龙、石菖蒲、全蝎、天麻疏肝通窍，以利枢机；炙黄芪健脾益气；法半夏、

---

[1] 王芳. 突发性耳聋 98 例临床病例疗效分析[J]. 齐齐哈尔学报，2012，33（10）：1311.

石菖蒲涤痰；地龙、全蝎活血通络；川芎既可"上行头角，助元阳之气"，又可"下行血海，养新生之血"（《珍珠囊·珍珠囊补遗药性赋》）。纵观全方，在通少阳经的大前提下，辅以入阳明经之白芷，入太阳经之羌活，三阳经畅通爽利，则痰瘀之阴寒之邪难以留存，趋于外散。全方重点突出，即通利少阳枢机，结构完善，以行血、化痰、益气辅而助之，自可收获药专效宏之功。

2. 病案二：补肾益精、聪耳通窍法

患者，女，69岁。

主诉：右侧耳鸣3年余。

现病史：3年前患者无明显诱因出现右侧耳中鸣响，为蝉鸣音，持续性发作，且患者自觉逐渐加重。伴头晕、眠差、心悸、健忘、畏寒肢冷、腰膝酸软。

诊查：局部检查见外耳道通畅，鼓膜无明显异常。舌质淡，少苔，脉沉细，尺脉尤弱。

西医诊断：神经性耳鸣。

中医诊断：耳鸣。

辨证：肾精亏虚。

治法：补肾益精，聪耳通窍。

处方：熟地黄20 g　山茱萸20 g　怀山药30 g　枸杞子20 g
　　　丹参20 g　　红花10 g　　天麻20 g　　牛膝30 g
　　　白芍30 g　　黄芪30 g　　酸枣仁20 g

6剂，日1剂，水煎服。二诊患者诉，服药后感耳鸣有所减轻，持续时间缩短，仍感畏寒肢冷，查舌淡苔白，脉弱。余无特殊不适。上方基础上，去丹参、红花、白芍、酸枣仁，加生晒参10 g、桔梗10 g、全蝎5 g、巴戟天20 g、当归10 g。继服6剂后，三诊患者诉耳鸣明显减轻，余无不适。认为当补气温肾为主，遂改处方：

　　　熟地黄20 g　山茱萸20 g　怀山药30 g　枸杞子20 g
　　　丹参20 g　　天麻20 g　　牛膝30 g　　白芍30 g
　　　黄芪30 g　　红参30 g

连服10剂症状基本消失。

按语：耳鸣的发生率较高，听力障碍者耳鸣发生率明显高于其他人群。耳鸣既是一种症状也是一种独立的疾病，许多全身和耳部的疾病均可引起耳鸣。由于耳鸣的确切机理目前尚不清楚，因此现代医学对于本病的治疗上疗效不尽人意。但数千年的临证经验证明了中医药治疗耳鸣具有得天独厚的优势。早在春秋战国时期，中国人就对耳鸣形成了一定认识。《楚辞》中称耳鸣为"聊啾"，《内经》中多从耳与脏腑经络的关系出发，对耳鸣的病因病机加以阐释。晋代以后，各路医家针对耳鸣的病因病机与治疗方法进行了长期的大量的积极探索，汇众人之智慧，集各家之所成，凝聚成了中医治疗耳鸣不可替代的亮点——那便是整体观与辨证论治的思维。以人为本，整体着眼，因人因地因时，具体情况具体分析，真正做到了全局与重点并举，个性与共性兼济。熊教授以调和阴阳为纲，牢牢扣住病机本质，不放过任何一个可反映疾病证候的细枝末节，将耳鸣一病从起点到终结彻底"吃"透，随证施治，药物归经从属一清二白，临床疗效有目共睹。具体操作上，熊教授讲求临证必须详问病史，从耳鸣的病因、诱因、发作等理清思路，尤其重视耳鸣的特点——耳鸣的发病情况，症状特点如耳鸣的音调、声音、持续的久暂、减轻及加重的情况及伴随症状，治疗用药情况等，还要了解有无耳病史等，尤其是对于年轻的杏林学子而言，切不可盲目追求"望而知之谓之神，闻而知之谓之圣，问而知之谓之工，切脉而知之谓之巧"，而应当脚踏实地，四诊合参，在全面了解病史的基础上辨证施治，灵活用药，如此方能做到游刃有余、有的放矢。

3. 病案三：补肾益精、益气活血法

秦某，女，33岁。

主诉：双耳听力下降伴耳鸣10余年，加重2余年。

现病史：患者10年前因发热，肌肉注射庆大霉素后出现听力下降，曾多次诊治（具体诊疗经过不详），见效甚微。2余年来，患者渐感听力下降加重，耳鸣呈持续性，伴纳呆、便溏、眠差、健忘、腰膝酸软。

诊查：外耳道通畅，双耳鼓膜混浊增厚，右甚。右耳鼓膜可见钙化斑；鼻部及咽喉部未见异常。纯音听阈测试显示：双耳重度感音神经性耳聋。舌质红、边紫暗，少苔，脉细无力、尺部尤甚，关部涩。

西医诊断：双耳重度感音神经性耳聋。

中医诊断：毒聋。

辨证：肾精亏虚，气虚血瘀。

治法：补肾益精，益气活血。

处方：熟地黄 20 g　　枸杞子 20 g　　山茱萸 20 g　　何首乌 20 g

　　　　丹参 20 g　　　黄芪 30 g　　　山药 30 g　　　红花 10 g

　　　　全蝎 5 g　　　 泽泻 15 g

6剂，日1剂，水煎服。二诊诉服药后健忘、腰酸好转，耳鸣、听力下降无明显改善，纳差。在原方基础上加神曲、炒谷芽、炒麦芽各20 g。6剂后三诊，诉腰酸消失，耳鸣明显减轻，健忘和听力稍有好转。在前次处方基础上，去炒谷芽、炒麦芽、何首乌、全蝎，加茯苓、地龙各 20 g，白术 10 g，牛膝 30 g。10剂后，患者诉耳鸣消失，听力明显提高。

按语：本病属中医学毒聋、久聋范畴，现代医学为药物性耳聋，凡符此证候者皆可参考论治。盖因肾开窍于耳，耳为肾所主，故熊老提出了"内耳属心肾"的观点。现代医学研究已发现，肾与耳这两个"距离"较远、看似无甚关联的器官，实际上，无论是在解剖组织上，在酶的含量与分布上，在水和电解质平衡生理机制方面，甚至在两个器官对某些药物的药理反应方面均具有颇多相似点，并且发现氨基糖苷类抗生素对肾组织和内耳同样具有一定的毒性作用。中医学认为，心肾与耳存在相当密切的内在关联，肾为先天之本，藏精之脏，精生髓，脑为髓海，与耳相连，耳为肾之窍，肾精通过脑髓滋养耳窍，维持和促进其生长与发育。肾气实则精气上通，闻五音而聪矣。耳之聪听的生理基础在于肾精充足，肾气充沛。心为君主之官，主藏神，主血脉，心寄窍于耳，心为耳之客窍，耳司听，接受心之支配。心气充足，脉道方能保持畅通，血液充盈与运行顺利是其上奉于耳的重要基石，基石稳固，耳窍濡养有源，功能才能运行有序。若肾精亏虚，髓难生成，更进一步则髓海空虚，耳窍失去精髓供给与涵养，便发耳聋。虚火上炎，扰动耳窍，不安而鸣，即为耳鸣。该患者症见腰膝酸软，盖因腰为肾之府，肾精亏虚则发腰酸软无力。结合患者舌红边紫暗少苔之象，与脉细涩、关尺部之征，熊教授认为舌边紫暗反映体内留有瘀血，舌苔薄少则提示气虚血亏；脉细无力、尺部尤甚，说明在气血不足的基础上已有肾精亏损之势，此时当果断补肾、填精生髓；关部涩进一步佐证了血停成瘀在内。血亏无法充满脉管，气虚更无力推动血液循行，故脉细无力，且血为气之母、气为血之帅，若得不到纠正，只会越演越烈。细而迟，往来难且散为涩，"精者，血之所成也"，精亏则血少，脉道不充，血流不畅，则脉行不滑利，即见涩脉。辅助检查发现双耳鼓膜增厚，可见钙化斑，从影像学的角度印证了病理产物堆积，中有瘀积血停。久病多虚多瘀，该患者病程长至10年有余。综上所述，本病咎于肾精亏损，气虚血瘀，阻滞耳窍，枢机不利。因此治疗的核心在于补益肾精，益气活血，恢复耳窍的充养，方能药到症除。

六、散风法在耳鼻喉科的应用

（一）关于风邪致病的病机

中医认为，病因有内外之分，其中外感致病因子有风、寒、暑、湿、燥、火六种，称为"六淫"。风邪常为外邪致病的先导，居"六淫"之首，古人甚至将风邪作为外感致病因素的总称。正如《内经·素问·骨空论》所曰："风者，百病之始也。"《内经·素问·风论》云："故风者，百病之长也，至其变化，乃为他病也，无常方，然致有风气也。"清代张志聪在《黄帝内经素问集注》中写道："夫寒暑始伤于皮毛，风邪直透于肌腠。风者，善行而数变，入于肌腠则及经脉，或为热中，或为寒中，或为偏枯，或成积聚，或入腑而生，或入脏而死，邪气淫佚，不可胜论，故曰：'风者百病之始也。'"

1. 风邪的特性及致病特点

风为阳邪，善动而不居，善行而数变，故风邪致病可以出现痒痛现象游走不定，发生于全身各处。"伤于风者，上先受之"，风邪具有升发、向上、向外、易袭阳位的特点，故风邪侵袭人体时，头面五官以及位居于上的脏腑首当其冲。其性开泄，易使腠理疏张而阳气外泄，故风邪侵袭人体头面体表后，易让人产生头痛、头晕、头项部不适、汗出、恶风等症状。《临证指南医案·卷五》说："盖六气之中，惟风能全兼五气，如兼寒则曰风寒、兼暑则曰暑风、兼湿曰风湿、兼燥曰风燥、兼火曰风火。盖因风能鼓荡此五气而伤人，故曰百病之长，由是观之病之因乎风起者自多也。"风为百病之长，风邪伤人往往兼邪同犯，它邪犯人，常借风之侵袭，乘虚而入，即寒、湿、燥、火诸邪多依附于风而侵犯人体使人致病。

由于耳、鼻、咽喉位于人体最上方，且直接与外界相通的生理特性，故而熊老认为耳鼻喉诸多疾病都因风而起，譬如鼻鼽、喉源性咳嗽、变应性咳嗽、过敏性咽喉炎等。换句话说，风邪是耳鼻喉的"头号敌人"。

2. 风邪致病在耳鼻咽喉的表现

（1）"风动则痒"

痒是也一种风动表现。临床认为因感受风邪而致的疾病，如鼻鼽、喉源性咳嗽、变应性咳嗽、过敏性咽喉炎等均有痒的表现。

① 鼻鼽：

鼻鼽相当于现代医学的变应性鼻炎，打喷嚏、流清涕、鼻痒反复发作为其主要临床表现，此乃脾肺气虚，风寒外侵，肺气失宣，鼻窍不利所致。变应性鼻炎，临床表现为突然发作的鼻痒，喷嚏，清水样鼻涕，同时伴有眼结膜、外耳道、咽喉等部位发痒症状等，中医认为属于风邪袭肺、上犯鼻窍的表现。

西医学认为变应性鼻炎是指特应性个体接触变应原后，主要由 IgE 介导的介质（主要是组胺）释放，并有多种免疫活性细胞和细胞因子等参与的鼻黏膜非感染性炎性疾病。变应性鼻炎患者具有特应性体质，可能有家族遗传性，另外接触变应原（多来源于动物、植物、昆虫、真菌或职业性物质）。其变应原主要分为吸入性变应原和食物性变应原。吸入性变应原是变应性鼻炎的主要原因。例如屋尘螨、粉尘螨、花粉、动物皮屑、真菌变应原，食物变应原包括牛奶、大豆、花生、坚果、鱼、鸡蛋等。除了和变应原接触有关外还和气候因素、精神因素、物理因素（冷刺激、运动）等具有一定关系，侵入途径大多为吸入。变应性鼻炎发病迅速，呈阵发性，易反复发作，有些发作与季节有关，伴有鼻痒、眼痒、咽痒等症状，符合"风动则痒"的特点。

② 喉源性咳嗽：

喉源性咳嗽乃风邪循经入肺，风寒之邪客肺，肺失清肃，宣降失常上逆咽喉而致，主要症状有咳嗽、咽痒、痒时咳嗽，或呛咳阵作，气急、遇冷空气、异味等因素突发或加重，或夜卧晨起咳剧，多呈反复性发作，干咳无痰或少痰，舌苔薄白等。熊大经教授认为风邪外袭，肺鼻受邪，是喉咳的病因之一，喉咳与肺、鼻相关。风为阳邪，易袭阳位，风邪经口鼻或皮毛而入，首先鼻腔受累，上犯鼻腔，向下入侵肺脏，肺为华盖之脏，居于上焦，在胸腔中位置最高，肺主宣发肃降。肺为风邪所侵，肺气不能正常地宣发和肃降，宣肃失调，就会出现咳嗽气喘等"气逆"的表现。

（2）"风性壅满"

① 耳胀耳闭：

"风性壅满"，是对外风与正气交争过程中，机体处于壅阻和鼓塞满胀的病机状态描述。"壅满"是风邪发病最初的病机形态。《素问·风论》云："风气藏于皮肤之间，内不得通，外不得泄……"[①]文中"内不得通，外不得泄"的说法即是风性壅满的精确描述。《本草述钩元·荆芥》云："主恶风贼风，口面㖞斜，手足筋急……散结聚气，转送五脏不足气，又主血劳，风气壅满……"[②]《本草纳目·假苏》曰："（甄权）主血劳，风气壅满，背脊疼痛，虚汗，理丈夫脚气，筋骨烦疼，及阴阳毒伤寒头痛，头旋目眩，手足筋急。"[③]风性壅满，内外不同，不通则痛，故觉胀满、疼痛、堵塞感、闷窒感。风气主胀，胀甚则痛，风邪侵袭头部，清旁被扰则引起头胀，头痛，某些鼻窦炎引起的头痛以胀痛、昏痛为主。风邪侵袭耳窍，则引起耳胀耳闭。

耳胀、耳闭是指耳内胀闷堵塞感为主要特征的中耳疾病。病初起，耳内胀而兼痛，称为"耳胀"或"耳胀痛"；病久者，耳内如物阻隔，清窍闭塞，称为"耳闭"。相当于西医的分泌性中耳炎，现代医学认为上呼吸道感染影响咽鼓管开合，或咽鼓管功能失常，中耳气压失调，血管通透性增强而渗液，

---

① 田代华. 黄帝内经·素问[M]. 1版. 北京：人民卫生出版社，2005：83.
② 杨时泰. 本草述钩元释义[M]. 1版. 太原：山西科学技术出版社，2009：266.
③ 钱超尘. 金陵本《本草纲目》新校正[M]. 1版. 上海：上海科学技术出版社，2008：603.

可能与感染、免疫功能等有关。中医认为其发病多由于外感，风邪入耳，经气痹塞不通所致。可因气机不宣，邪气郁滞，致耳窍闭塞，耳窍积液。其病程多易反复，甚至病久不愈。在治疗过程中注重散风法的应用，及时彻底地疏散外风，可以减轻咽鼓管的渗出和肿胀，改善耳部症状，防止本病发展和传变。

"伤于风者，上先受之"，肺为华盖，风邪来犯，最先受之。肺开窍于鼻，鼻与耳通过咽鼓管连接。咽鼓管又称欧氏管，此处的"咽"是指鼻咽部，"鼓"是指中耳鼓室，它的一端在中耳鼓室的前上壁（又称咽鼓管鼓室口，简称鼓口），另一端则在鼻咽部（咽鼓管咽口，简称咽口），是连接中耳鼓室与鼻咽部的通道，所以被称为咽（鼻咽）鼓（中耳鼓室）管。故而，外风来袭，耳亦当先受之。正如《诸病源候论·卷二十九》所言："风入于耳之脉，使经气痹塞不宣，故为风聋。"风邪入耳，耳内气机失调，脉络郁滞，故见耳中胀闷，耳鸣，听力下降，鼻塞流涕，或有咳嗽咯痰、头痛等症。所以治疗上应以散风为重。风邪夹热者，当祛风清热散邪；风邪夹寒者，则祛风清热散邪。

② 鼻源性头痛：

风易袭阳位的特点在头痛中表现明显，巅顶之上，唯风可到。耳鼻喉科常见的头痛是鼻源性头痛，指鼻腔、鼻窦病变引起的头痛。以鼻窦急性炎症最为多见，约占全部头痛发病数的5%，其他急、慢性鼻炎，慢性鼻窦炎，萎缩性鼻炎，鼻中隔偏曲等也可引起头痛。鼻源性头痛的症状一般具有鼻病症状，如鼻塞、流涕等；头部疼痛一般为钝痛、隐痛，无搏动性，白天较重，休息后头痛减轻，活动后加重；疼痛有一定的部位和时间性；经采取休息，或鼻腔治疗引流通畅后，头痛可减轻或暂时缓解。中医采用祛风通窍、清利肝胆湿热、健脾除湿等治疗方法，可以促进鼻腔引流通气，缓解头痛症状。

（3）"风胜则动"

风性主动是指风邪致病具有动摇不定的特征，常表现为眩晕、震颤、四肢抽搐、角弓反张等症状，故称"风胜则动"。《内经·素问·至真要大论》曰："诸暴强直，皆属于风。"除前所述外，风邪致病还可以导致其他疾患。

乳蛾的全身并发症中的肾脏疾病,如急性链球菌感染后肾小球肾炎及IgA肾病，前者多发生于急性扁桃体炎发作后2~3周，后者则常发生于发作后3~5

天。两者多在发病前有明确的外感史，有咽喉痒痛的症状，这就是风邪外袭的特点。所以，风邪是导致原发性肾小球疾病的主要病因。因为原发性肾小球疾病的发病与风邪外袭具有密切关系，故古人将病位在肾，病因乃感受风邪，所致的肾的结构和功能受损，以水肿、尿浊、尿血、眩晕、腰痛等为主要临床表现的一类疾病命名为肾风。肾风之病，古代医家对其病因病机及治疗多有论述，如《内经·素问·风论》曰："肾风之状，多汗恶风，面疣然浮肿。脊痛不能正立，其色炲，隐曲不利，诊在肌上，其色黑。"

熊教授认为，论治耳鼻喉科疾病的思路首先可以从"治风法"开始，在耳鼻喉疾病中，尤其要重视散风法的应用。在临床上常从治风的角度入手，辨治耳鼻喉乃至全身诸病。如祛风利咽法治疗咳嗽，祛风降气法治疗咳喘，疏风散寒法治疗喉痹，疏风开窍法治疗咽鼓管疾病，疏风宣肺法治疗耳鸣耳聋，祛风渗湿止痒法治疗外耳道湿疹，祛风散寒温肺法治疗鼻鼽，喉咳病要治鼻、治咽喉、治肺脏，所以治疗时要考虑多种因素，当然疏散风邪是治疗的主要方法之一。务必充分将外邪风邪散去，避免入里，入脏入腑，变生他症。

（二）散风法的应用

1. 伏邪理论

伏邪理论在《内经》中已有记载，《素问·阴阳应象大论》中有"冬伤于寒，春必病温"的论述，即是对伏邪及其发病的阐述。后世伏邪理论得到延伸和扩展。清代刘吉人所著《伏邪新书》对伏邪有明确论述，曰："感六淫而不即病，过后方发者，总谓之曰伏邪。已发者而治不得法，病情隐伏，亦谓之曰伏邪。有初感治不得法，正气内伤，邪气内陷，暂时假愈，后仍复作者，亦谓之曰伏邪。有已发治愈，而未能除尽病根，遗邪内伏，后又复发，亦谓之曰伏邪。"即感受外邪后，或因失治误治，邪去不彻；或正气有损，邪气不盛，潜而不发；或愈后留邪，感而复发，此为伏邪。

2. 风易伏留

外风的发病方式有卒发和伏发两种形式。

(1) 外风卒发

卒发又称顿发、感邪即发，指感邪后立即发病，发病迅速。卒发存在"冒、伤、中"三种发病方式。外风卒发也遵循此三种发病方式。清代汪讱庵有"轻为冒，重为伤，又重则为中"的论述；《证治要诀》有"天地间惟风无所不入，一罅不塞，来不可御。人之一身，缜密者少，疏漏者多。风乘之也，轻则为感，重则为伤，又重则为中"之载，上述内容皆可说明冒、伤、中是外风致病的三种发病方式。

"冒"有"接触、感触、冒犯、感而冒之、触之轻浅"之意。冒风是外风感而即时发病中的一种致病形式。伤风是对风邪致病由表入里、经历传变的发病形式的概括。"中"有"遭受、受到、中伤"之意。中风是风邪不经过太阳经或肌表，直接入中损伤于里的发病形式的概括。

(2) 外风伏发

伏发，为感而后发，即邪气感而未即时发病，病因潜藏、蛰伏于体内，伺机致病。《伏邪新书》云："感六淫而不即病，过后方发者，总谓之曰伏邪。"正是由于伏邪理论的存在，感而未发、待日后发病的形式才得阐发。风行健，易伏而难除。外风伏发即是伏风发病的过程描述。伏风内潜，贼风再犯，合而病成。风邪上受，首先犯肺卫，故而伏风病变好发于肺系鼻窍、肌肤皮毛。素体伏风深潜体内，发时犯表束肺犯肤。

3. 伏风致病

(1) 缠绵难愈

外感伏邪与内伤伏邪是相互交感的，可以继发病理邪气，导致病情缠绵难愈。鼻鼽的发病特点突然发作、缠绵难愈、反复发作，每遇冷空气或其他刺激，随即复发，风犯肺窍是鼻鼽的主要诱发外因，伏风内蕴是其反复发作难愈的夙因。变应性咳嗽（风咳）同为外因、内因相合致病，同样有风病特征，同时有反复发作难以痊愈的特点，其夙因则均在于伏风内潜。风咳的外因为感受外风，内因为素有伏风，外风引动伏风，肺失宣肃为本病的主要病机。

(2) 从阳化热

《张爱庐临证经验方·风毒伏肺》云："风为阳邪，其性易于化火化热，是以发病之际，背俞灼热，而目亦赤焉。"《金匮要略浅注卷九·妇人产后病脉证治》云："……风为阳邪。不解即变为热。热甚则灼筋而成痉。"外风易于壅滞，在致病的过程中，若疏散不及时、不彻底，伏留体内，则极其容易从阳化热、化火、化毒。

（3）他病丛生

《内经·素问·调经论篇》曰，"胃气热，热气熏胸中，故内热"，阐述了饮食水谷郁于胃中化热的理论。熊老治疗风邪所致诸病时，通常嘱患者清淡饮食，适量为宜，同时特别强调忌食羊肉、海鲜、辣椒等辛辣刺激性食物，食滞中焦，气机不畅，郁而化热，积于体内，或热毒内生，邪热内伏。

《内经·素问·热论篇》曰，"病热少愈，食肉则复，多食则遗，此其禁也……诸遗者，热甚而强食之，故有所遗也，若此者，皆病已衰，而热有所藏，因其谷气相薄，两热相合，故有所遗也"，可见在疾病生成与发展过程中，饮食不节，可致积热与伏邪相交，缠绵难愈。此时若食积之热，或内生热毒，合体内蛰伏之风，风热相煽，风毒交织，迫血旺行，耗血亏津，久而化燥、生癖、致虚，渐成积聚或虚劳。

4. 散风为要

故而，熊教授强调，治疗耳鼻喉科疾病，务必充分将外邪分邪散去，防传入里，入脏入腑，变生他病。并指出论治思路首先从"治风法"开始，尤其要重视"散风法"的应用。《易·说卦》云："风以散之。"《注》曰："散，放也。"即全力将外来之风祛除干净、疏散彻底，使其散而难聚，无法再致病生祟。

治法上，熊教授将"散风法"广泛用于耳鼻喉疾病，如祛风利咽法治疗咳嗽，祛风降气法治疗咳喘，疏风散寒法治疗喉痹，疏风开窍法治疗咽鼓管疾病，疏风宣肺法治疗耳鸣耳聋，祛风渗湿止痒法治疗外耳道湿疹，祛风散寒温肺法治疗鼻鼽，祛风通窍法治疗鼻源性头痛。喉源性咳嗽须治鼻、治咽、治肺，必须统筹多方因素，疏散风邪仍是其治疗的关键法门。

风邪致病在急性期，主要表现为表实证，除耳、鼻、咽喉的特异性症状外，均见汗出恶风、症状遍发、游走性、瘙痒、胀闭不通等症，呈现发病急、传变快、病程长、易于复发的趋势,此时当以祛风为主,鼓邪外出,在药物选择上,熊老惯用升麻、柴胡、羌活、防风、苍术、藁本、麻黄、葛根、川芎、细辛、独活、蔓荆子、桂枝、白芷、荆芥、天麻等味薄气轻、辛散轻扬具有升发宣散特性的风药,发挥其善于祛风,通调气化,发散郁火,祛风除湿,并有引经报使,鼓舞清阳之功。慢性以后,除有风邪留恋所致的证候外,因正气亏虚,甚则累及肝、脾、肾等脏,所以表现比较复杂,同时也出现了一系列的继发证因,其临床变化纷杂难寻。此时,熊教授以扶正辅以祛风,培补相应脏腑,使正复风自去,卫强风难袭。患者表现为易于感邪,自汗盗汗,乃肺脾气虚,以黄芪、白术、防风、辛夷、党参、煅龙骨、煅牡蛎等补肺健脾以防风。若症见冷热交替时鼻塞、流清涕、喷嚏连作,自汗恶风畏寒,手足不温等,乃以营卫失和,予炙黄芪、桂枝、白芍、细辛等温振卫阳以御风;若患者见食欲不振、食少纳呆、胃脘胀满等,加焦山楂、鸡内金、建曲、炒麦芽等健脾消食,防止食积化热;若患者口干口渴,少苔少津,加北沙参、南沙参、麦冬、白芍、天花粉等滋阴润燥。

此外,易伤于风者,本身肺卫不固,脾常不足,加之自身意识不足,饮食无节制,容易导致食滞中焦,气机不畅,郁而化热;或过食温燥炙煿,热积体内,与伏风交织,转而化毒。故熊教授常嘱患者清淡饮食,摄食适量。风邪侵袭人体,若未及时祛除,伏久遂可从阳化热、化火、化毒,但热象不显,毒力也徐,甚至其邪入里,直沉于中央脾土伤脾,甚至入北方寒水伤肾,起病缓慢,病人处在不知不觉的病态中,身体机能逐渐减退,表现为抗病能力衰减,不仅容易复感外邪,而且感受外邪后邪气不易驱除或便于留恋,病程缠绵。故而,熊教授常嘱患者规避风寒,防止外风引动伏风。

5. 典型病例

陈某,男,4岁。以"鼻塞、痛痒1周余"为主诉前来就诊,患儿1周前外感风寒后,出现恶寒发热、鼻塞、痛痒,流涕,喷嚏连连。无恶寒发热,鼻塞较前加重,咳嗽、咯少量黄痰。纳可,眠差,大便偏干、一日一解。患儿平素喜揉鼻,喜清嗓,既往有哮喘病史。

西医诊断：变应性鼻炎。

中医诊断：鼻鼽——风寒犯肺证。

处方：麻黄 8 g　　　杏仁 10 g　　　桔梗 10 g　　　白芍 15 g

　　　天花粉 10 g　　生地黄 10 g　　炙黄芪 20 g　　地龙 10 g

　　　牡丹皮 8 g　　　炙甘草 10 g

8 剂，水煎服，一日一剂。8 剂药后，患者复诊，诉上诉症状基本减轻，后在此方基础上加以补肺健脾。

按语：患者既往有哮喘病史，变异性鼻炎与哮喘有诸多相似之处，同为外因、内因相合致病，同样有风病特征，同时有反复发作、难以痊愈、遇冷空气或接触过敏原等诱发或加重的特点，其夙因则均在于伏风内潜，故而哮喘、变异性咳嗽等皆可参照本病治疗。本病的外因为感受外风，内因为素有伏风，外风引动伏风，肺的宣发与肃降失司，发而为病。治疗以散风法为基本，临证分急性期与缓解期。急性期祛风散寒，缓解期补肺健脾、固表益卫。本方中，麻黄、杏仁、桔梗宣肺祛风散寒、一升一降调理气机，白芍、天花粉、生地黄滋阴润肺防止风药伤阴，炙黄芪、炙甘草健脾益气，地龙通经活络。且患儿痰便干，可见风邪已有从阳化热之势，投以牡丹皮 8 g 清肺泄热。全方升降兼顾，驱邪与扶正并施，内外合力祛邪彻底。急性期后，应当注意避免触冒外风，防感外邪，同时继续补肺固表以御外风、消风化痰以息伏风，图谋改善体质，以减少发作，或至痊愈。

风为百病之长，一年四季皆可致病，风邪多兼杂其他邪气致病，无孔不入。伤于风者，上先受之，耳鼻咽喉位于人体上方，且直接与外界相通，因而耳鼻咽喉在临床上常从治风的角度入手，辨治耳鼻喉乃至全身诸病。风易伏留，导致疾病缠绵，伏久从阳化热，或变生他病，损及脏腑，故而在耳鼻喉疾病中，尤其要重视散风法的应用。以散风法为基本治疗，分急性期与缓解期。急性期祛风为主，力求充分、彻底祛散外风；缓解期补肺健脾、固表益卫、调理体质，既行散内风，又抵御外风，如此方可至痊愈。

七、虫类药在耳鼻喉科的应用

（一）常用的虫类药

1. 虫类药的历史沿革

虫类药的使用在我国历史上由来已久，最早可追溯至 4000 余年前的殷商时期。在那个时期的甲骨文中，已有蛇、麝、犀牛等 40 余种动物用药的记载。春秋时期，《诗经》记载了部分具有医疗作用动物种类。战国时期，《山海经》中记载药物 146 种，其中动物药 83 种，如"河罗之鱼，食之已痛""青耕之鸟，可以御疫"等。[1]目前我国发现最早的医方专著《五十二病方》记载了 242 种药物，其中含草、谷、菜、木、果等植物药，有兽、禽、鱼、虫等 54 种动物药，是最早记载虫类药应用的著作。并且，不少虫类药的功效和主治，均同后世医药文献和临床实践一致。

秦汉时期，我国现存最早的药物学专著《神农本草经》，将我国早期临床用药经验进行了第一次系统总结，全书分 3 卷，载药 365 种，其中植物药 252 种，动物药 67 种，矿物药 46 种，分上、中、下三品。在这 67 种动物药中，虫类药便有 28 种之多[2]，占全书所载药物的 8%，占所收动物药的 41.8%，如全蝎、水蛭、虻虫、䗪虫、蛴螬、僵蚕、蝼蛄、蚯蚓、蜜蜂（包括蜂子、蜂蜡、蜂蜜、蜂毒、蜂房）、斑蝥、鼠妇、蜣螂、蛇蜕等，沿用至今。

东汉时期，虫类药的应用有了更进一步的发展。张仲景在《伤寒论》和《金匮要略》中，系统、具体地将虫类药用于内、妇等方面的疾病，论述了水蛭、虻虫、蜣螂、鼠妇、蜘蛛、蜂房、蛴螬、白鱼等多种虫类药的应用要点，并创立了多个以虫类药为主的著名方剂，如抵当汤（丸）、鳖甲煎丸、大黄䗪虫丸、下瘀血汤等，至今仍在临床中使用。

东晋时期，葛洪在继承了前世医家关于虫类药的应用经验的基础上，进

---

[1] 高想. 虫类药的应用历史与展望[J]. 中华中医药杂志，2010，25（6）：807-809.
[2] 吕志连. 张仲景运用虫类药的经验探讨[J]. 浙江中医学院学报，1982（6）：19-20.

行了拓展和延伸，如用僵蚕、蚱蝉治头痛、风头眩；又如在《肘后备急方·卷二·治伤寒时气温病·第十三》中用地龙（蚯蚓）治疗下部毒疮："毒病下部生疮者，烧盐以深导之，不过三。又方，取蚓三升，以水五升，得二升半，尽服之。"①

唐代，在孙思邈《千金方》、王焘《外台秘要》记载的药方中，将虫类药更为广泛地应用于内、外、妇、儿各科，并在张仲景的基础上对虫类药的品种进行了扩充，新增了蜥蜴、蜈蚣、芫青、斑蝥、萤虫等。宋代，许叔微的《普济本事方》也较多地应用虫类药，并且承上启下、继往开来，对虫类药的功效进行了划时代的创新。他不仅发扬了先贤用虫类药以攻逐瘀血的思路，而且大量应用虫类药以搜剔通络除痹，对后世尤其是对清代的叶天士产生了巨大影响，堪称开络病证治之先河。②

金元时期，虫类药的应用亦有所发展，但基本上是因袭旧法。直至明代，李时珍对药物经验进行了全面、系统的总结，其书《本草纲目》中收录了动物药461种。③清代，温病学家如杨栗山、叶天士、王孟英等，不拘一格，将虫类药广泛地用于各种疾病的治疗，为后世积累了大量的宝贵经验。

近代，善用虫类药的医家亦不在少数，如盐山张锡纯、武进恽铁樵及镇江章次公等诸位先辈。并且，许多他们应用虫类药的临证经验，具有创造性的意义。如张锡纯在《医学衷中参西录》中对穿山甲、蜈蚣、水蛭、全蝎、蝉蜕、羚羊角等药发表了其独到的见解。

当代，首届国医大师朱良春，便以对虫类药的巧思妙用而声名鹊起、闻名遐迩，其将虫类药的作用总结为以下八个方面：攻坚破积、活血祛瘀、息风定惊、宣风泄热、搜风解毒、行气和血、壮阳益肾、消痈散肿。④

2. 熊教授对虫类药的把握

虫类药因其独有的生活特性，飞者升，走者降，善走窜入络、搜风化痰，

---

① 葛洪. 肘后备急方[M]. 北京：人民卫生出版社，1963.
② 王家平，安莉萍. 许叔微对虫类药的运用[J]. 河南中医. 2009, 29（2）: 133-134.
③ 高想. 虫类药的应用历史与展望[J]. 中华中医药杂志，2010, 25（6）: 807-809.
④ 朱良春. 虫类药的应用[M]. 南京：江苏科学技术出版社，1981.

通阳开窍，解痉平喘，涤荡体内之伏痰，攻散瘤结之痰瘀，发挥祛痰通络的功效。正如叶天士所言："取虫蚁迅速飞走诸灵，俾飞者升，走者降，血无凝着，气可宣通，搜剔经络之风湿痰瘀莫如虫类。"结合现代药理研究发现虫类药还有抗炎抗过敏、类激素样作用、扩张支气管、调节免疫的功效，故而用于治疗过敏性耳鼻咽喉疾病，可达药半而功倍之效。

虫类药性味辛咸，辛能通经活络、咸能软坚散结，因而具有攻坚破积、活血化瘀、息风定痉、通阳散结等功效。且虫类药物大多为"血肉有情之品"，相较于草木类药物，与人体体质更为接近，更容易被人体吸收和利用，所以虫类药物具有用量小、疗效专的优势，就如吴鞠通所言"以食血之虫，飞者走络中气分，走者走络中血分，可谓无微不入，无坚不破"。

虫类药因药性峻猛、起效迅速、疗效可观，备受熊教授所推崇，广泛用于耳鼻喉，一方面用于外风伏留，或夙有伏痰，甚至风痰内伏，内外合邪所致的变应性鼻炎、变应性咳嗽、喉源性咳嗽、过敏性咽喉炎等；另一方面用于久病入络，久病成瘀，瘀痰胶着，甚至变生怪病的难治性鼻窦炎、慢性咽喉炎、难治性咳嗽、鼻息肉、声带白斑等，疗效确切。

3. 熊教授常用的虫类药

（1）地龙

地龙，又称蚯蚓，别称地龙子、土龙、丘蚓等，为钜蚓科动物威廉环毛蚓、栉盲环毛蚓、通俗环毛蚓、参环毛蚓的干燥全体。[1]前三种药材习称"沪地龙"，后一种习称"广地龙"。沪地龙主产于山东、上海、安徽等地，广地龙主产于福建和两广等地。

地龙最早出自《神农本草经》，性味寒、咸，归肝、脾、膀胱经。主要功效为平肝息风、通经活络、平喘利尿、清热止痉等。主治热病发热狂躁、肝阳头痛、风湿痹痛、小便不通、惊痫抽搐、中风偏瘫、肺热喘咳等症，是中医药治疗高热惊厥、支气管哮喘的典型药物。《本草纲目》云："蚓在物应土德，在星禽为轸水。上食槁壤，下饮黄泉，故其性寒而下行。性寒故能解诸热疾，下行故能利小便、治足疾而通经络也。"《本草求真》又云："蚓蚓本有

---

[1] 国家药典委员会.中国药典[M].1部.北京：中国科技医药出版社，2015.

钻土之能，化血之力，而凡跌仆受伤，血瘀经络，又安有任其停蓄而不为之消化乎？"

地龙的化学成分主要包括：氨基酸类化合物、核苷类化合物、二肽类化合物、有机酸类化合物、无机元素、蛋白质类化合物等，具有抗炎镇痛、治疗哮喘、化痰止咳、镇静催眠及抗惊厥、促进创伤愈合、降脂、抑制血小板聚集、诱导骨髓间充质细胞的增殖、抗癫痫等作用，并且对于预防控制慢性支气管炎、高血压、癫痫、支气管哮喘、组织纤维化有显著效果。[1]

熊教授喜在鼻源性头痛、耳鸣耳聋、鼻渊的治疗中投以地龙。《内经·素问·藏气法时论》中有云，"肝病者……气逆则头痛，耳聋不聪"，肝气不舒，甚至上逆蒙蔽清窍，耳窍闭阻则耳鸣、耳聋，头窍不清则头晕、头痛。地龙善入肝经，活血活络，疏肝利窍。鼻窦炎属中医学鼻渊、脑漏范畴，多由风热外袭，入里化热，灼腐成脓，滞留空窍而致。治宜疏散风热，清热利湿，宣通鼻窍，加以地龙既清热利窍，又活血化瘀、通经活络。

（2）僵蚕

僵蚕，味辛、咸，性平，始载于《神农本草经》，具有息风止痉、祛风止痛、化痰散结等功效。古代多将其用于肝风夹痰、惊痫抽搐、小儿惊痫等证，现代多用于抗惊厥、抗凝和催眠。《本草思辨录》谓："僵蚕劫痰湿而散肝风。"《本草备要》谓僵蚕："僵而不腐，得清化之气。故能治风化痰，散结行经。蚕病风则僵，故因以治风，能散相火逆结之痰。"《本草求真》指出该药为"祛风散寒，燥湿化痰，温行四脉之品"。现代药理研究表明，僵蚕中所含槲皮素具有较强的祛痰、止咳和平喘作用，僵蚕所含蛋白质能刺激肾上腺皮质，能增强机体防御能力和免疫调节功能。[2]

熊教授常将该药用于变应性鼻炎、变应性咳嗽、过敏性咽喉炎等疾病，盖因这类疾病，多因内有伏邪，或伏风、或伏痰、或风痰内阻，每因风邪引动，内外合邪而发，发时痰随气升，气因痰阻，相互搏结于气道，通畅不利。

---

[1] 黄敬文,高宏伟,段剑飞.地龙的化学成分和药理作用研究进展[J].中医药导报，2018，24（12）：104-107.
[2] 喻静.僵蚕的临床应用及现代药理研究[J].中国中医药咨讯，2010，2（7）：185-186.

病情缠绵，易于反复。清代叶天士曾云："病久则邪风混处其间，草木不能见其效，当以虫蚁疏络逐邪。"僵蚕在祛风与化痰两方面均见长，故而投以此药，一药两用，甚是契合。临床上，熊教授常常将僵蚕与蝉蜕搭配使用，共奏疏风止痒、清热化痰、开郁散结之效，使得邪祛、热解、痰化、郁舒，则病自除。若是这类疾病的慢性期，则配合补气之品，既防其耗散气血，又助其活血化瘀，取气行则血行之义。

（3）蝉蜕

蝉蜕，原名蝉壳，别称蝉衣、蝉甲、蝉退等。首载于《名医别录》，味咸甘，性寒，无毒，归肺、肝经，具有疏散风热、利咽开音、透疹止痒、明目退翳、息风止痉、止咳化痰平喘之功效。《本草纲目》中明确提出："其气清虚，故主疗一切风热之症。"《国家药典中药实用手册》记载，蝉蜕具有明显的抗惊厥、解热、镇痛、缓解支气管平滑肌痉挛、免疫抑制与抗过敏作用。

风为百病之长，易袭阳位，"伤于风者，上先受之"，故而风侵犯人体时耳鼻咽喉等最易受到攻击。熊教授认为蝉蜕质地轻薄，药力升浮，轻清透邪，尤擅祛风。"风盛则动""风动则痒"。蝉蜕既可宣肺以驱散外风，又可入肝以平息内风，肝肺同治，凡见喘、咳、痒等症，以阵发性发作、症状呈现风邪致病的特点、病程缠绵、易于复发者，可不囿于寒热，投以用之。结合对蝉蜕的药理实验，其可通过抑制过敏介质释放、缓解气道慢性炎症、改善血瘀状态，从而缓解支气管平滑肌痉挛，发挥抗过敏、镇咳、祛痰、平喘作用。故临床上可将其广泛应用于变异性咳嗽、变异性鼻炎、急慢性支气管炎、急慢性咽喉炎等疾病的治疗中。并且蝉蜕质轻味淡，药性平和，当注意把握其用量，成人多用至 10 g，小儿用量为 5~10 g，以达药效。

（4）水蛭

水蛭，别名蚂蟥、马鳖、马蛭、蚂蟥蜞、黄蜞、线蚂蟥、红蛭等。在全国大部分农村较为常见，多数生活在淡水的河流、湖沼、水田中或湿润处，大多营半寄生生活。一般在夏、秋捕捉水蛭，捕得后洗净，先用石灰或酒闷死，然后晒干或焙干入药。其首载于《神农本草经》，谓："其味咸、苦，性平，入肝、膀胱经，治恶血、瘀血、月闭，破血瘕积聚。"张锡纯认为其"破瘀血而不伤新血，转入血分而不伤气分"，为破血消结的良药，称赞其在破血药中功列第一，谓其感水中生动之气，又有利水消肿的功效。药理研究表明水蛭有抗凝、促纤溶、抑制血小板聚集、扩张血管、降低血液黏度、促进血液循环和降血脂、抗炎等作用。[1]

《本草纲目》中称水蛭咸苦，咸走血，苦胜血，为肝经血分药。迟缓而善入，迟缓之性则使瘀散、血生而不伤，善入之性使其易破坚积。所以不仅可以消血分瘀结，而且可以破症瘕积聚。熊教授善用水蛭消散瘀血，他认为耳鼻喉疾病多与痰有关，病久多成瘀，痰瘀俱为阴邪，同气相求，相互滋长，易于交结凝固，闭塞脉络。痰瘀既是病理产物，又是慢性耳鼻喉疾病的病因，因而化瘀祛痰当证贯穿治疗的各个阶段。因此，取水蛭散瘀破积，通经达络之效，以化痰瘀胶结之证。尤其在突发性聋的治疗中，熊教授擅长应用水蛭治疗此病，以痰瘀辨证，往往获效。

（5）全蝎

全蝎又名蝎子、全虫，始载于《蜀本草》，其味辛、咸，性平，有毒，入肝经。全蝎有祛风止痉、攻毒散结、通络止痛之功效，不仅能祛经络之风邪，而且内走脏腑以熄脏腑之风。故而《本草纲目》称其"乃治风要药"。清代张锡纯著《医学衷中参西录》谓："色青，味咸，性微温，入肝经。"有息风镇痉、攻毒散结、通络止痛之功用，用于小儿惊风、抽搐痉挛、中风口㖞、半身不遂、破伤风、风湿顽痹、偏正头痛、疮疡、瘰疬等。[2]药理研究认为全蝎具有镇痛、镇静作用，可起到抗惊厥、抗癫痫、抑菌、抗肿瘤、抗凝、抗血栓作用，可以治疗神经系统疾病、心血管系统疾病、癌症、皮肤病等多种疾病，并对多种病毒有广泛的药理作用。[3]

熊教授认为，全蝎善走窜入络，祛肺经伏邪，且能祛风解痉、活血化瘀、疏通气道壅塞和血脉瘀痹，平喘降逆之功尤甚。故常将其用于变异性鼻炎、变异性咳嗽、鼻源性咳嗽、过敏性咽喉炎等的治疗。凡见咳、喘，无论寒热，

---

[1] 曹静，赵文静，旺建伟，等. 水蛭的本草考证及现代研究[J]. 中医药信息，2015，32（4）：122-124.
[2] 刘玉清，洪澜，吴宏美，等. 全蝎治疗恶性肿瘤的临床研究[J]. 热带医学杂志，2003，3（4）：484-488.
[3] 徐天予. 全蝎的药理作用及临床新用[J]. 中国民族民间医药，2010，2（5）：29-30.

均可用之,并常和地龙、蜈蚣等配合使用。

(6) 穿山甲

穿山甲,又名甲珠,为鲮鲤科动物鲮鲤的鳞甲,主产于广东、广西、云南、贵州、浙江等地。本品始载于《名医别录》,性味咸,微寒,主归肝、胃经,具有祛瘀散结、通经下乳、消肿溃痈、搜风通络的功效,用于症瘕积聚、风湿痹痛、中风瘫痪、经闭、乳汁不通、痈疽肿毒、瘰疬痰核等病证。药理研究表明,穿山甲能明显延长凝血时间,降低血液黏度,还能升高白细胞,有抗炎止痛、消肿排痈的作用。

《滇南本草》认为其能"治疥癫痛毒,破气行血,胸膈膨胀逆气,又治膀胱疝气疼痛"。《本草纲目》记录其功能与主治为"除痰疟寒热,风痹强直疼痛,通经脉,下乳汁,消痈肿,排脓血,通窍杀虫"。《医学衷中参西录》言:"其走窜之性,无微不至,故能宣通脏腑,贯彻经络,透达关窍,凡血凝血聚为病,皆能开之。以治疗痈,放胆用之,立见功效。并能治症瘕积聚,周身麻痹,二便秘塞,心腹疼痛。若但知其长于治疮,而忘其他长,犹浅之乎视山甲也。"

熊教授在临床上,取其行气活血、活血祛瘀、消症散结之功,又能搜剔络道,力至全身,用于声带白斑、鼻息肉、声带息肉等的治疗。用以除消散之用外,尚可杜绝增生恶变,即取既病防变之义。

值得注意的是,虫类药性燥力猛,多数有毒性,故用时需炮制,用量应先从小剂量开始逐渐加量,以确保用药安全。虫类药多有耗气、伤阴、动血之弊,过用势必会耗伤正气,临床运用时当酌情配伍柔润养阴之品,中病即止,不可滥用。熊教授常常将补虚药和活血化瘀药与虫类药配伍使用。补虚药用以补益气血,使气血充盈,气行则助力血行,同时防止虫类药辛香走窜,耗气伤血。虫类药虽具活血化瘀之效,但由于血肉有情,故加入川芎、牡丹皮之流,增强行气活血、通经活络之力。

(二) 虫类药的应用

虫类药是中草药的重要组成部分,其临床应用已有数千载的历史,功效逐渐被医家和大众所认知，应用范围也得到深入和拓展。熊教授在临证施治时除用草木之品外，还擅用虫类药物，屡获奇效，对于虫类药治疗变应性鼻炎、变应性咳嗽、喉源性咳嗽、过敏性咽喉炎等，以及分泌性中耳炎、难治性鼻窦炎、慢性咽喉炎、难治性咳嗽、鼻息肉、声带白斑等，颇有心得。

1. 地　龙

病案： 患者，魏某，男，7岁，以"夜间鼻塞，张口呼吸"为主诉前来就诊，刻下：流脓涕，结干痂，偶打鼾，鼻痒。纳眠可，二便调，舌淡苔薄黄腻。有支气管哮喘史。

西医诊断： 变应性鼻炎。

中医诊断： 鼻鼽——风痰伏肺，上犯鼻窍。

处方：醋北柴胡 8 g　　黄芩 8 g　　　白芷 8 g　　桔梗 10 g
　　　枳壳 8 g　　　　炙黄芪 20 g　 地龙 10 g　 薄荷 8 g
　　　天花粉 10 g

8剂，水煎服，一日一剂。复诊诉夜间张口呼吸症状消失，仍有流脓涕、打鼾，此后均在此方基础上进行加减。

按语： 变应性鼻炎与支气管哮喘颇多相似之处，究其病机，盖因风痰伏留于肺，复感外风，引动伏痰，使伏痰随气而升，气因痰阻，相互搏结于气道，通畅不利，致痰鸣如吼；肺开窍于鼻，肺失宣肃，鼻窍不通，则鼻塞、鼻阻，风动则痒，则鼻痒、喷嚏连连。此过程照此不断循环往复，则致使全身各脏腑器官虚衰，因虚致瘀。气阻、伏痰、内盛、体虚、血瘀是变应性鼻炎和哮喘发病的主要病机。而风邪引动内伏风痰而发正是引动这些病机的最初的一环。风邪对变异性鼻炎的作用不仅仅在哮喘发病之际，其"善行而数变""风盛则痒""风盛则挛急"等特点更是贯穿于发病的整个过程。此病机正与虫类药治疗疾病针对的病机相吻合，因此发挥地龙祛风解痉之效力，在变异性鼻炎的治疗过程中，显得尤为重要。此外，虫类药善搜风祛痰，对久病入络、久病致瘀也有很好的针对治疗作用。地龙为血肉有情之品，多具有走窜通达、疏逐搜剔之特性，长于祛风解痉，通络祛瘀，对内外风邪侵扰等病机导致的疾病均可发挥优良的治疗作用。

2. 僵 蚕

病案： 患者，陈某，男，17岁。以"头痛，鼻塞，黄脓涕"为主诉前来就诊。患者患有鼻窦炎多年，近觉鼻塞症状加重，黄脓涕，鼻痛，伴头痛、头胀。纳眠可，二便调，舌红润少苔。

西医诊断： 鼻源性头痛。

中医诊断： 头痛——风热上犯。

处方： 醋北柴胡 10 g　　黄芩 10 g　　法半夏 10 g　　藁本 15 g
　　　　白芷 10 g　　　桔梗 20 g　　枳壳 10 g　　　炙黄芪 30 g
　　　　炒僵蚕 15 g　　陈皮 8 g

8剂，水煎服，一日一剂。复诊诉服药后头痛、鼻塞症状缓解，守方继服。

按语： 风为阳邪易袭阳位的特性在头痛中表现得尤为突出，巅顶之上，唯风能至。耳鼻喉科常见的头痛是鼻源性头痛，指鼻腔、鼻窦病变引起的头痛。以鼻窦急性炎症最为多见，约占全部头痛发病数的5%，其他急、慢性鼻炎，慢性鼻窦炎，萎缩性鼻炎，鼻中隔偏曲等也可引起头痛。鼻源性头痛的症状一般具有鼻病症状，如鼻塞、流涕等；头部疼痛一般为钝痛、隐痛，无搏动性，白天较重，休息后头痛减轻，活动后加重；疼痛有一定的部位和时间性。当以祛风通窍为首要治法，佐以通络止痛。本方中，大量用以藁本、白芷、桔梗等轻清升浮之风药，秉其辛散轻扬、升发宣散之性，祛风通窍，通调气化，发散郁火，祛风除湿，并能施展引经报使，鼓舞清阳之功。柴胡、黄芩、法半夏、陈皮清热利湿，枳壳行气理滞。《本草备要》谓僵蚕："僵而不腐，得清化之气。故能治风化痰，散结行经。蚕病风则僵，故因以治风，能散相火逆结之痰。"加一味僵蚕治风化痰，通行经络，使得全方诸药相合，共奏祛风清热通络，行气散结止痛之功。

全蝎、僵蚕皆入肝经，均有消风散结、通络止痛之功效，但二者在应用上有所差异。全蝎息风之力较强，以消散内风为主，散结之效源于攻毒之力；僵蚕祛风力弱，内、外风皆可消。故在临床中熊教授常用僵蚕治疗外感风邪或兼夹他邪引起的经络闭阻不通之证，如鼻源性头痛、难治性头痛、偏头痛等。

3. 蝉 蜕

病案：患者，曾某，男，8月。以"耳膜穿孔、耳内脓性分泌物"为主诉就诊，疼痛剧烈，痛甚难以入睡。纳可，大便干、2～3天一行。舌尖红，指纹青紫。

西医诊断：分泌性中耳炎。

中医诊断：脓耳——肝胆火热证。

处方：
柴胡 6 g	黄芩 6 g	白芷 8 g	桔梗 10 g
藁本 8 g	地龙 10 g	黄芪 20 g	麻黄 6 g
炙甘草 10 g	茯苓 10 g	薄荷 8 g	荆芥 8 g
蝉蜕 8 g			

6剂，水煎服，一日一剂。复诊时，家长诉患儿夜间正常入睡，耳内仍有脓性分泌物，量较前有所减少，在此方基础上进行加减。

按语：脓耳是因邪热上犯耳窍，血腐化脓所致，以鼓膜穿孔、耳内流脓为特征的疾病，相当于化脓性中耳炎。"脓耳"一名首见于宋代《仁斋直指方·卷之二十一》，曰"热气乘虚，随脉入耳，聚热不散，脓汁出焉，谓之脓耳"。晋代葛洪《肘后备急方》首称"聤耳"。关于脓耳病因病机，由《诸病源候论》首次加以论述。其依据《内经》的基本理论，肯定了与耳关系比较密切的经脉与脏腑，指出本病的发生有两方面的因素：首先是"劳伤血气"，然后是"热气乘虚入于经"，进而发生了"邪随血气至耳，热气聚则生脓汁"的病理变化。对于小儿，则从其生理特点出发认为"小儿肾脏盛，而有热者，热气上冲，津液壅结即生脓汁"。由此可见，同是脓耳，但小儿与成人有所出入，前者偏于脏腑内热，上冲于耳；而后者偏于劳伤血气，邪热乘虚而入于其经。小儿"阳常有余，阴常不足；肝常有余，脾常不足；心常有余，肺常不足，肾常虚"的生理病理特点决定了其发病急骤、传变迅速、易于热化的特点，因此治疗小儿脓耳当把握时机，药专效宏，最大程度地保护其听力不受损害，防止病及脏腑。

在本例患者治疗中，选用蝉蜕是熊教授的经验用药，蝉蜕临床应用广泛，在内、外、儿、皮肤、神经、五官等多种疾病应用很广，尤其用在小儿身上，易于接受,其性味甘,入肺肝二经,具有疏风清热透疹、明目退翳、止痉、抗过敏、抗炎、抗惊厥等作用,对于非特异性免疫还具有抑制作用。在本例小儿治疗中,蝉蜕具有疏散风热、解痉止痛的作用,蝉蜕可以缓解过敏状态,有抗病毒、镇痛、解热等作用。

4. 水　蛭

病案:患者,杨某,女,27岁。以"鼻塞严重,流涕"为主诉前来就诊,患者罹患鼻窦炎多年,近感鼻塞严重,自觉嗅觉下降,流浊涕,量多,自觉有腥臭味。纳眠可,二便可,舌淡苔薄黄腻。

西医诊断:慢性鼻窦炎。

中医诊断:鼻渊——胆郁痰扰证。

处方:醋北柴胡 10 g　　白芍 20 g　　天花粉 20 g　　桔梗 20 g
　　　　炙黄芪 30 g　　麻黄 10 g　　南沙参 30 g　　生地 20 g
　　　　牡丹皮 10 g　　烫水蛭 5 g

10剂,水煎服,一日一剂。复诊时,诉服药后鼻塞减轻,仍流量少清涕,守方继服。

按语:鼻窦炎相当于中医的"鼻渊"。"渊"即渊深之意,形容涕量多、涕流时间长,诚如王冰所言:"涕下不止,如彼水泉,故曰鼻渊也。"鼻渊之名首见于《内经》,《素问·气厥论》曰:"胆移热于脑,则辛頞鼻渊。鼻渊者,浊涕下不止也,传为衄衊。"即鼻渊系气之厥逆,使胆移热于脑所致。熊教授认为,胆热上移是鼻渊发病的重要原因,故治当以清胆泻热、芳香通窍为要。本方中以桔梗、天花粉、生地、南沙参、牡丹皮清热排脓,兼以生津,使得清热但不伤阴;柴胡有发表和里、退热升阳、和解少阳、疏肝解郁等功能,能使外感侵入半表半里之邪自表而出。该患者罹患鼻渊多年,病机不仅有邪盛的一面,更有正虚的一面。在临床上往往加用黄芪以益气扶正、祛痰排脓。黄芪味甘性微温,归肺、脾经,《本草汇言》谓其"补肺健脾,实卫敛汗,祛风运毒之药也",另据《本草经》记载,黄芪有"排脓止痛"之功。对鼻窦炎患者,黄芪加清热通窍药,能起到托里透脓排浊的作用,在临床上收效显著。久病入络,久病成瘀,加一味水蛭散瘀破积,通经达络,使得瘀积散去,经络畅通，则鼻窍通灵，嗅觉恢复。

5. 全　蝎

病案：患者，吴敏，女，52岁。以"耳鸣，右耳听力下降"为主诉前来就诊，每于受凉后耳鸣加重，耳胀，伴见头晕，纳呆，食后腹胀，眠一般，大便溏，小便调。舌淡胖有赤痕，苔薄白，脉沉、关脉弦。

西医诊断：耳鸣。

中医诊断：耳鸣——脾胃虚弱证。

处方：醋北柴胡 10 g　　白芍 30 g　　葛根 30 g　　全蝎 5 g
　　　天麻 20 g　　　　藁本 15 g　　川芎 15 g　　麻黄 10 g
　　　炙黄芪 30 g　　　地龙 20 g

12剂，水煎服，一日一剂。患者复诊诉耳鸣减轻，后在此基础上加强健脾益气。

按语：脾胃乃后天之本，气血生化之源，人的所有形体官窍功能的正常运行和维系，均依赖于后天源源不断的水谷精微滋养。患者盖因脾胃虚弱，清窍失养所致，出现耳内鸣响、听力障碍，治以健脾益气，升阳通窍。本方以黄芪健脾益气，柴胡、麻黄、川芎、天麻辛散轻扬，升发阳气，并祛风除湿，引经报使，载药上行。现代药理研究认为全蝎具有镇痛、镇静作用，可起到抗惊厥、抗癫痫、抑菌、抗肿瘤、抗凝、抗血栓作用，可以治疗神经系统疾病、心血管系统疾病、癌症、皮肤病等多种疾病，并对多种病毒有广泛的药理作用。全蝎味辛性平，有息风止痉、通络散结之功，结合化瘀通络之要药的地龙，二药合用，增强活血通络之效，更加能够搜剔脉络瘀滞，缓和脉络拘急，令脉道通畅而恢复其行气血、荣官窍之用。白芍苦酸收敛，一方面柔肝缓急止痛，另一方面滋阴防虫药辛散走窜太过，耗伤气阴。

6. 穿山甲

病案：患者，胡某，男，39岁，以"声音嘶哑6月伴咽痒、干咳11月"为主诉前来就诊。11月前患者无明显诱因出现咽痒、剧烈干咳，经自服药物无效，并于5月前出现声音嘶哑。曾先后至当地各大医院就诊，诊断明确为"声带白斑"，建议立即手术。患者无手术意愿，采用服用中成药、休息声带等治疗后，效果欠佳，且声嘶持续加重。刻下：声音嘶哑，发音费劲、易疲劳，咽干、咽痒、痒甚即咳。舌质淡，苔薄腻，脉弦滑。局部检查：双侧声带慢性充血，双侧声带前中可见少许白色斑块样物。喉硬窥镜检查示：会厌光滑，双披裂光滑，双室带光滑，双声带慢性充血、前中段附少许白色物、活动好，双梨状窝光滑、无积液。

西医诊断：声带白斑。

中医诊断：喉喑——气滞痰凝证。

处方：瓜蒌皮 5 g　　炒瓜蒌子 5 g　　法半夏 10 g　　麦冬 20 g
　　　浙贝母 15 g　　桔梗 20 g　　　天花粉 20 g　　烫穿山甲 10 g
　　　白芍 30 g　　　竹叶柴胡 10 g　炒枳壳 10 g　　炒苍术 10 g

6 剂，水煎服，一日一剂。

二诊：诉发音较前轻松，但仍觉疲劳、说话过后咽干，舌胖大苔薄腻，脉细涩。

处方：黄芪 30 g　　北沙参 20 g　　天花粉 20 g　　枳壳 10 g
　　　甲珠粉 10 g　法半夏 10 g　　苍术 10 g　　　玄参 10 g
　　　砂仁 10 g　　佛手 15 g

6 剂，水煎服，一日一剂。

三诊：诉声音嘶哑明显好转，但仍感说话后易疲劳、咽干，舌体胖嫩，苔薄，脉滑、尺部沉弱。

处方：法半夏 10 g　柴胡 10 g　　白芍 30 g　　南沙参 30 g
　　　桔梗 20 g　　黄芪 30 g　　玄参 10 g　　升麻 10 g
　　　天花粉 20 g　浙贝母 15 g

10 剂，水煎服，一日一剂。后患者诉前症全部消失，经喉内窥镜检查示：双侧声带无异常。

按语：声嘶是声带白斑最主要的临床表现，也是最常见的首诊原因。声带白斑可能与吸烟、用声不当、慢性炎症刺激或维生素缺乏有关；主要病理变化是喉黏膜上皮增生，并有不全角化，黏膜下组织有轻度增生；主要症状是声嘶、随病变发展而加重，喉镜下见声带表面或边缘前中 1/3 处表面平整的白色斑片状隆起，范围局限，不易除去。①目前，有文献报道认为本证从确诊至癌变最长达13年，最短仅数月。但在治疗上还存在分歧。西医治疗方法包括地塞米松喉内滴入、声带内长效激素注射、理疗、纤维喉镜下病变摘除术等，但效果均不能令人满意。中医将声带白斑归于"喉喑"的范畴，在治疗上有相当的优势。熊教授认为，该病多为本虚标实，虚实夹杂，病因复杂，痰瘀虚兼而有之，治疗当以先标后本，标本兼治。

该患者肺脾不足为本，气滞痰凝为标，脾虚则运化失司，内生水湿阻遏气机，气化失常，气滞痰凝。水湿停聚中焦，气津无以上承濡养咽喉，则见咽干、咽痒，痒甚则咳；痰瘀结于声户，则见双侧声带前中可见少许白色斑块样物；日久郁而化热，故见双侧声带慢性充血。舌质淡，苔薄腻，脉弦滑，均为脾虚湿盛之征。故治疗上前期当行气祛痰、通络开音；后期则补肺健脾，益气养阴。故初诊以瓜蒌皮、瓜蒌子、炒苍术、法半夏、浙贝母祛痰散结，配合柴胡、枳壳行气；桔梗、穿山甲通络散结，白芍、天花粉养阴生津。二诊时加强补气健脾，助其健运，气化而痰自利，脾旺则湿自去。故加黄芪、砂仁益气运脾。三诊时患者诸症消失，但咽干、发音易疲劳仍在，当责之气阴不足、声户失濡养，故治以益气养阴为主，佐以行气散结收功。

在本例患者治疗中，初诊和二诊熊教授都选用了穿山甲一药，取其活血化瘀、消癥散结之功，且力达全身、无微不入，其用于声带白斑，除消散之用外，尚可杜绝增生恶变，体现了"上工治未病"之奥义。

临床疗效是中医在历史舞台上经久不衰的强大生命力所在，也是中医延续和发展的内生动力。由于时代特征和技术条件所限，许多中药的功用尚未得到详尽的阐发，尤其是虫类药的开发和应用。历代医家用漫长的时间和丰富的临床实践，证明了虫类药的宝贵价值，是值得挖掘、开发和利用的。熊教授应用虫类药治疗耳鼻喉疾病有着可靠的临床基础，值得我辈深入学习、持续探索、发展创新。

---

① 黄选兆. 耳鼻咽喉科学[M]. 北京：人民卫生出版社，1996.

八、麻黄在耳鼻喉科的应用

（一）麻黄的中医认识

麻黄是《中国药典》收录的草药，药用来源为麻黄科植物草麻黄、中麻黄或木贼麻黄的干燥草质茎，产于我国河北、山西、陕西、甘肃和内蒙古等地。秋季采割绿色的草质茎，晒干后入药。麻黄为常用中药，中医院校各版《中药学》教材其各论第一味药往往均是麻黄。

关于麻黄的记载最早见于《神农本草经》，其曰："麻黄味苦，温。主中风、伤寒、头痛、温疟，发表出汗，去邪热气，止咳逆上气，除寒热，破症坚积聚。"

麻黄的药性、药效为："辛苦，温。入肺、膀胱经。功用主治：发汗解表，宣肺平喘，利水消肿，散寒通滞。治疗风寒表实证，发热恶寒无汗、头痛鼻塞、骨节疼痛；咳嗽气喘；风水浮肿，小便不利；风邪顽痹，皮肤不仁，风疹瘙痒。"

五代《日华子本草》："通九窍，调血脉，开毛孔皮肤，逐风，破癓癖积聚，逐五脏邪气，退热，御山岚瘴气。"明代李时珍《本草纲目》中说："散赤目肿痛，并主风热，治疗咽痛，风肿，水肿，产后血滞。"明代兰茂《滇南本草》中说麻黄可"治鼻窍鼻塞不通、香臭不闻，肺寒咳嗽"，麻黄用于耳鼻喉科疾病已取得确切疗效。

（二）麻黄的现代药理作用

1888年，日本学者长井长义从中国产麻黄中提取出了麻黄碱（麻黄素），并且对其药理作用进行了验证。[①]

[①] 姜海楼，史家振，石壮沙，等．麻黄综合研究Ⅰ麻黄史料考证[J]．哲里木畜牧学院学报，1996，6（2）：32．

现代药理学研究发现，麻黄含有生物碱类、黄酮及鞣质类、挥发油类、糖类、有机酸类以及其他类化合物等成分，其中主要以盐酸麻黄碱和盐酸伪麻黄碱为主。

研究证实，麻黄中确实存在可调节免疫的物质。麻黄多糖能够预防 EAT 小鼠的甲状腺组织病变，具有一定免疫抑制作用。主要是可通过抑制 CD4+T 淋巴细胞对自身抗原的识别和应答，使对已过激应答的免疫系统得到有效控制。[1]

麻黄挥发油及其主要成分松油醇均能使正常小白鼠体温降低且松油醇较为明显。[2]

麻黄成分中最强抗炎活性成分是伪麻黄碱[3]，麻黄的水提物和乙醇提取物均有抗过敏作用，以卵蛋白致敏豚鼠肺切片与卵蛋白温孵使之产生抗原抗体反应，通过其对于豚鼠回肠收缩反应测定游离介质总量，可发现预先给予水提物和乙醇提取物，则游离介质总量比对照组分别减少到 60%~80%，而此两种提取物均无抗组胺及抗介质的作用。[4]

麻黄具有解热发汗、平喘、镇咳、利尿、调节血压、抗炎、抗过敏等作用，此外麻黄还有抗凝血、抗氧化、兴奋中枢神经系统、抗病毒和抗肿瘤等作用。

（三）麻黄的应用经验

在临床上，熊教授尤其善于应用麻黄治疗耳鼻喉疑难杂症。

1. 应用麻黄治疗鼻鼽

病案：孙某，男，36 岁。以"鼻痒，流清涕 1 月余"为主诉前来就诊。

---

[1] 严士海，朱萱萱，孟达理，等. 麻黄多糖对 EAT 小鼠外周血淋巴细胞亚群的影响[J]. 中华中医药学刊，2008，26（5）：1069-1071.

[2] 魏德泉，等. 中国生理科学会学术会议论文摘要汇编（药理）[C]. [出版社不详]，1964：103.

[3] 顾关云. 麻黄节间和节共用、茎和根分用的依据——麻黄的成分和药理作用[J]. 中成药研究，1985（10）：20.

[4] 麻黄的成分、药理和生化研究[J]. 刘志，译. 国外医学·中医中药分册，1981，3（4）：204.

患者已经西医药治疗1月，症状无明显改善，仍喷嚏频频，鼻干痒。纳眠可，二便调，舌质淡，苔薄白，脉细。

西医诊断：变应性鼻炎。

中医诊断：鼻鼽——肺脾气虚证。

处方：醋北柴胡 10 g　　黄芩 10 g　　白芷 10 g　　羌活 10 g
　　　白芍 30 g　　　　生晒参 20 g　地龙 20 g　　桔梗 20 g
　　　麻黄 10 g　　　　炙甘草 15 g

共6剂，水煎服，一日一剂。6剂药后，患者复诊诉症状鼻痒、喷嚏已消失。

按语： 变应性鼻炎在中医属"鼻鼽"范畴。其发病多责之外感风寒、风热之邪，肺脾肾津液代谢失常。若患者调护不当，或饮食失节，均可致肺脏受损，卫外不固，风寒、风热之邪侵袭，内外相并，以致肺窍不利，发为鼻鼽。对鼻鼽的治疗，以内服中药为主，多从肺、脾、肾不足及肺经郁热入手。

熊教授认为，对待变异性鼻炎的态度存在两方面的问题：一方面认为本病难治，失掉了信心；一方面未能正确地认识该病的特点，对于药物治疗期望过高，不能充分重视自身的日常调护，予邪复侵以可乘之机。治疗本病的"麻烦"之处在于，其具有易为复发、复发症重的特点，故而治疗的重点在于把握治疗时机，前期驱邪外出，后期顾护正气，预防复感外邪。熊教授治疗本病时，惯用麻黄，盖因其味苦辛、性温，入肺与膀胱经，善开腠理，具有发汗解表、宣肺平喘之功，力达病所，驱邪外出。再辅以炙甘草，取其缓和诸药之能，缓和麻黄峻烈之性，使宣透之力不致过猛而伤耗正气，且其尚具补益之功，因此可用于本病治疗全程。

在本方中，麻黄具有收缩鼻黏膜血管、抗炎、抗过敏作用。并且，麻黄宣肺发表，柴胡与黄芩配伍疏泄肝胆，白芷通鼻窍，羌活除湿止痛，白芍柔肝养阴，生晒参益气扶正，地龙搜风通络止痒，桔梗化痰排脓，甘草益脾胃之气，共奏健脾益气、化湿通络、通鼻止痒的效果。

2. 应用麻黄治疗梅核气

病案：黄某，男，62岁。以"反复咽部不适1年余"为主诉前来就诊。咽部有异物感，咳之不出、咽之不下，伴咽干，不伴咽痒、咽痛，晨起咯吐少量灰色痰，流白涕、量多。纳呆、食已腹胀，眠差，大便时干时溏、小便调，舌淡苔薄黄，脉弦细。患者素有烟酒史多年。

西医诊断：咽异感症。

中医诊断：梅核气——阴虚气滞证。

处方：茯苓 20 g   砂仁 10 g   麻黄 10 g   桔梗 20 g
　　　生地黄 15 g   北沙参 15 g   白芍 20 g   天花粉 20 g
　　　制黄精 20 g   薏苡仁 30 g   苍术 10 g   建曲 20 g

共 8 剂，水煎服，一日一剂。8 剂药后，患者诉咽部异物感明显减轻，饮食与睡眠改善，后在此方基础上略有加减。

按语：梅核气相当于现代医学中的咽异感症、癔球症、咽神经官能症等。[1]梅核气主要症状为咽喉部异常感觉，似有梅核塞于咽喉，咯之不出，咽之不下。《太平惠民和剂局方》最早以"梅核"形容本病："或如梅核，在咽喉之间，咯不出，咽不下，此七情之所为也。"《诸病源候论》在"妇人杂病"中描述"咽中如炙肉脔者，此是胸膈痰结与气相搏，逆上咽喉之间结聚，状如炙肉之脔也"。本病伴随症状颇多，病程漫长，症状反复，迁延难愈，治疗棘手，严重影响患者的身心健康。

熊教授认为梅核气的病因病机不单单限于情志异常、肝郁气滞，他还认为本病病程迁延，缠绵难愈，反复发作，病久营阴亏耗；且患者前期多误认为乃"炎症"，擅用抗生素、消炎药等清凉之品，损失脾阳，脾失健运，内生水湿，湿酿为痰。气血运行不畅，瘀滞咽喉，兼挟痰湿，加重梅核气。因此，治疗这类型梅核气的难点，在于滋阴与补阳的平衡，协调阴阳法度。正所谓过犹不及，若过于倚重滋阴，不仅痰湿难解，而且滋阴之品，容易阻碍脾胃，进一步加重痰湿内生。故而，熊教授主张在一派滋阴药中，加入麻黄这味药，麻黄性温，但不燥热，剂量精妙，如同一根小火苗，点燃阳气，取"少火生气"之意。

本例患者病机复杂，存在诸多看似"矛盾"之处，阴虚与痰湿并见，肝郁与脾虚共存，气滞之征明显。实则，我们只需牢牢抓住关键病机乃阴虚气

---

[1] 高玲，杨婷，粟栗. 梅核气的中医药研究[J]. 长春中医药大学学报，2015，31(6)：1163-1164.

滞，生地、制黄精、北沙参、天花粉、白芍大量滋阴的同时，加入麻黄10 g，量小效专，扶助阳气，使得大量的补阴药不至于呆滞，达鼓舞灵动、阴阳同调的效果。同时采用茯苓、砂仁、薏苡仁、苍术、建曲健脾除湿，脾旺则痰湿自运，其中砂仁、苍术功可行气化湿，配合桔梗、砂仁温化寒痰，"气顺痰自利"，可谓药半而功倍。

3. 应用麻黄治疗耳聋

病案：罗某，女，7岁。患者以"反复耳鸣3月，加重伴听力下降1周"为主诉前来就诊。患者3月前无明显诱因，出现耳鸣，持续时间短、声低为蝉鸣音。1周前，患者耳鸣持续时间增长，约1分钟，查听力下降。刻下症：自觉耳内烘热，轻微耳闷，耳内有黏涕、色青黄、量偏多。纳呆，挑食，眠差，夜间偶发惊叫，二便调，舌尖红苔薄白。

西医诊断：分泌性中耳炎。

中医诊断：耳聋——痰火上扰证。

处方：醋北柴胡8 g　　桔梗10 g　　炙黄芪20 g　　枳壳8 g
　　　黄芩8 g　　　法半夏8 g　　地龙10 g　　　白芷8 g
　　　麻黄8 g　　　羌活8 g　　　藁本8 g　　　　桂枝8 g

共6剂，水煎服，一日一剂。6剂后，患者复诊，诉未曾夜间惊叫，耳内烘热减轻，耳闷消失，耳鸣声减低，守方继服，往后多次复诊均在此方基础上加减，直至听力恢复。

按语：《医学入门·卷四》曰："盖聋皆痰火郁结。"该患儿年幼，形体未充，脏腑娇嫩，脾胃尤其易伤，则水湿不运，湿聚成痰，痰郁化火，上扰耳窍，壅塞清窍可致耳聋。痰蒙清窍，则觉堵塞感、蒙蔽感，火性炎上，烘扰耳内；痰火扰心，则夜眠难安、时时惊醒。治疗在清热化痰的同时，不忘顾护脾胃。正如《医学心悟·卷二》所言，"足少阳胆经，上络于耳，邪在少阳，则耳聋也"，故而本方投以柴胡、黄芩这一清利少阳胆气的经典药对。桔梗、法半夏化痰除湿，地龙清热定惊通络，白芷通鼻窍、除湿排脓，枳壳理气行滞，黄芪补气健脾通络，桂枝通阳化气，麻黄力能"通九窍"，麻桂配伍更可振奋阳气；羌活、藁本入太阳经，加之桔梗载药上行之功，使诸药直达病所。

全方共奏清热化痰、行气通滞、清理少阳、启闭开窍之功。

值得注意的是，本方中麻黄用量仅 8 g 而已。熊教授认为麻黄药效明确，治疗作用广泛。在临床使用时，要心中明确麻黄的副作用和使用剂量。《药典》中规定麻黄一日用量为 1.5～9 g，一般中毒剂量为 30～50 g，服用过量时，常发生烦躁、心跳加快、失眠、血压升高等副作用。过量服用能导致心悸气促、震颤及心绞痛发作，严重中毒时可导致视物不清、瞳孔散大、昏迷、呼吸困难、惊厥等，甚至导致呼吸衰竭和心室纤颤。麻黄不宜与洋地黄类强心贰药物合用，以免引起室性心律失常。

《本草通玄》："麻黄轻可去实，为发表第一药。惟当冬令在表真有寒邪者，始为相宜，虽然发热恶寒，苟不头疼，身痛，拘急，脉不浮紧者，不可用也。虽可汗之证，宜当察病之重轻，人之虚实，不得多服，盖汗乃心之液，若不汗而误汗，虽可汗而过汗，则心血为之动摇，或亡阳或血溢而坏证，可不兢兢致谨哉！"在临床上方药中使用麻黄一般宜于实证，体质虚弱、气虚外感者慎用；汗出较多者慎用之。麻黄味辛性温，其燥烈之性易伤阴动血，故凡阴虚血虚感冒慎用，阴虚咳血、吐血、紫癜、妇科经血过多者忌用之。皮肤斑疹瘙痒、色掀红灼热者应慎用麻黄。

熊教授常言：没有不好的中药，只有不好的中医。就拿麻黄一味而言，熊教授应用于耳鼻喉不同疾病，用量精巧，屡起沉疴。盖因其熟读经典，衷中参西，将经典古籍、中医理论同现代药理研究兼收并蓄，为临床所用。同时，这也体现了中医的"异病同治"，中医以人为本，临证时思维切不可被西医诊断之"病"所局限住了，牢牢抓住病因病机，在辨证论治的大框架下，不忽略细节，灵活应用中药的现代药理研究和中医经典中的表述，有的放矢，方能收获可期之效。

九、羌活在耳鼻喉科的应用

（一）羌活的中医认识

羌活是《中国药典》收录的草药，药用来源为伞形科植物羌活、宽叶羌活或川羌活的根茎及茎。中医院校各版《中药学》教材，多将其归入散寒解表药。《中国药典》认为：羌活辛、苦，温。归膀胱、肾经。具有散寒、祛风、除湿、止痛的功能，主治风寒感冒头痛、风湿痹痛、肩背酸痛。

羌活始载于《神农本草经》，将羌活与独活视为同一物。到了隋唐时期，《药性论》中指出羌活与独活在功用上有显著差异，并非同一物。清代，张山雷在《本草正义》中，称"羌活之气尤胜，则能直上顶巅，横行肢臂，以尽其搜风通痹之职，而独活止能通行胸腹腰膝耳"。

张元素《医学启源》引用《主治秘诀》总结羌活功效有五：手足太阳引经，一也；风湿相兼，二也；去肢节痛，三也；除痈疽败血，四也；治风湿头痛，五也。

《汤液本草》《景岳全书》《本草经疏》等诸多典籍中，均有记载羌活乃太阳经本经药，手、足太阳表里引经之药。因此，在治疗手、足太阳病时，酌情加入羌活，发挥其特殊趋向性，如舟楫载他药到达相关脏腑、经络等。

羌活具有强大的祛风解表作用，上行于头，下行于足，遍达肢体，攻彻邪气，宣肺达邪而透肌表之风，为发散风寒之要药。无论是风寒还是风热皆可辨证选用。

王好古云："羌活气雄，治足太阳风湿相搏，头痛，肢节痛，一身尽痛，非此不能除，乃却乱反正之主君药也。"

羌活轻清宣上，散太阳之风，为头痛之专药。加川芎治太阳、少阴头痛，透利关节，又治风湿。《内外伤辨惑论》所载，羌活胜湿汤（羌活、独活、藁本、川芎、防风、蔓荆子、炙甘草），具有祛风胜湿之功效，适用于风湿在表，头痛且重，一身尽痛，难以转侧，苔白脉浮之征。《素问病机气宜保命集》中，用散热饮子（羌活、防风、黄芩、黄连）可治眼赤暴肿，适用于外感风寒湿邪，内有蕴热之恶寒发热，无汗头痛，肢体痛重，口苦微渴，苔白脉浮。

羌活与蔓荆子、藁本同用，主治太阳经头痛，见头前后均痛。羌活与防风、赤小豆等份为末，搐鼻，可祛风渗湿止痛，主治太阳头痛夹风湿者。可见，羌活治疗头痛，当根据头痛的部位和兼夹之邪进行适当配伍，方能收到良好疗效。外感风寒，上犯头部，络脉痹阻头痛，配伍白芷、防风、蔓荆子等。

所以，羌活善于祛风、胜湿并归膀胱经、肾经。风为六淫之首，湿为万恶之源。风为百病之长，风为阳邪，其性开泄，易袭阳位，具有升发、向上、向外的特性，耳、鼻、喉既与外界直接相通，又居于上位，故风邪来袭，首当其冲，且风多夹湿，故可见羌活在耳鼻喉疾病中可大有作为。

（二）羌活的现代药理认识

羌活的化学成分具体可分为挥发油、香豆素、烯炔、倍半萜、有机酸及有机酸酯、黄酮、甾类和其他类。羌活中挥发油大部分是萜类，含量最高的是蒎烯。2020年《中国药典》规定羌活中挥发油含量不低于1.4%（mL/g），表明羌活中挥发油含量较高。香豆素类成分紫花前胡苷、羌活醇和异欧前胡素是主要检测指标。[1]羌活中紫花前胡苷是中药羌活镇痛、抗炎作用的有效单体化合物。[2]药性和药效是从不同侧面、不同角度对中药治疗疾病性能的客观描述，反映中药有效性的本质特征。[3]羌活辛、苦、温，归膀胱经、肾经。辛味药首先具有辛、苦味觉和嗅觉特征，挥发油是羌活气味的主要来源。羌活的挥发油类化合物熔点低，容易挥发，符合辛味药能散能行的特点。[4]

羌活所含化学成分纷繁复杂，药理作用广泛，临床上，不只是用于解表、祛风湿、止痛，还用于治疗心脑血管疾病、妇科疾病、消化系统疾病等内伤杂病。并且，羌活擅长入足太阳膀胱经，故在治疗中风等病症可起到引经的作用，从而配伍他药，多用于治疗中风偏瘫、白癜风、阳痿、痛经、小儿癫痫、肾炎水肿、冠心病心绞痛、头痛等疾病。这对我们现代中医也是一个思路的启迪。

（三）羌活的应用经验

羌活是风药中重要的一味，能"治一切风并气"。风有外风和内风之分，

---

[1] 彭任. 羌活的化学成分及质量评价方法研究[D]. 南京：南京中医药大学，2021.
[2] 秦彩玲，张毅，刘婷，等. 中药羌活有效成分的筛选试验[J]. 中国中药杂志，2000，25（10）：639-640.
[3] ZHANG T, BAI G, HAN Y, et al. The method of quality marker research and quality evaluation of traditional Chinese medicine based on drug properties and effect characteristics[J]. Phytomedicine, 2018(44): 204-221.
[4] 彭任. 羌活的化学成分及质量评价方法研究[D]. 南京：南京中医药大学，2021.

外风因感受外邪（风邪）所致，《伤寒论》名曰中风，亦称桂枝汤证；内风属内伤病证，又称脑卒中、卒中等。现代一般多称为中风，多指内伤病证的类中风，多因气血逆乱、脑脉痹阻或血溢于脑所致，是以突然昏仆、不省人事、口舌㖞斜、肢体麻木，醒后伴半身不遂、舌謇不语、偏身瘫痪等为主要表现的脑神疾病，并具有起病急、传变快，"如风邪善行而数变"的特点。熊教授认为：论治耳鼻喉科疾病的思路首先可以从"治风法"开始，并强调在耳鼻喉疾病中，尤其要重视"散风法"的应用。《易·说卦》云："风以散之。"《注》曰："散，放也。"即治疗当将外邪（风邪）彻底散去，防范其入里、入脏、入腑，变生他症。在临床上，羌活最常用于祛外风，而熊教授却不拘一格，不单单用于外风，也用于内风和内湿。

1. 疏散外风

（1）风乃耳鼻喉头号大敌

"伤于风者，上先受之。"风为阳邪，易袭阳位，其性清扬，侵犯人体时耳、鼻、喉等最易受到攻击。外邪侵袭，首先犯肺，风邪上受，肺气宣降失常，风引阳气壅塞于上，则耳闭为病，耳鸣、耳聋则发。

《外台秘要》说："肺脏为风冷所乘，则鼻气不和，津液壅塞。"鼻为肺之上窍，风夹他邪侵入，正邪相争，祛邪外出，则鼻痒、喷嚏频作；邪气遏肺，肺失清肃，津液外溢，则清涕不断；津水停聚，则鼻内肌膜肿胀、苍白、鼻塞不通，发为鼻鼽、鼻渊。

《内经》有云："五脏六腑皆令人咳，非独肺也。"《证治汇补·卷之五·胸膈门咳嗽》谓："一遇外感风寒，疏散之外，牢不可破，殊不知久则传里，变为郁咳。"熊教授认为某些咳嗽是因为喉部疾病的原因所致，与外邪侵袭、正气亏虚等有关。并受干祖望老先生提出的"喉源性咳嗽"启发，在1995年制定《中医临床诊疗术语》（GB）时提出"喉咳"一名。咽属上焦，与肺相通，为肺之门户，风邪致病必当首先从肺开始，而咽又位于肺之上源，是肺与外界相通的唯一通路。风为百病之长，可携寒邪，或夹热邪，共同犯之。喉咳以咽痒为主症，风甚则痒，而风有微甚之分，微者以痒为主，甚者以干燥、灼热感为主，而更甚者以痛为主。

总之，风邪是耳鼻喉的头号大敌。所以，熊教授主张在耳鼻喉疾病的治疗中，当机立断，疏散外风，鼓邪外出。羌活以其治风之长，深得熊教授重用。

（2）典型病例

邹某，女，35岁。患者以"鼻痒、喷嚏，流清涕5天"为主诉前来就诊。5天前外出游玩后，汗出当风，遂发鼻痒、喷嚏连连，流清涕、量多，晨起或遇冷流涕加重。纳差，眠可，大便干，小便调，舌红少苔。

西医诊断：变应性鼻炎。

中医诊断：鼻鼽——风寒犯肺证。

处方：醋北柴胡 10 g　　白芷 10 g　　　炙黄芪 30 g　　地龙 20 g

　　　天花粉 20 g　　　南沙参 30 g　　羌活 10 g　　　白芍 30 g

　　　麻黄 10 g　　　　炒鸡内金 20 g　砂仁 10 g　　　北沙参 20 g

10剂，水煎服，一日一剂。复诊时，患者诉服药后鼻痒消失，喷嚏偶发，流涕减少，予以改方，重在健脾益气、顾护卫外。

按语： 该患者最受苦恼的症状乃鼻痒，《外科大成·诸痒》曾强调"风盛则痒"，且患者发病迅、症状多发，可见风重于寒。且此时，患者鼻痒，说明正气尚可，有力与邪抗争，故当投以少量辛温之品，升提阳气，助其一臂之力。本方中，白芷除湿排脓通鼻窍，地龙通经活络，羌活、白芷气微芳香，味淡辛平，配合麻黄扶助阳气、柴胡升提阳气，共佐清阳之气生发升腾，有力祛邪外出。因羌活气味浓烈，若用量过大时可能会导致恶心呕吐等不良反应，故在使用羌活时应当尤其注重使用剂量，并兼顾健脾护胃。炙黄芪、炒鸡内金、砂仁健脾益气；南沙参、北沙参、白芍、天花粉滋阴避免过于温燥。

2. 行散内风

唐代《药性论》有关于羌活治疗中风的记载，其曰，"治贼风，失音不语，手足不遂，口眼斜"，实属中医之"中风"，涵盖了现代医学的出血性及缺血性脑血管病。中风病位主要在于脑，十二经脉与奇经八脉的循行，都与脑髓密切相关，但是只有足太阳膀胱经的循行和督脉直接入颅络脑。羌活则长于入足太阳膀胱经，故在中风的治疗中投入羌活，可达引经报使、直达病所之功。

齐氏认为中风之作，缘于气机逆乱，五脏不行，六腑不通，三焦阻塞，欲开其滞，则必须升降兼施，羌活气雄而散，味薄上升，与诸沉降之品配伍，可拨动三焦壅塞之契机，使清气上升，则浊气下降。①

朱氏在谈论治疗中风的经验时，指出偏瘫肢体功能的恢复，在于气血的通畅。②《本草求真》谓羌活"气清，行气而发散营卫之邪"，能升下焦之气，"行上焦而理上"，直上巅顶，横行肢臂，故对恢复偏瘫肢体的功能，特别是上肢功能，可发挥特异性作用。

近年来羌活的药理研究方面获得了一定的发展，证明羌活具有抗血栓形成、抗心肌缺血、抗心律失常等作用。③这些表明羌活既治外风，又治内风。

3. 借风药除内湿

（1）风能胜湿

金代医学家李东垣述："药有升降浮沉化，生长收藏成，以配四时。春升夏浮，秋收冬藏，土居中化。是以味薄者升而生，气薄者降而收，气厚者浮而长，味厚者沉而藏，气味平者化而成。"诸风之药，味薄气厚，味薄则宣通，以助春气升腾，气厚则发热，而滋夏气浮长，属阴中之阳。④人体五脏六腑功能的正常发挥，有赖于周身气机的运转，若气机运行失常，则疾病内生，而风药升散、宣通的特性则善于调理气机。⑤脾胃居中焦，为气机升降之枢纽，脾胃受损，易生水湿之邪阻滞气机，而风能胜湿，风药能够祛除湿邪以助脾转运，畅达脾胃气机，使中焦斡旋功能复常，可运用于食伤脾胃、湿困中焦、气滞肝脾等脾胃病中。

羌活"治一切风并气"，风性辛散走窜，羌活善行于经脉，散经气郁滞之邪。但熊老认为这个"气"不仅指是气滞，实当为气机，《内经》有云："清气在下，则生飧泄。"若脾的气机不升，水谷之气反而下流，发而腹泻。因此

---

① 齐向华，席加秋.三化汤组方配伍特点及启示[J].山东中医药大学报，1996(6)：370-371.
② 朱树宽.羌活善治中风偏瘫[J].中医杂志，1999，40（9）：519.
③ 唐迎雪.谈羌活对心脑血管疾病的治疗作用[J].中国中药杂志，2001，26（5）：346.
④ 王中琳.风药升发阳气配伍浅识[J].浙江中医杂志，2003（6）：48.
⑤ 胡博，王亚娟，张保春.东垣"升散法"治疗肠易激综合征验案1则[J].环球中医药，2015，8（10）：1204-1205.

对脾胃虚弱、清阳下陷者，其在临床上常用羌活辛散上升的特性，调理脾胃功能运行气机。现代药理研究发现，羌活具有调节肠管蠕动分泌、兴奋迷走神经的作用，可用于改善胃肠消化吸收功能，缓解肠鸣久泻。

（2）典型病例

陈某，女，42岁。患者以"鼻塞、流清涕、打喷嚏"为主诉前来就诊，伴见耳旁、颈后疼痛，项部、肩部强痛。患者平素常自觉口苦，胃脘部胀痛，时有腹泻，经西医检查诊断为"胆汁反流性胃炎"。舌淡苔白腻，右脉弦，左脉寸关浮尺沉。

西医诊断：变应性鼻炎。

中医诊断：鼻鼽——风湿犯表。

处方：柴胡 10 g　　葛根 30 g　　法半夏 10 g　　白芷 10 g
　　　川芎 15 g　　藁本 15 g　　地龙 20 g　　　羌活 10 g
　　　黄芪 30 g　　炙甘草 15 g　　砂仁 10 g

6剂，水煎服，一日一剂。复诊时，患者诉服药后鼻塞减轻，喷嚏偶发，流涕减少，口苦症状消失，后在此方基础上加减。

按语：《伤寒论》第31条经文曰："太阳病，项背强几几，无汗恶风，葛根汤主之。"患者项部、肩部强痛，乃风夹湿邪，阻滞经络，不通则痛，且湿性黏滞，故感强直、僵硬，故而投以大剂量葛根。另外，患者平素患有胆汁反流性胃炎，腹胀、腹泻，再结合其舌象，此乃脾虚夹湿，湿困中焦，脾胃升降失序，故而反流，临床上反流性胃炎、反流性食管炎皆可参考此例。该患者外有风夹湿邪，内有中焦湿阻，故而熊老选用柴胡、白芷、羌活、藁本等味薄气轻、辛散轻扬，具有升发宣散特性之品的风药，外祛风解表，内通调气化，配合黄芪、炙甘草、砂仁健脾除湿，使得外风与湿去，内湿与虚治。

临床上，因感受风邪而致的疾病，如鼻鼽、喉源性咳嗽、变应性咳嗽、过敏性咽喉炎等，熊教授常用羌活祛散外风。因内风所致的中风，熊教授用羌活行散内风、引经报使。因脾胃虚弱、食伤脾胃、湿困中焦、气滞肝脾等引起的脾胃病中，熊教授用羌活祛湿助运、重整气机。这也体现了熊教授反复强调的"中医当勤于思考，敢于创新，打开思路"。

学术思想

川派中医药名家系列丛书

熊大经

一、鼻五度辨证思想的提出

（一）鼻五度辨证理论的形成

熊大经教授基于自己多年的科研、教学和临床经验率先提出鼻五度辨证理论。在他看来，鼻五度辨证理论究其本源是出自《内经》中阴阳无限可分的基础理论，以及五行与五脏的联系，将在鼻内窥镜视野内观察到的结构组织，运用中医脏腑阴阳五行等基本理论体系，划分其脏腑归经，描述其虚实变化，用以指导临床治疗。但其客观性及业内认可度尚需进一步研究探讨以证实之。近年来学科交叉性、边缘学科课题的开展为中医理论研究提供了参考，多例现代物理如热传学技术在医学界尤其中医界课题研究的成功应用也为该方面的研究提供了前期理论及临床基础，大大提高了可能性。

据此，熊大经研究团队以鼻渊为病证结合的切入点，运用实验性鼻渊大鼠，探讨鼻渊大鼠鼻腔的脏腑归属问题，以期确立鼻腔局部辨证理论内涵与操作规范，并运用于指导临床。鼻五度辨证理论的可行性和临床实用性，可从以下几方面逐步来分析：

1. 生物全息论

古代中医就有全息论的萌芽，那个时候虽然没有直接提出"全息论"这个名词，但是已经有全息论的思想并具体应用在临床上。《史记》中记载的扁鹊"入虢之诊、望齐侯之色"可谓是望诊在临诊中最好的应用。随着生物全息医学的兴起，使中医望诊在诊断中更加完善，中医整体观念的理论体系得到了科学的证实。明代医家张景岳在论述脾胃与其他脏器的关系时，就曾说脾胃中已有五脏之气，而其他各脏中也都有脾胃之气，这就表明了脾胃不仅与脾胃有关，还和其他五脏六腑关系密切，包括五脏的肝心肺肾，也包括六腑的大小肠胆膀胱。这也是一种触类旁通的思想，是一种"司外揣内"的思想，中医属于中国哲学范畴，中医基础理论认为"有诸内必形诸外"，中医人常把此思想用于疾病诊断，从而逐渐形成了治病的思想，并逐渐推演成局部与整体的关系、内在与外在的关系。

"全息"一词由匈牙利物理学家伽博提出，全息论思想认为：一个事物的整体的性质、特点、规律，会反映在这个事物的各个局部的性质、特点、规律上。因此观察分析一个事物的某个局部，能推算出这个事物整体的性质或者这个事物其他局部的性质。我国著名学者张颖清教授结合全息论思想，提出了生物全息论。生物全息论思想认为，人体某些局部存在着大量反映整体变化的信息，即人体缩影于各相对独立部位中；在人体特定的信息区域内，所有信息均包括在它的任何一个分离的小部分中。根据生物全息论的一般原理，人体的任何一相对独立的部位，如每一肢节，每一器官，都寓藏着整个机体的生命信息。生物全息论即是参考了这种内外相关性的思想，把生物体的局部和整体相统一，认为局部可以反映整体，整体可以体现局部。到目前为止，各学科专家们已经达成共识，局部和整体有密切的关系，既相互联系又相互区别，即局部包含有整体的信息，整体也有局部的因素，通过对局部的了解与认识，可以推测其整体的基本信息和基本情况，我们中医人把这种思想用于中医诊治疾病中，这种思想是中医诊断学的思想。同时，通过信息反馈，利用局部对全身的影响，施以药物、针灸、推拿等，去调整机体，纠正机体的偏盛偏衰，"以平为期"，使机体恢复健康，这又是中医治疗学的思想。

整体观是中医理论体系的重要特色。中医学将人体看作一个有机的整体，人体的各部分在结构上不可分割，在功能上相互协调、互为补充，在病理上则相互影响。一般来说，人体某一局部的病理变化，往往与全身的脏腑、气血、阴阳的盛衰有关。这就决定了中医在诊治疾病时，可以通过面色、形体、舌象、脉象等外在的变化，来了解和判断其内在的病变，以作出正确的诊断。这是中医学的整体思想在诊法上的体现。中医整体观是把人体局部与全身、人体与自然有机地结合起来，并作为一个不可分割的整体看待，其中有"局部反映整体"和"局部为整体的一个缩影"的思想，这与生物全息论思想有相通之处，可称为"中医全息论思想"。湖北中医学院邱幸凡教授多年致力于《内经》中全息论思想的研究，其学术思想主要包括：人体内部是一个生命全息，人体的脏腑组织是生命活动的全息元，整体生命活动的信息可以从脏腑组织的局部反映出来；人体是一个有机的整体，人身每一组织或器官均反映了整体生命活动的信息，即局部是整体的缩影。比如经脉以及位于经脉上的穴位是所属脏腑的全息元，可全息反映其所主脏腑及其他脏腑的生理和病理信息。此外，还包括人是自然的全息元，人与自然界阴阳五行之气全息相通、相应；人是社会的全息元，人的身心状态是政治、经济、道德、心理的全息反映，体质疾病是地域、环境、饮食、民俗的全息反映。总之，《内经》全息论学术思想主要涉及人与自然、人与社会和人体内部三大方面。中医不仅把人体的各部分看作一个动态的、相互联系的统一整体，而且把人体的生理病理现象置于世界万物这个大的复杂系统中加以考察和认识。生物全息论可以从中医整体观中不断获得启示而找到新的发展领域，也能从现代科学角度阐释中医整体观并促进中医诊断的发展。

全息理论认为人体为一全息胚，整个人体是由处于不同发育阶段的具有不同特化程度的多重全息胚元所组成，即人体的各个部分都包含了整个人体的全部信息。其全息模型为一倒置的胚胎。在这个模型上，头颅大而前屈，四肢交叉屈曲于胸腹前面，脊柱弯曲，整个形体呈一球形。因为手面部感觉丰富，在这个全息模型上占的面积比例较大。这个模型图是信息图，可以指整个人体，也可以只是人体某一部分。张颖清教授从全息生物学角度，分析了中医学中的五脏、六腑、经络、气血、脉象等概念，认为它们都是全息胚或全息胚的外在表现，并且从全息胚的性质、功能、发展和分布规律等方面揭示了中医理论系统的生物学本质。中医籍很早就有关于类似这种思想的论述，并把此原理应用于临床诊断和治疗。全息摄影显示出的全息图有两个特点：一是在一个微小的区域内贮存大量的信息，经过处理后即可翻译出这些信息。二是在一个特定的信息图中所有信息均包括在它的任何一个分离的一小部分中。齐永认为，脐是人体中最大的全息元之一，它保留了许多人体先天与后天的信息，只要我们仔细观察，反复体验，就能提取整体的信息，从而指导临床。

现代医学也认为，位于头面五官的舌，这个感觉器官，因为受制于神经、体液调节系统，就必然和人体有关，与人体的整体结构和全身功能有密切而协调一致的关系。甚至有的学者说："人体的每一个结构，每一个功能单位，甚至每一个细胞，都有显示人体生命特征的遗传排序，这就是说DNA，即是脱氧核糖核酸包含了一个人的全部信息。"同理，美国的耳鼻喉外科医师H.W.

弗滋拉德发现了全身其他器官组织比如耳、鼻、手、脚及咽腔壁同样有代表全身信息的全息系统。现代医家刘井红通过对手诊的分析,发现了其基本原理,并从诊断上提出生物全息论在手部的可能性和临床应用。张颖清提出了第二掌骨侧全息穴位群,方便了通过第二掌骨来治疗全身疾病。在眼病的诊疗辨证中,也可基于"脏象学说"理论,即眼病的治疗应以肝为主,以肝脏的病变为重。另外,还有一种"五轮学说",把眼部的五轮分别归属于五脏,从而进行辨证论治。根据全息论的定义,根据阴阳的无限可分性,可以推测,五轮中每一轮都可作为一个全息胚,应用全息理论,展示它们上面同样分布有人体全身的信息,可以对局部病变参合整体辨证思想。这些理论,可以很好地解释为什么眼部五轮中每一轮的病变情况,可以推测相应的本脏之外的其他脏腑的病变情况。同理,全息论思想浸入到人体各个组织结构,人体的每一个单一的结构都有全息论思想,人体的每一个小单元都有人体整体的思想,即人体的每一个器官功能细小单元都能反应人体全身的信息。以往研究较多的耳廓可以反应人体机能的全面信息,后来学者发现,舌、第二掌骨、眼都能反应人体的全面信息,在不断探索中,不断有信息证明,鼻也包括了人体的全面信息。这就是广泛的生物全息论系统。

2. 脏腑辨证

整体观是脏腑辨证的基础,脏腑辨证依据五行学说理论,把疾病的病因病机归为五脏六腑的生理和病理改变。历代医案大多只有简短的症状、病史叙述及寥寥数语的病机、证候分析、处方用药,诊断为何病、何证则只能靠心领神会。脏腑辨证是一种基础辨证,依据脏腑辨证,可以辨明疾病的病机,疾病归属何脏何腑。合理的脏腑辨证是治愈疾病的前提条件。

惠六宁提出应当重视中医整体观与全息生物学有机结合的研究,寻找二者交叉融合的基本点,保持中医整体观的优势,加强中医学从理论到临床的实质分析和研究,把现代科学技术理论融入中医治疗疾病方面,分别从诊治疾病、强身健体、预防保健的各个方面来发展中医学。[1]中医诊断现代化是中

---

[1] 惠六宁,马东华,吉千. 中医整体观与全息生物学关系探讨[J]. 宁夏医学院学报,2001, 23 (3): 221-223.

医现代化的重要组成部分，未来中医诊断的现代化研究极有可能成为中医体系现代化的突破口。李峰在中医诊法研究浅析中探讨了中医诊法的微观化、科学化与客观化。

3. 局部辨证

局部辨证和整体辨证对立统一。局部辨证是基于中医四诊望、闻、问、切的基础上，把局部的临床表现和证候特点进行分析，找出机体患病部位病因病机证候的一种诊断方法。在临床上，耳鼻咽喉科的局部辨证可分为两大类：一种是患者的自觉症状，一种是医生检查的客观体征。因为主诉常为自觉症状，是患者的主观感觉，是疾病的主体表现，这样就成了我们辨证的主要依据，是辨证的主体，体现了整体辨证的重要性，而对于局部辨证，虽然积累了不少经验，但对整体自身证候来说，不太强调局部辨证的重要性。当然，现代医学耳鼻咽喉科的独立分科及其发展，加之科学的检查方法的出现，五官耳鼻咽喉科医生已经认识到局部辨证的重要性，因为以往的医疗实践证明，整体病机和局部证候有时不相一致，偶尔还会相反。因此中医耳鼻咽喉疾病越来越重视局部辨证，尤其是对局部体征的辨证，要求局部辨证和整体辨证相结合。

微观辨证、局部辨证与整体辨证是现代中医理论体系下的综合辨证方法，陈志强对此认为：这三种辨证方法既相对独立，各有不同，又相辅相成，相互联系。合理应用、结合应用这三种辨证方法是医生治病的关键一环。在此基础上，谷志平从耳鼻咽喉科出发，提出耳鼻咽喉的局部辨证，这是运用现代技术对耳鼻咽喉疾病的诊治，给耳鼻咽喉局部的辨证提供了理论依据。随着现代方法在耳鼻喉科的广泛应用，中医耳鼻喉科也越来越重视局部辨证。

中医和西医在理论上存在着本质的区别，这种区别源于不同的文化背景。西医植根于当代实验科学的基础之上，重视局部病变的定位，针对性强，但整体分析不足；中医则植根于我国民族文化中，重视宏观思维和整体分析，但微观分析不足。两者的区别在于各自对人体的研究起点不同，在研究思路上呈现逆向过程，且各自研究人体不同的解剖层次。生物全息律认为，全息胚在生物体内是广泛分布着的，任何一个在结构和功能上有相对完整性并与周围部分有相对明确边界的相对独立部分都是全息胚。根据生物全息律，人体可以被分解为各个不同层次，即整体、一般全息胚、器官、组织、细胞（胚胎）、亚细胞、生物分子（DNA）及能量。各个层次均含有整体的全部信息。而运用全息律的观点和方法，对中西医基础理论进行比较分析，从解剖学角度探讨其统一性，并提出如能把中医功能上的解剖与西医形态学的解剖统一起来，将形成一门新的学科——"人体功能解剖学"。

四诊客观化使物质工具介入诊断过程，不仅是传统诊法的质的飞跃，而且使中医进入信息时代。但客观化并不能改变主体认知定势，问诊不宜仪器化。四诊仪只体现"功能相似"，不是"整体优化"模型，而且没有增加信息通道容量，不能多层次、多部位反映病理本质。

从中医学的角度来说，耳廓望诊的可行性主要体现在五脏之气均与耳有联系，五脏与耳均有一定的关系。《内经》云："肾气通于耳，肾和则耳能闻五音矣。"又有《医学心语·入门辨证诀·耳》所曰："耳者，肾之窍。察耳之枯润，可知肾之强弱。故耳轮红润者生，枯槁者难治。薄而白，薄而黑，薄而青，或焦如炭色者，皆为肾败。"由此可见，望耳即能知晓肾气情况。中医又有肝肾同源之说，可以通过经络循行体现在耳廓上的表现反应肝胆问题。脾胃为气血生化之源，脾胃运化程度在另一方面决定了耳廓的充养及红润饱满程度。古典医籍也记载了耳与肺的关系，这说明耳的听觉功能与肺有着密切的联系。另外，李东垣的《脾胃论》中指出："耳者，上通天气，肾之窍也，乃肾之体而肺之用。"《温热经纬》云："坎为耳，故耳为肾水之外候，然肺经之结穴在耳中，名曰龙葱，专主乎听。"这说明耳的听觉功能与肺有着密切的联系。《内经·素问》描述有"南方赤色，入通于心，开窍于耳"，心气强盛则耳窍得以濡养，如果心脉涩，气血不能上达头面，则容易导致耳窍失养。由此可见，耳廓望诊在几千年前就已经被各个医家所重视并且运用于实际。

（二）鼻五度辨证理论的内容

鼻居颜面正中，鼻为阳中之阳位，最能反映全身脏腑气血的盛衰，所以，鼻可以很好地反映全身脏腑的疾病。在中医鼻科的局部辨证中以鼻的局部辨证和脏腑的整体辨证,我们首先提出鼻五度辨证,创立鼻五度辨证理论。

"度"字,有多种解释,其中在哲学中解释为:度是哲学的逻辑起点,是事物保持其质的量的界限和幅度,度是质和量的统一。这种统一表现在:度是质和量的互相结合和相互规定。关节点是度的两端,是一定的质所能容纳的量的活动范围的最高界限和最低界限。度是关节点范围内的幅度,在这个范围内,事物的质保持不变;突破关节点,事物的质就要发生变化。量变与质变相互区别的根本标志就在于:事物的变化是否超出了度。度是关节点范围内的幅度,要把度和关节点、临界点区分开来。在实践过程中,要掌握适度的原则,要学会把握分寸。

《内经·素问·六节藏象论》说:"天至广,不可度,地至大,不可量……天食人以五气,地食人以五味。五气入鼻,藏于心肺,上使五色修明,音声能彰;五味入口,藏于肠胃,味有所藏,以养五气,气和而生,津液相成,神乃自生。"因此,熊教授以鼻之度和脏腑之度提出鼻五度。

辨证当中有一种思维叫全息性思维,即辨证论治在某些时候因特殊的脉证即可"但见一证便是",也就是仅凭一个突出的症状和体征就"凭一而断"。这是以生物学的全息理论为依据的,俗称全息性思维。

当前鼻病患者众多,西医大多以手术治之,然而手术不是唯一的治疗手段,而且手术后并发症多,所以,我们希望寻求一种安全有效的治疗方式。而中医鼻科学源远流长,早在《五十二病方》《内经》《难经》《伤寒论》《金匮要略》等中就有记载。但中医鼻科专著甚少,大量宝贵的临床经验和浩如烟海的资料为检索带来了不便,为此我们想到把鼻内的结构再细分,运用全息理论,通过局部可以反应全身的变化的思想,把中医的四诊和现代检查技术有机结合起来。如何解决鼻病中有症状但是没有体征的这部分人群,中医具有很大优势。

熊大经教授经过数十年的古籍研究、教学实践和临床观察,并通过对鼻渊发病的病因病机和临床特点进行分析,确认肝胆和肺在鼻渊的发病过程中具有非常重要的作用,并由此提出胆肺假说理论。胆肺假说的提出,升华了中医理论,加强了局部辨证的重要性。后来,熊教授基于中医基本理论,观察鼻腔各部的生理病理特点,运用辨证思想和生物全息论理论,首创"鼻五度辨证理论"，其中心思想是把鼻腔的各部分按脏腑辨证分别归属于五脏，具体为：下鼻甲、下鼻道归属于气度，属肺；中鼻甲、中鼻道（窦口鼻道复合体）归属于枢度，属肝胆；外鼻、鼻尖、鼻翼、鼻前庭归属于肉度，属脾胃；鼻中隔归属于血度，属心；上鼻甲、鼻顶及鼻骨归属于髓度，属肾。这些新观点、新理论促进了耳鼻喉科的发展。（见图3-1）

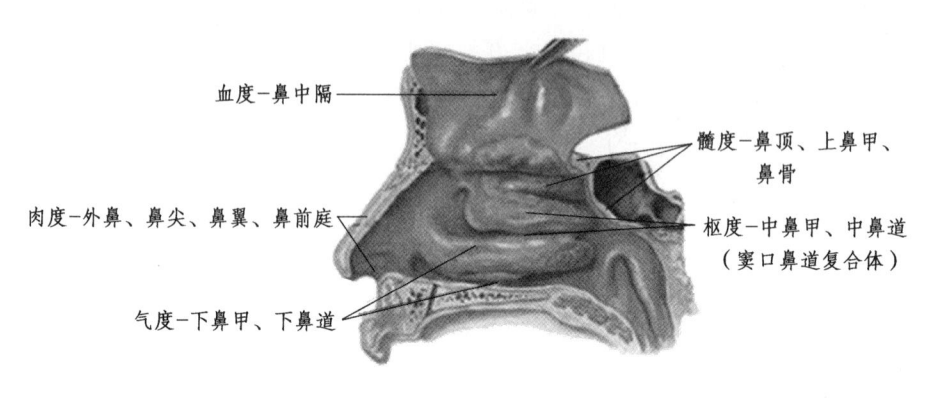

图3-1　鼻五度辨证的具体内容图

1. 下鼻甲、下鼻道归属于肺

肺，主气，司呼吸，《医贯·内经十二官》曾言肺"乃清浊之交运，人身之橐籥"，而鼻者，通天气，司呼吸，又曰天牝，《内经·素问·五脏别论》云"五气入鼻，藏于心肺"，传统认为鼻属肺，肺开窍于鼻。肺为华盖，下鼻道的位置最低，使之肺和下鼻道在位置上相应。

浮游于天气间的辛燥焦香腐五气皆通过鼻进入肺，四时之气，冷热燥湿各不相同，但肺为"娇脏"，入肺之气必须温润适度，不热不燥，洁净无瑕，而要完成这一生理功能非鼻莫属，《严氏济生方·鼻门》说："夫鼻者，肺之所主，取司清化，调适得宜，则肺脏宣畅，清道自利。"鼻对吸入之气的温润，主要依靠下鼻甲的完成。肺主通调水道，为"水之上源"，在液为涕，《内经·灵枢·宣明五气篇》说"五脏化液……肺为涕"。涕，乃鼻窍之分泌物，一方面其可以润泽鼻窍，另一方面，它可以对空气进行加湿，使进入肺脏的空气润燥适度。通过现代的解剖学知识，我们进行进一步的分析：下鼻甲位于鼻窍黏膜部的下方，为三个鼻甲之最大者，其大小变化对通气程度的影响最大。此外，下鼻甲含有丰富的海绵状血窦，乃鼻窍中调节内入空气温度之重要场所，这与肺之卫外功能密切相关。下鼻甲乃鼻窍三个鼻甲中血脉最丰富、阳气最盛之所，同时，又是气体进入鼻窍的门户，与吸入之气的润泽和加温关系最为密切。所以，下鼻甲及其下方的鼻道属肺。

肺与下鼻甲关系甚为密切，肺功能失调在鼻窍往往反映在下鼻甲。如：肺脏虚损，气不煦鼻，寒凝下甲则鼻塞，《内经·灵枢·本神》谓："肺气虚则鼻塞不利、少气。"同时外邪犯肺，邪壅下鼻甲则下鼻甲肿大亦可致鼻塞，《诸病源候论·卷二十九》谓"肺脏为风冷所乘，则鼻气不和，津液壅塞而为鼻齆"等。

鼻病多从肺论治，《杂病源流犀烛·卷二十三》说："肺和则鼻病自已，安可不急于手太阴以图治哉。"临床上常有疏风宣肺、补肺固表、芳香通窍、清肺泄热等治法。

2. 中鼻甲、中鼻道归属于肝胆

胆为奇恒之腑，上通于脑，脑为精髓之海，下通于鼻。肝胆互为表里，肝之经脉循抵畜门（似指鼻孔），足少阳胆经之脉会于睛明，夹鼻之山根部。又肝与鼻梁相应，胆与鼻梁两侧相应。肝主疏泄，调畅气机，肝胆互为表里。气的运动变化、升降出入全赖肝的疏泄，胆为中精之腑，内藏精汁，其性刚烈。脑为精髓之海，下通于頞，頞之下为鼻。胆之经气平和，则脑、頞、鼻俱得健康。

从现代解剖学来看，中鼻甲的前端附着处位于前颅底，中鼻道前端及其附丽结构（即相当于窦口鼻道复合体）的体表投影恰巧在于頞，故熊教授认为，因肝、胆经巡行所过，中鼻甲及中鼻道应络属肝胆。

肝胆之热借经络之道路，可传于脑，下犯鼻窍，往往主要累及中鼻甲及中鼻道，发为鼻渊。《内经·素问·气厥论》说："胆移热于脑，则辛頞鼻渊。鼻渊者，浊涕下不止也，传为衄蔑瞑目，故得之气厥也。"肝热燔炎，移热于脑，则发为鼻衄。《医林绳墨·卷七》说："亦有肝移热于脑，则迫血妄行而为鼻衄之证。"

肝胆的病理变化可循经反映于鼻,同时切肝脉可诊鼻病。《内经·灵枢·邪气脏腑病形》说:"肝脉大甚为内痈,善呕衄。"

3. 外鼻、鼻尖、鼻翼、鼻前庭归属于脾胃

鼻居面之中央,从五行方位而言,中央属土,鼻尖与脾相应。《医学心悟·卷五》谓:"鼻准属脾土。"脾胃互为表里,脾属阴土,胃属阳土,故外鼻、鼻尖、鼻翼皆属脾胃。鼻前庭皮肤为鼻尖、鼻翼皮肤的翻折,仍处于面之中央部,且形态结构与功能类于后者,故鼻前庭也可归于脾胃。

脾为气血生化之源,主升发清阳,司统血之职;鼻为清窍,为一身血脉多聚之处,乃清阳交会之所。脾气健旺,气血充沛,清阳升发,充养鼻窍,嗅觉灵敏。《医学正传·卷之五》说:"面为阳中之阳,鼻居面中,一身之血运到面鼻,皆为至清至精之血。"这些清精之血充养外鼻、鼻尖、鼻翼及鼻前庭则局部红润而有光泽。

脾胃功能失职,气血生化之源不足,则鼻失所养,则外鼻、鼻尖、鼻翼及鼻前庭萎黄失润,若饮食不节,嗜好食辛辣炙博,肥甘之品,脾胃积热,上犯鼻窍,则可见上述部位生疮。《杂病源流犀烛·卷二十三》谓:"又有鼻内生疮者,由脾胃蕴热移于肺也。"

脾脏发生病变,可循经反映于外鼻、鼻尖及鼻前庭,临床中可以通过观察外鼻的变化来了解脾胃的情况。《内经·素问·刺热论》中说:"脾热病者,鼻先赤。"在临床治疗时,观外鼻、鼻尖鼻翼及鼻前庭的变化也可以指导我们的临证治疗,例如《保婴撮要》说:"鼻色赤,乃脾胃实热,用泻黄散,微赤,乃脾经虚热,用异功散加升麻、柴胡。"

4. 利特尔氏区归属于心

心为君主之官,藏神主血,鼻乃血脉汇聚之处,为"多气多血之窍",心之气血循血脉而贯注于鼻,鼻得濡养,则鼻部肌肤润泽,鼻窍通利。心血充沛,奉养于鼻,则嗅觉灵敏。《难经·四十难》曰:"心主臭,故令鼻知香臭。"另外,喷嚏在一定的条件下与心有关,如《内经·灵枢·口问》说,"阳气和利,满于心,出于鼻,故为嚏",说明心气充沛,鼻方能以嚏驱邪,御邪毒于

外。鉴于"鼻内脆骨空虚处内藏中血堂"的理论，熊大经教授指出，"中血堂"颇类今之利特尔氏区，此处为鼻中血脉汇集之所，血脉丰富，可归于心。若心脏失调，为邪热所伤，可致中血堂血络怒张，发为鼻衄。《诸病源候论·卷十》有云："心主血，肺主气而开窍于鼻，邪热伤于心故衄。"一些鼻病切心脉可查鼻疾。《医学入门·卷一》说："右寸洪数，鼻衄鼻齆；左寸浮缓，鼻涕风邪。"

5. 上鼻甲、鼻顶及鼻骨归属于肾

肾主骨，藏精，《内经·灵枢·决气篇》曰"生之来，谓之精"，肾精能促进机体的生长发育，《内经·素问·上古天真论》也说："女子七岁，肾气盛，齿更发长……丈夫八岁肾气实，发长齿更。"肾主生髓，充养于脑，脑为髓海，髓海之下为鼻顶，另外，督脉循行自后项上顶，循头向下经鼻梁至鼻尖之正中，肾之经脉交会于督脉；鼻为肺窍，肺肾同源，金水相生，子随母之象，《类证治裁·卷二》谓，"肺为气之主，肾为气之根，肺主出气，肾主纳气，阴阳相交，呼吸乃和"，故鼻与肾有间接络属关系。

肾为先天之本，受五脏六腑之精而藏之。肾之阴液有滋润、濡养四肢百骸、五官九窍之功。肾阳为一身阳气之根本，有温煦形体、蒸化水液之功，鼻必须依赖肾的滋养、温煦方能维持正常的功能。

肾虚可致鼻病。《内经·素问·宣明五气》谓："五气为病……肾为欠为嚏。"《秘传证治要诀·卷之十》谓："有不因伤于冷而涕多，涕或黄或白或时带血如脑髓状，此由肾虚所生。"言明此乃肾虚不能固涩，故浊津败涕不能收敛，循鼻顶渗渗而下所致。

（三）五度和哲学的关系

鼻五度理论是熊大经教授在 20 世纪 70 年代，受生物全息论启发，借助现代鼻镜透彻观察鼻腔结构，参鼻窍各部之生理病理特性，取类比象，以脏腑经络理论学说和鼻正常解剖结构、生理病理特点为基础，以传统中医辨证思想为核心，整体与局部相联系，宏观与微观相结合，基于丰富临床经验而形成的理论体系。

1. 以鼻之动态平衡为度

何为鼻五度辨证？"度"者，本意是计量长短的标准、尺码。唯物辩证法认为，事物的度，从内容上看，是质和量的统一，质是一事物区别于他事物的内在规定性，这种规定性把不同的事物区别开来。量是事物自身的规模、程度、速度等数量来表示的规定性。质和量的统一构成事物的度。

"度"是一个古老的哲学范畴，孔子对"度"的理解和认识就是中庸，孔子的"中"即"无过无不及"的中间状态。《论语·先进》道："过犹不及。"郑玄说："中庸，中和之为用也。"（《中庸注》）中庸要求人们的认识和行为合乎客观事物的"度"，以避免矛盾的激化，求得主客体的和谐。

熊大经教授认为，"度"体现的是一种动态平衡。从某个角度来说，阴阳的对立统一就是度。如果用一种形态来衡量度适宜的状态，那就是自然。所谓"道法自然，从阴阳而生"，不仅是中医学的核心思想，也是鼻病辨证的核心观点。鼻五度辨证将中医学脏腑辨证应用于鼻病中，结合现代鼻科解剖学知识，将鼻病的中医辨证赋予了儒家思想和哲学思想的含义，鼻五度辨证指导我们用宏观和微观结合的方法去看待鼻病，站在患者整体的、全身的状况以及人与环境的高度看待鼻病。通过对鼻腔内每个结构的度的把握，通过正确地选方用药，调整脏腑的阴阳气血的失衡状态，使得鼻腔处于最佳的整体和谐状态，促进鼻腔正常环境的恢复。鼻五度辨证真正追求的是辨证的度，是不断发展的、动态的、与环境相协调的、结合现代科技的、不断满足患者健康需求的一种辨证方法，讲求的辨证结果是通过五度辨证使得鼻腔和人体以及外界处于一种自然平衡中，无太过和不及。

在正常人的鼻腔存在阴阳平衡状态，例如：鼻黏膜具有过滤、清洁、加温、加湿等重要作用，使吸到肺部的空气能维持合适的温度及湿度。当鼻腔受到致病源侵袭时，这些致病菌就会刺激局部鼻黏膜，人体出于自身的保护作用，鼻黏膜局部的毛细血管就会扩张，充血，水肿，渗出，分泌出大量的组织液以杀灭入侵的细菌，使局部黏膜处于一种新的平衡之中。这在中医看来，就是通过自身调节达到鼻的阴阳平衡的状态。

2. 以病证互参，局部整体结合察鼻

熊教授认为：对于鼻炎病人用同样的治疗方法，有的人疗效好，有的人疗效差；同样的生活环境，同样的饮食习惯，有些人患了鼻炎，有些人却没有。对鼻炎患者来说，不简单是鼻部局部的问题，还有全身的问题，各种鼻病的临床表现往往不一样，或局部病变显著，或全身反应突出，不可一概而论。对于全身的阴阳失衡状态，应用中医的方法积极治疗，就是辨证治疗。现代科技的发展，尤其是新技术在鼻科学方面的应用，为我们诊断和治疗鼻病提供了极大帮助，借助现代科学理论和工具，应用实验室检查，可以明确疾病诊断，制定完善的治疗方案，所以辨病治疗是中医学重要的补充。因此，对于鼻部应用现代解剖学知识作指导，采用客观的检查手段丰富中医诊断内容是非常必要的。

熊大经教授经过长期潜心研究和实践，将脏腑辨证和鼻病具体特点结合起来，提出鼻五度辨证的理论和方法，将鼻部每个客观的解剖结构与中医学的脏腑、八纲、气血等辨证方法结合起来，将局部和整体相统一，辨证和辨病相结合，形成了基本完善的鼻病综合辨证体系。

3. 典型病例

张某，女，13岁，2018年6月3号就诊。主诉：反复间断鼻出血20天。近一个月来经常鼻出血，每次量或多或少，时左时右，颜色红，在家中自行按压止血。心烦，口干，面赤，小便黄，大便干燥。检查：双侧利特尔区鼻黏膜充血，色鲜红，双侧下鼻甲充血肿大，舌红，苔黄，脉细数。诊断为鼻衄，证属心火亢盛。治当清心泻火，凉血止血。

处方：黄芩 10 g　　生地 10 g　　丹皮 10 g　　白茅根 20 g
　　　川牛膝 15 g　仙鹤草 20 g　血余炭 20 g　天花粉 20 g

4剂，水煎服。未见鼻腔出血。分析结合鼻腔充血情况，鼻五度辨证：属于心，心火亢盛，治当清心泻火，凉血止血，选用清心火的药物，加止血药凉血止血，黄芩直折心火，丹皮清热凉血散瘀，天花粉养阴生津，生地清热养阴，引热下行，川牛膝引火下行。全方用药简练，立意明确，主辅得当，

体现了鼻中隔属血度，内应于心的辩证思想和应用。

鼻五度辨证是熊大经教授多年临床经验感悟所得，他的学术观点是基于中医耳鼻喉科"孔小、洞深、窦道狭窄，不易直接窥视"[①]的独特学科特征，既以中医基础理论为基础，又以现代解剖知识为指导，并且含有哲学的思维观点，符合中医学的思维体系，所以熊教授的学术思想经得住临床实践的检验，具有独特性、科学性和时代性。

二、熊氏中医耳鼻咽喉流派

熊教授祖籍重庆，家族五世业医，从其祖父熊吉之、父亲熊雨田始专于中医喉科，在熊教授这一代继承发扬，形成了熊氏中医耳鼻咽喉科流派。本流派以熊吉之、熊雨田、熊大经三代为脉系。在广览岐黄群书、博采众方之基础上，对中医耳鼻咽喉科学的继承与发展作出了特殊贡献。特别是在鼻科理论与实践、咽喉科疾病的治疗方面独树一帜，其独特的学术思想、鲜明的治疗特色已形成一套完整、系统的学术体系，有理论、著作、传人、产品，为业内一致认同和赞赏，并在海外有深远的影响。

（一）一代宗师熊吉之

1. 永生堂

熊氏中医耳鼻咽喉流派一代宗师熊吉之，出生于1884年，乃清末喉科名医。早年一边行医，一边从江西、广东、广西将药材卖到重庆。当时川广药材，因其品质好、药效高，被业内称为"道地药材"，奉为上品。然后，假冒伪劣之品亦充斥市场。因此，熊吉之老先生凡事亲力亲为，远赴云、贵、粤、桂采购，当时交通极不发达，需步行、乘车、坐船，舟车劳顿数月，方能到达目的地。据说一趟来回，将近半年，甚至一年。

清朝中晚期，西学东渐、中医药市场鱼龙混杂、以次充好之怪象频频发

---

① 熊大经. 中医耳鼻咽喉科学[M]. 3版. 北京：中国中医药出版社，2012：8-9.

生，普罗大众在医疗条件简陋的战火中艰难求生之时，熊吉之老先生毅然决然，创立一家集医疗、售药于一体的中医药店，取名为"永生堂"。永者，长也，象水经理之长，生者，进也，象草本生出土。"永生"，取其长久蓬勃向上之意。熊吉之先生从创建永生堂以来，以诚信为本，所经营之药材崇尚遵古炮制，道地药材。若购回的药材霉变或未按法炮制皆予以销毁，故销毁之事累见，损失甚巨。先生认为明德知致、忠厚诚信为做人之根本。他热心服务劳苦民众，不问怨亲善友、长幼妍媸而普同一等。对于无钱治病者，皆免予诊疗费和药费，甚至还给以盘缠路费。

抗日战争时期，南京沦陷后，重庆转而成为当时全国的政治、经济、文化中心，各路精英皆荟萃重庆。中华人民共和国成立后向毛主席敬献子午流注图的吴棹仙，任北京中医学院教务长的中医基础理论家任应秋，全国知名的外科专家伍师夔、文仲宣等均成为永生堂的常客，永生堂得以发展壮大，位居重庆的四大名药店（永生堂、庆馀堂、天元堂、桐君阁）之首。

2. 专攻喉疾

熊家"永生堂"的兴起，刚好处于西方医学传入中国之前的时期，当时没有抗生素，医疗水平低下，现在一些常见喉科疾病比如扁桃体炎，当时叫"乳蛾"，就可要人命，在这种背景下，"永生堂"专攻喉疾病，救人无数。

熊吉之老先生则以治疗喉科疾病见长，曾以治疗乳蛾、喉风、白喉、喉痈及嗓音疾病等病有奇效而享誉川内外。从刘湘、范绍增、王陵基、张大千、徐悲鸿、周信芳这些人物，到劳苦大众，市井凡夫，都到永生堂看病，"永生堂"名盛一时。

3. 研制吹喉丹

晚清时期，由于白喉几度大流行，喉科病人、白喉病人骤然增多。熊吉之先生认为咽喉诸疾乃脏腑失调于内、气血失养于窍、经络失养于经之外部表现。咽喉诸疾，虽外现于局部，其实则为全身脏腑经络失调，循经反映于局部之全身疾病，因而其治疗宜全身辨证，再辅以局部用药，以期事半功倍。先生临证疗疾，安神定志，无欲无求，心存慈悲，眼观整体，见微知著，察舌按脉，窥窍观颜，手随心转，法从手出，别阴阳而施治，辨虚实而用药。

除全身辨证用药外，熊吉之老先生还非常强调局部用药。他带着儿子熊雨田，研制出一种听上去有点武侠味的"万应铁板吹喉丹"。"吹喉丹"是由牛黄、麝香、珍珠、犀角等几十味名贵中药组成，后来熊吉之老先生回忆道："做起来很费事，要一块专门的铁板，将一些需要'升丹'的药物放在铁板上，下面点燃煤油烧烤铁板，'升丹'而成，所以叫'铁板吹喉丹'"。

该丹组药名贵，且先生要求一定要道地药材，否则决不制药。制备工艺复杂，制作过程较长，制作时间须于五月端午前左右，制作场所要求洁净，人员要斋戒。

"铁板吹喉丹"工艺后经熊吉之先生的儿子熊雨田先生修改完善制备工艺，使其工艺更稳定，更符合临床特点。新中国成立后熊雨田先生无偿将其捐献给国家。由于"吹喉丹"适应范围较广，疗效确切，加之亦可随证加减，从清末民初起用于临床，至今已有百年历史，一直在重庆第二中医院广泛应用于临床，其应用范围已扩大至其他临床科，甚至有人将其用于口腔溃疡、妇科宫颈糜烂等局部用药。

4. 开发中成药

永生堂还将熊吉之、熊雨田老先生治疗重庆当时的一些常见病多发病的有效处方制成中成药，如治疗小儿厌食症之"健脾膏"，预防中暑之"银花露""菊花茶""藿香正气合剂""济世仙丹"等，还有针对久咳不止、痰涎增多之"川贝枇杷糖浆"。

熊吉之先生于1939年仙逝，后永生堂由其子熊荣如先生主持经营。在熊荣如先生苦心经营下，永生堂又有了长足发展。1954年永生堂公私合营，后仍在中华路122号原址从事经营活动。"文化大革命"后，这个享誉百年的老店更名为"重庆中药材公司永生堂中药店"，后因城市改造拆迁，由重庆市中区繁华商业地段，迁至解放碑旁会仙楼附近的地王广场，后又因改制并入桐君阁集团股份公司，至今仍以桐君阁药房名称而存在。目前，作为百年老店的"永生堂"虽其名已没，但其影响仍在，百年老店的风采依然留存在人们的记忆之中。

（二）遐迩闻名熊雨田

熊雨田（1912—1963），字岂沛，生于重庆，受其父熊吉之影响，耳濡目染，自幼开始学习中医。每日未及鸡鸣，即到庭前诵读四书五经，稍长即闭门苦读《内经》《难经》《伤寒》《温病》。其中《伤寒》《金匮》《温病》等名著皆能"包本"背诵。除跟随熊吉之学习喉科外，曾拜重庆沈姓名医学习中医内科，稍后又远赴泸州向一陈姓名医学习针灸，下过苦功，所以1931年才能在四川省针灸医师考试中独占鳌头。因而既承家传，又采各家之长，有坚实的中医基础理论，熔中医内科、外科、针灸及耳鼻喉科于一炉，在学术上独树一帜，造诣颇深，博学多识，声望卓著。民国时期行医于重庆永生堂。曾任重庆市人民代表、政协委员、中华医学会耳鼻喉科学会理事、副主任委员，中国科学院四川分院中医中药研究所特约研究员，重庆第二中医院副院长。

1. 耳鼻咽喉为肺窍宜宣通

肺为华盖，上通于喉，开窍于鼻，贯气于耳外合皮毛。肺又为娇脏，"风邪上受，首先犯肺，逆传心包"。正常情况下肺气宣发肃降，则五官通利。若外邪入侵，头面诸窍首当其冲，邪气壅遏肺系，清窍为之不利，鼻为之窒塞，喉为之声嘶，耳为之重听。临床时，常以疏风宣肺、辛散通窍为主。遣方用药，并认为治窍先治肺，肺宜窍自通，并自拟清窍汤（芥穗、薄荷、桔梗、僵蚕、柴胡、白芷、川芎、黄芪）治疗头面五官疾病。

2. 耳鼻咽喉诸疾从肝辨治

耳鼻咽喉诸窍为头面清窍，脏腑清阳之气上达清窍则诸窍方能维持正常之生理活动。气之通利，气机之条畅，依赖肝之疏泄功能正常。肝体阴而用阳，其主疏泄，藏血生血，肝气疏通、条达则全身气机疏通畅达。清阳之气上达、温煦至头面清窍，至阴之血上承、滋润至头面清窍，方能维持耳鼻咽喉诸窍正常之生理功能。而清气之传输分布，全赖肝之冲和条达。气滞、气郁、气闭等则清窍为之不通。故临证时，须以肝为枢机进行辨证，并善以治肝，将疏肝、柔肝、养肝、清肝、泻肝等法综合运用于耳鼻咽喉疾病。

3. 治病不拘一格、内外兼治

熊雨田治学严谨，且具独创精神。熊氏根据耳鼻咽喉疾病之特点，提出治疗诸窍疾病，除采用内治法外，还须辅以局部治疗，在采用内服药及外用药（自制之"铁板吹喉丹"）的同时，还结合五运六气、子午流注辅以针灸治疗（金针及自制之药线），个别病人还配合经络循行之部位辅以咽喉局部按摩以增强疗效。另外在治疗喉痈等疾患时还不失时机地运用三棱针、喉刀等手术器械刺破或切开排脓治疗手段。由于先父在治疗嗓音疾病方面有很好的疗效，新中国成立前及成立之初常有国内有名之歌唱家、教师及职业用嗓者前往求治。歌唱家郭兰英，京剧大师周信芳，国画大师张大千、徐悲鸿等皆因患喉疾而专赴寓所求治，经施以内服药、外用药等治疗后，皆痊愈而即时上台演出，言兴之所至，开口就唱，周信芳还当场赋诗，堪称美谈。

4. 治病求本不囿于古人之见

熊雨田在多年的行医生涯中，博学苦钻，除尽得熊氏家传绝技，博集众方之外，总结形成了自己的一套行之有效的治疗方法，即尊古、习古、用古，而不泥古。治疗耳鼻咽喉诸疾强调治病必求其本，重在调整肺、肝、脾脏腑功能。一改前人治喉疾过用清热泻火苦寒攻伐之弊，而以疏风宣肺为主，清热利咽为辅；疗鼻疾动辄辛温芳香走窜，伤阴耗气之品，而以益气排脓为主，清胆泻火为辅以疗之；治耳疾，过用补益肝肾，滋腻恋邪之患，而以理气活血为主，补肾培本为辅以疗之。他认为声音由气而发，气乃精所化，肾藏精，精化气。老年肾精渐亏，肾虚则气无生化之源，而声嘶音哑，此肾为音声之根也。寒邪久困少阴，证虽见于上，实则少阴感寒，寒邪未解，阳气不能上达，故予麻黄附子细辛汤加减，使外寒得以表散，里阳得以蒸腾。待少阴之寒邪渐去，再予肾气丸合六君子收功，乃治其根本也。

5. 摒弃成见学西医之长

熊雨田一改门户之见和文人相轻之恶习，与中医界多有交往，与任应秋、唐阳春、吴棹仙、熊寥笙、文仲宣、龚志贤、方药中等名医交往甚密，还与西医同道多有交往，常在一起相互交流心得，探讨病例。20世纪40—50年代，熊氏与西医同道多次商研治疗肺结核方案，并在重庆江北干部疗养院划出病区用于中药观察治疗空洞型肺结核之科研，经多年的观察，总结出一整套治疗方案。他主动接受和学习现代科学新思想，在局部检查方面，常借助间接喉镜等检查声带疾患，并用此扩大望诊范围，充实四诊内容。熊雨田老先生对声带小结、声带息肉、声带闭合不全等声带、嗓音疾病之治疗尤有独到之处。一些西医同道，至今仍对这位老中医开明的治学和科研态度赞不绝口。

6."胆肺同治"创吉雷通窍汤

熊雨田老先生受《内经》启发，认为胆腑失调与鼻渊的发生关系莫大，很多时候是导致鼻渊发生的核心病机。据此，熊雨田老先生创经验方"吉雷通窍汤"用于治疗鼻渊。其方名含义有二：一者，雷属震卦，受乙木天罡之气而生，对应甲木，在人为胆腑，说明本方以治胆为核心，恢复胆腑的清净刚正，二者"吉雷"二字，含其父熊吉之的"吉"及熊雨田之"玉田"二字合成为"雷"，表明本方乃是在熊氏中医耳鼻咽喉流派在临床实践中积累而成。

吉雷通窍汤主要由黄芩、栀子、柴胡、苍耳子、辛夷、薄荷、白芷、细辛、川芎、黄芪、龙胆草等13位药物组成。方中以黄芩为君，取其清胆泻热、清肺泻热、清热燥湿之效；以具有功效的栀子、龙胆草为臣药；另，柴胡与黄芩、栀子相配，既清又散，宜于内郁胆热之清除，白芷入阳明，具止痛通窍、除湿排脓之功，苍耳子、辛夷疏风通窍祛湿，薄荷疏风散热，清利头目，茯苓健脾渗湿，与川木通相配则导邪下除作用增强，柴胡、川芎相配气血并调；黄芪与白芷同用鼓邪外出，驱邪不伤正，上九味同为佐治之品；桔梗一味，"诸药舟楫，载之上浮"，为使药。"吉雷通窍汤"有三大特点：其一，清胆泻热结合补益肺脾，驱邪扶正兼顾；其二，发散郁火，导邪下除，给邪出路；其三，升降并行，气血并调，标本兼顾。以方测证，本方主要用于胆腑郁热所致的鼻渊。综观全方，归肝胆经者有：黄芩、柴胡、薄荷、川芎、龙胆草等；归肺经者有：黄芩、薄荷、白芷等。大量的基础及临床观察证实了该方的有效性，也印证了熊雨田老先生"胆肺同治"的思想。这也是熊大经先生提出"五度辨证"的思想契机和研制鼻渊舒口服液、鼻窦炎口服液的基础。

（三）发扬流派熊大经

熊大经（1946—），熊氏耳鼻咽喉流派第三代传人，全国知名中医耳鼻喉科专家，成都中医药大学耳鼻喉科创始人，国家新药评审专家，四川省卫生厅学术技术带头人，中华中医药学会耳鼻喉专委会副主任委员，四川省中西医结合耳鼻喉专委会主任委员。全国第四批名老中医师承指导老师，全国名老中医工作室专家。

1. 多个"首创"

1970 年毕业留校后一直从事中医耳鼻咽喉的教学、临床和科研工作。1973 年，率先在中医附院（今成都中医药大学附属医院）建立耳鼻喉科，这是省内首家开设的中医耳鼻喉专科，并在学校建立了耳鼻喉教研室，与中医眼科合为中医五官专业。参与了学校五官专业的筹备组建工作，建立了西南地区第一个动态喉镜实验室。成为我国第一位中医耳鼻喉博士生导师。参加制定了中华人民共和国第一部中医药行业标准——《中医病证诊断疗效标准》耳鼻喉科部分。从 1982 年起，开展了过敏性鼻炎的研究，先从临床入手，经多年探索，逐步积累了一整套治疗过敏性鼻炎的经验，指导研究生，成功研制了"肺气虚过敏性鼻炎动物模型"，被华西医科大学专家评价为"国内首创"。

迄今，成都中医药大学中医五官专业经过二十年的建立与发展，已发展成国家教育部重点学科、国家教育部重点专科。已培养五官专本科、硕士、博士数百人。

2. 编写教材，完善行业规范

参加了《简明中医大辞典》（耳鼻喉科分部）、《中医眼喉科学》的编写，担任了《中医百科全书》单列《耳鼻喉科分册》的副主编，并编写了《中医耳鼻喉科基础》《中医口齿科学》《中医五官科学》。参与了国家中医药管理局组织制定的《中医临床诊疗规范术语》耳鼻喉部分的编写工作，主编了专著《实用中医耳鼻咽喉口齿科学》。近年又先后主编了全国普通高等教育中医药类精编教材《中医耳鼻咽喉科学》和全国中医药行业高等教育"十二五"规划教材《中医耳鼻喉科学》等，并首次将鼻干、喉咳、声疲、声暗等作为专病写入《中医耳鼻咽喉科学》教材，主编了《今日中医——耳鼻咽喉》《中医耳鼻咽喉科案例评析》，发表学术论文30余篇，丰富了中医耳鼻喉科学疾病谱。

3. 产、学、研结合

熊教授认为临床离不开科研，科研是临床的进步，应将学研深度结合，将学术思想、临床经验转化为成果，扩大其应用范围。

其主持研究的四川省中医管理局课题"润肺利咽喷雾剂治疗咽炎的研究"被鉴定为具国内先进水平，获1994年四川省中医管理局科技进步三等奖。校勘整理的《喉科指掌》获四川省中医管理局科技进步三等奖。参加了"电子计算机专家治疗程序（鼻渊治疗程序）的研究"项目，该项目获四川省科技进步三等奖。

继承熊雨田老先生"胆肺同治"理念，熊教授在其所创治疗鼻渊的良药"吉雷通窍汤"的基础上，研制了上市纯中药制剂"鼻渊舒口服液""鼻窦炎口服液"，平均年产值均超过2亿元，是国内鼻科界应用最多的中成药，其中"鼻窦炎口服液"已经被写入国家药典，相关研究先后获"四川省科技进步奖"及"中华中医药学会科技进步奖"。

4. 融家传与各家之大成

熊大经教授不仅继承了其祖父熊吉之老先生和其父熊雨田先生精湛的技艺，更重要的是，还秉承了熊雨田老先生胸襟开阔、虚怀若谷，广纳百家之所长，不断分析、总结、创新、自我完善的品质，这也是熊大经先生能在学术道路上走得更远、更深的根本原因。

熊大经教授在学术道路上，以开放的心态，吸纳了干祖望的"健脾补土，益气升阳"理论、王德鉴的"专科学术思想"、张赞臣的"外用药辨证理论"、耿鉴庭的"注重局部，结合整体辨证"的临床思想、蔡福养的"口疮不独火热证"、谭敬书的"官窍脏腑相关学说"、新安郑氏医学治疗喉科疾病的"养阴清肺法""拦定风热"理论等喉科名家思想。在治疗咽喉炎、鼻窦炎、过敏性鼻炎、耳鸣、耳聋等方面形成了一整套独特的方法。

（1）"胆肺假说"

熊教授对于中医耳鼻喉科理论的贡献显著，创新性地提出了"胆肺假说"

"耳科玄府""五度辨证"等学说。"胆肺假说"是熊教授在三十余年的临床、科研中总结提炼形成的。"胆肺同治""补肺泄胆"法可用以指导鼻-鼻窦炎的治疗。

该学说认为耳鼻咽喉分别与肾、肺、脾胃关系密切，鼻为肺窍，耳为肾窍，咽为脾胃所主，喉为肺所主。其中肺与鼻、咽喉的关系重大，但胆与耳鼻咽喉密不可分，却未被足够重视。熊教授强调在五官诸窍的发病中，肺、胆失调起着重要的作用，尤其是鼻病的发生，看似表现在肺，实则与胆腑病变大有联系。所以提出肝胆火热是鼻窦炎发病的根本原因，治疗当以清利肝胆火热为主，在临床上取得了很好疗效。并据此理论研究出治疗化脓性鼻窦炎的中成药——鼻渊舒口服液和鼻窦炎口服液，是我国最早用于治疗急、慢性鼻窦炎的中成药，也是目前治疗鼻炎、鼻窦炎的主要药物。

（2）调耳科玄府理论

耳科玄府说由刘河间提出，但未引起后世重视，未得到应有的发展，熊教授则借鉴和完善了耳科玄府理论，发展了该学说。他认为，神机运转失常，是耳之玄府郁闭的重要病理改变。开通耳户玄府窍通，以畅通精气，耳窍得濡，则耳聋、耳鸣自止矣。轻重随郁结微甚而不同，轻则鸣重则聋，由此观之，开通玄府窍道是治疗耳鸣、耳聋类疾患不容忽视的重要法则。

熊教授认为，发散宣透不仅能开发肌表汗孔以解散表邪，对于全身脏腑经络、玄府窍道亦能透达贯穿，故而总结出耳鼻喉科的"直接通玄药"，包括芳香开窍药、虫药走窜药、辛散宣发药。此外熊教授还探索了"间接通玄药"，此类药物主要是通过宣通气血津液的运行而间接起到开通玄府的作用，包括疏肝理气药、活血化瘀药、利水渗湿药、化痰除湿药。

（3）"鼻五度辨证"

熊教授认为"度"既是一个哲学概念，是质和量的统一，是事物保持其质和量的界限、幅度和范围，也是中国文化的动态平衡的体现。从某个角度讲，阴阳的对立统一就是度。度也是道的动态，如果用一种形态来衡量度适宜的状态，那就是自然。故而熊教授提出"五度辨证"的概念，时时自省中医鼻科的局部辨证也须遵从中医学"道法自然，从阴阳而生"的基本观点。

鼻腔"五度辨证"实则是将鼻腔之外鼻、鼻甲、鼻道等局部检查可见的鼻结构赋予辨证的内涵；外鼻、鼻尖及鼻前庭属脾土；空气入肺，下鼻甲、下鼻道最能感应空气之变化，故下鼻甲、下鼻道属肺；据《内经》所载，胆与窦窍密切相关，肺主鼻、胆主窦窍，窦窍开口于中鼻甲及其附近区域，故中鼻甲、中鼻道属肝胆；鼻顶紧接髓海，肾主骨生髓充养髓海，故鼻顶属肾；鼻内脆骨空虚处内藏"中血堂"，"中血堂"颇类今之利特尔区，该处血脉丰富，心主血脉，故心寄位于此处。如此一来，在患者全身辨证信息不足，医者辨证徘徊之时，借助观察局部的细微变化，可以提高辨证的准确性，提高临床施治效能。数十载的中医耳鼻喉科的临床实践也证实了这一点。

（4）重视经典

熊教授从大学起便能全文背诵《伤寒论》和《金匮要略》，其学术思想受二者影响极大。熊教授在临床中发现，适用桂枝汤的过敏性鼻炎患者，体质大多柔弱，易于外感，体形消瘦，其脉或缓或弱，或浮而无力，舌质多偏淡、淡红，或黯淡，或淡白，舌面多湿润甚或多涎，桂枝汤是古代的强壮剂，对饥寒、过劳、久病所致的体质下降人群有效。

但熊教授强调过敏性鼻炎中仍有部分患者属肺经伏热所致，不可妄用桂枝汤。小柴胡汤是张仲景和解少阳的代表方剂，《伤寒论》明确指出："少阳之为病，口苦、咽干、目眩也。"提出枢机不利在慢性咽炎发病中的地位。咽为少阳胆经所过之处，胆火郁而上炎，灼津伤液，咽喉失养是慢性咽炎发病的一个重要原因。所以熊教授用小柴胡汤治疗慢性咽炎常获良效。

泻心汤出自《金匮要略》，原方用以治疗"心气不足，吐血、衄血"。功效清热解毒，急性化脓性扁桃体炎多为邪热袭肺，肺胃积热，邪毒积于喉核所致，属里热实证。熊教授认为，若单纯强调邪热袭肺，用疏风宣肺散邪之品，只能治其标，而不治其本，实难奏效。而应投以苦寒清热之泻心汤，使邪热随大便而泻，从上、中二焦分消则邪去正安而病自愈。

（5）春风化雨，情志治病

和乐的家庭氛围，培养了熊教授乐观、豁达、洒脱、天真的性格。先生认为，既然有些事情是必须要做的，一定要开心去做，做到"人累心不累"，看病也是如此。所以先生在临床中反复强调"快乐看病"，而且这个"快乐"是双方面的，医生和患者都要充分享受看病的过程，医生诊病，要充分享受反复思索、恍然明朗之乐；患者就诊，身患疾苦，心中常怀不悦，而先生就诊时除慎思处方外，往往对患者耐心开导，关怀备至，以严谨而不失幽默的言语与患者交流，为其营造轻松的就医氛围。因而患者常说，经过熊教授诊治之后，心情特别放松。良好的诊病氛围是建立良好医患关系的第一步，充分的医患沟通也有助于提高疗效。

（6）与时俱进，兼收并蓄

从小熟读经典的熊教授，对于中国传统文化有着深刻的理解和感悟，认为中医是中国传统文化中瑰丽的一部分。中国人讲求"大智慧，大胸襟"，吸收和融合不一样的声音，才能发展和壮大自身。在现代医学蓬勃发展的今天，做一个纯纯粹粹的中医人，不等于排除其他医学。只要是有用的、能促进中医学发展的新知识、新技术，我们都应该吸收。但吸收绝不等于全盘接受，吸收的前提是不能动摇中医的根本，而是应该以中医的核心准则、基本理论去融合、运用这些新知识、新手段。熊教授"鼻五度辨证"思想的提出，正是得益于对"阴阳无限可分""窍脏相关""生物全息理论"等原理的高度融合，将不同的声音赋予中医辨证的内涵。随着全球化和信息化，耳鼻咽喉科局部检查技术日新月异，在中医耳鼻咽喉科大大普及，一改耳、鼻、咽喉往日"孔小、洞深、窦道狭窄"之旧貌，换上可见、可查、便利之新颜。

学术传承

川派中医药名家系列丛书

熊大经

一、传承人感悟

（一）岐黄之路勤为径，持之以恒苦作舟——记恩师熊大经教授

受宋红梅师妹之邀，让我写一写熊大经教授，这让我感慨万千，思绪仿佛又回到了二十多年前……导师熊大经教授的谆谆教诲历历在目，他对中医、对耳鼻喉科事业的热爱，对学生的精心培养和爱护，深深根植于我的脑海中，时刻鼓励着我在中医道路上不断努力。

我于1993年考上熊老师的硕士研究生，至今已26年。初识熊老师，源于偶然，我在校报上读到一篇他撰写的日本访问见闻，行文流畅、言辞诙谐，如行云流水，便对其文笔深感佩服。后来，我们本科生的耳鼻喉一门课由他讲授，我对老师的崇拜之情进一步加深了。报考研究生之际，我曾犹豫过一阵，我的本科虽是中医学专业，但熊老师当时已是全国知名的中医耳鼻喉科专家，我担心考不上，后来在内科黄青松博士的鼓励下，才鼓起勇气报考——不承想，就是这个选择，让我同中医耳鼻喉科结下了不解之缘，让熊大经教授的谆谆教诲伴随了我的后半生……

1. 秉承导师教诲，让我成为中医的一名海外传播者

在美国从事中医工作的近二十年里，无论诊所工作多么繁忙，我每周都会安排两天教学时间给中医学院的硕博士生们讲课，风雨不动，挚爱三尺讲台，而这正是源于熊老师的言传身教。熊老师出身于中医世家，其父熊雨田，是我国著名的中医耳鼻喉科专家，对中医传承有着更深的感触和担忧。熊老常讲，中医是祖国优秀的瑰宝，需要世世代代不断接力、传承下去。因此，熊老格外注重教学，对研究生的培养倾注了满腔心血，治学严谨，为人师表，严格要求，耐心指导，因材施教。我自幼便性格内向，畏惧在人前发言，在大庭广众之下讲课更是令我怯懦，这对有志从事教育工作的我来说，无疑是致命的缺陷。自师从熊老师后，他处处注意培养我的教学及当众表达能力，有目的有步骤地让我定期向他口头汇报学习进展，创造机会让我出席一些学

术交流活动。还记得，第一次给本科生讲课前的试讲，熊老师比我还紧张，担心我没有教学经验，性格腼腆，不够大胆，嘱咐我认真准备，并不厌其烦地帮我反复修改讲稿，从讲课的内容、语音、语速，甚至语调等方面都进行了修正。得益于熊老事无巨细的耐心指导，最终我在面对教研室老师的试讲中，得到了张凌华老师、贾德蓉老师以及彭顺林师兄的一致好评，认为尽管教学经验还需提高，但完全具备一个高校教师的素质和潜力。其实他们不知道，在研究生以前，我根本不敢当众发言。在正式给学生上课时，熊老师总会坐在台下，仔细聆听，给予支持，让我在紧张的同时更多了一份安心。多年后，当我被聘为温州医科大学和母校成都中医大学的客座教授，当我在美国明尼苏达州美洲中医学院、佛罗里达州大西医中医学院等，给学生讲解中西医课程时，当我作为会长，代表美国佛罗里达州中医学会，在学术大会上发言时，我都发自内心地感谢熊大经老师和成都中医药大学耳鼻喉科教研室老师们的培养。

2. 传承导师的学术思想，使我在中医临床上得心应手

熊老师说，中医的生命力在于临床，患者不仅是我们的衣食父母，也更是中医得以传承的基础，学习中医要学习它的辩证思维，中医的精髓在于"天人合一""辨证论治"。熊老师在临床上多从少阳论治耳鼻喉病，坚持治病以护正气为首要，开创性提出鼻五度辨证论治的学术思想，这些思维方法时时指导着我的临床及教学工作，如治疗鼻鼽（变应性鼻炎）多补益脾肺，治疗鼻渊（鼻窦炎）多调理肝胆，经过多年临床实践的摸索和总结，使我对他的学术思想有了更进一步的理解和掌握。

熊老师教育我们，从事中医的人，不能排斥现代医学知识，而是要充分利用现代医学的研究成果，在中医理论的指导下对这些研究成果进行灵活使用，以提高中医临床疗效。在报考协和医科大学北京协和医院博士前，打电话询问熊老师是否应该报考协和医大，他非常支持，说能有在现代医学的发源地北京协和医院学习和工作的经验，更有利于发扬和光大中医。当我在北京协和医院获得中西结合临床专业博士学位，多年后在美国使用中西医结合知识为患者服务，深感熊老师的开明与远见。

医乃仁术，医者仁心，熊老师常引用《言医·序》："学不贯今古，识不通天人，才不近仙，心不近佛者，宁耕田织布取衣食耳，断不可作医以误世！"老师对患者和蔼可亲、耐心仔细的工作态度，也深深地影响着我的临床生涯。

我能在异国他乡，闯出一方纯中医的天地，得益于熊老师的教导和成都中医药大学的培养。即使到现在，熊老师还时常关注我的临床工作情况，唯恐我不再坚持中医，用微信与我保持联系，常常远程指导、答疑解惑。

3. 良好的写作习惯、科研思路及方法的培养，使我终身受益

熊老师常讲，"教学+科研+临床能力"是研究生的基本功，缺一不可。为此，熊老师在科研设计和论文写作方面，给予我们尽心尽力的指导，并引导我们积极向杂志投稿，参与书籍编写工作。读研期间，熊老师让我参与《中医临床耳鼻喉科学》的启动工作；参与国家中医管理局课题《中医大辞典（耳鼻喉科分部）》的编写工作，期间还曾与贾德蓉老师一道前往北京各大图书馆查找和总结资料。这些经验让我受益匪浅，并在多年后于美国担任《国际临床针灸杂志》主编。

前年归国，向熊老师汇报了我在美国的生活和工作情况，他很是欣慰，嘱咐我一定要保持中医特色，在海外为光大发扬中医继续努力。熊老师古稀之年仍坚持定期出门诊，这令我由衷地感到钦佩。感谢熊大经教授——我亦师亦友的导师，在这里祝恩师身体健康，工作顺利！

2019 年 5 月 24 日记于美国迈阿密
美国佛罗里达州中医学会会长　唐代屹

（二）积跬步以至千里，汇小流而成江河——记我的导师熊大经教授

时光荏苒，岁月如梭，眨眼之间，我和熊老师认识已有 21 年了。20 年间，我从一个年轻的中医人走向人生中年，期间的中医之路崎岖坎坷。我在这条路上不断探索，不断完善，但我始终记得熊老师送给我的几个字——志存高远，这几个字我始终记在心里，立中医之志，走中医之路就是我的志向。

常常记起 1997 年我刚到成都中医药大学读研究生的时光。成都气候时常

潮湿多雨，冬天阴冷，夏天湿热，我一个北方人初来乍到，很不适应，平均一个月感冒一次。一次偶然的机会，我认识了熊老师——那天，我正在感冒发烧，烧得有点难受，但仍坚持到门诊送一个文件，恰逢熊老师出诊。熊老师一看我这个状态，就让我吃鼻渊舒口服液，嘱咐我要4支一下子吃完，并从包里拿出一盒鼻渊舒口服液递给我。我拿回去后，吃了4支，休息了一下，温覆发了汗，烧一下子就退了。鼻渊舒口服液就是熊老师研制的方子，他对这个药最了解了。至此，我更加相信中医的疗效，对熊老师也有了进一步的了解。平时熊老师很忙，兼顾教学、科研、门诊、病房，事情很多，那时候电脑较少，许多资料整理都是手写、誊抄，有时候帮老师抄资料抄到很晚，直到眼睛生疼、看东西都有点费力才被迫结束工作。但过几天给熊老师送资料过去，熊老师赞赏一句话"字还不错"，我就很欣慰了。要知道，熊老师的字是很了不起的，从小练字，是学校远近闻名的书法家，熊老师的书法还经常被人收藏呢！熊老师的手写处方多少年不变，每一味药的排列都有书法的韵味在里面。沪上十大名医之一的顾筱岩曾说：字是一张方子的门面，是一个医生文化底蕴、学识才华的外露。字如其人，熊老师的字沉稳中含着飘逸，秀丽中显示刚健，隽永别致，体现了中医人阴阳平衡、刚柔兼顾、适度调理、以恒为度的哲学思维。而熊老师的鼻腔五度辨证理念也体现了以平衡为度的思想。中医的治疗是把不平衡调为平衡，偏盛偏衰调为适度，这也是中医人的治疗方法。熊老师的字也可以看出老师的性格，字里透着刚健，字里含着坚持，字里含着变通，字里还有着秀美，展示了熊老师的中医之路从青年的探索和创新，到中年时对中医的坚持和感悟，再到古稀之年对中医的思考和深情，都含在这些年不间断的写字当中了。

  熊老师是我国第一位中医耳鼻喉专业的博士生导师，我有幸成为熊老师的第一个博士，也是我国第一位中医耳鼻喉专业博士，能够沿着熊老师和前辈开创的中医耳鼻喉之路继续前行，我感到由衷的自豪。熊老师经常说，别看耳鼻喉是小科，那里面的学问大着呢！他还说我有着中医内科的基础，对耳鼻喉疾病的辨证就要上手快些，耳鼻喉疾病和全身疾病息息相关，密不可分。熊老师提的第一个要求就是四大经典的背诵，他认为熟悉背诵中医经典是学习中医的前提，只有不断地积累，才能积跬步以至千里，汇小流而成江河，并于点点滴滴中，充实自己的中医基础之根，为将来临床打下基础。

记得10多年前，我第一次在全国中医耳鼻喉大会上发言，熊老师坐在下面仔细聆听，时而皱眉，时而舒展笑颜，我当时很紧张，但看到老师坐在下面时，好像又有了力量——老师就是时时给我以鼓励，给我以动力，给我以支持的那股力量，老师也是我中医之路永远无法超越的丰碑。

认识老师，既要跟老师学习知识，也要学习中医之德，老师的中医性格和品性是从小积累起来的。老师是中医世家，先祖熊吉之先生系清末喉科名医，治喉疾有独特之经验，尝以治疗乳蛾、喉风、白喉、喉痛等疾有奇效而名噪川内外。老师的父亲从小学医，既承家传，又采名师之长，在20世纪40—50年代已经声望卓著，熔中医内科、外科、针灸及耳鼻喉科于一炉，在中医耳鼻喉科上独树一帜，造诣精深，博学多识。中医人的性格是从小培养起来的，老师在这样的环境中长大，自带中医人的傲骨和沉稳，兼具中医人的灵韵和才情，还有巴蜀中医人的文化和气质，这是无法复制和比拟的，老师就是蜀地人杰地灵、名医辈出的当代名医的一个缩影。

有一次，我用针灸方法治疗一个耳聋病人，老师看了后，只说了5个字——"要辨证选穴"。随着这几年我用针灸方法治疗病人的增多，我逐渐感悟到当时老师寥寥数字，其用意之深。循经取穴，上病下取，都是针灸的取穴特点，高明的针灸医生或许不在局部取穴就能治疗疾患，这减少了患者的痛苦，提高了疗效。回想起来，老师才是既懂中医又懂针灸的大家。

回顾我的中医之路，时时都有着老师的缩影和影响，时时都有着老师的寄托和希望，也时时有着老师的鼓励和支持。我常常自省自己，老师写给我的"志存高远"这几个字的目标是否太高了，我难以完成；我常常担心自己，怕力不从心，辜负老师的期望；但我也常常鼓励自己，路漫漫其修远兮，吾将上下而求索，当存高远之志，有救死扶伤之心，仁心仁术就是我毕生的追求。

成都中医药大学附属医院　宋红梅

（三）治学强化基本功，俯仰深思记心中——我眼中的熊大经老师

一位老师可能记不住他教过的每个学生，但是一个学生基本上忘不了教过他的每位老师。对于我们学中医的人而言，更是如此。尤其是我们长时间跟过的老师。在我们往后的行医生涯中，都会带着那些老师的烙印，平生一顾，至此终年。熊大经老师对于我而言，便是这样一位老师。

1. 柔而不屈

熊老师自学生之时便立志从事中医耳鼻喉方向，但他毕业以后进入成都中医学院附属医院（现成都中医药大学附属医院）后，发现医院并没有这个科。其实，他的其他同学多多少少都面临着同样的问题。只是，当理想与现实的冲突砸下来时，更多的人选择了妥协，转向其他方向。初生牛犊不怕虎，熊老师直接"杀"到院长办公室，开门见山地说："其他科我都干不了，您要么辞退我，要么就让我成立中医耳鼻喉科！"就这样，他开创了四川省第一个中医耳鼻喉科，筹建了全国第一个中医五官专业，成为了国内第一个中医耳鼻咽喉博士生导师……

2. 以典为师

熊老师给我们上课的时候，有个规矩——每堂课伊始，先抽背一轮《伤寒论》。于是，在我们班出现了一种"风景"：熊老师的课开始前，大家都在狂背《伤寒论》，如果被抽背的恰巧正是自己临时抱佛脚背过的条文，那种感觉简直就像抽中了百万大奖。后来，熊老师还专门请了一个小姑娘到我们课上，当堂背诵《伤寒论》，可谓是不假思索、脱口而出、倒背如流，令我们纷纷汗颜、奋起用功。原来，这个小姑娘出生不久便成了熊老师的患者，吃着熊老师的中药长大，心生学中医的志向，在熊老的指点下从经典抓起，背而诵之。

熊老师组方用药受经典影响颇深，哪怕现已76岁高龄，仍手不释卷，时常翻阅经典，并且常常在门诊上同我们分享感悟和体会，舌灿莲花，滔滔不绝。那种时刻，熊老师目光灼灼，求知的渴望、有所知后的喜悦溢于言表，

这哪是一个耄耋老人？分明恰同学少年！

3. 大嬉笑怒骂皆治疗

由于耳鼻喉疾病具有易感、易复发、易干扰患者日常生活等特点，且大多数患者误会耳鼻喉疾皆小病、心理预期过高，耳鼻喉科竟成为"医闹"高发地。但是，在熊老师的诊室却总是充斥着欢声笑语。还记得，一位50岁左右的患者愁眉苦脸地对熊老师说："我都这么沧桑了……"熊老师浓眉一挑、圆眼一睁，似喜似嗔地问："你在我面前谈'沧桑'"？言毕，我们眼见患者眉头舒展、面露惭色。大多数小儿患者中，其家长多存在喂养失节、滥用抗生素和激素等情况。对于他们，熊老师呵斥起来，可以说是疾言厉色、不留情面。熊老师常说，只要家长管护得当，小儿的病就好了一半。正如黄庭坚所云："东坡之酒，赤壁之笛，嬉笑怒骂，皆成文章。"熊老之治，嬉笑怒骂，皆成文章。

4. 医者诚心

熊老师常说，中医师看病的过程中必须全身心投入。经言："望而知之谓之神，闻而知之谓之圣，问而知之谓之工，切而知之谓之巧。"熊老师的诊室，检查灯、额镜、耳镜、压舌板、扩鼻器、间接喉镜、酒精灯等是必备的，他会给每一位病人进行耳鼻喉专科检查；切脉的时候宁心静气，偶尔还会闭目体会。也正因如此，每次上完门诊，熊老师就像一个刚刚结束酣战的战士，疲惫中带着心满意足。这时候，他最喜欢来一碗重庆小面，温热汤面下肚，回归元气满满。

自东学西渐以来，中医的现代化发展屡遭瓶颈，"纯中医能否存活"的言论甚嚣尘上。熊老师在全省范围内率先采用"以西医检查辅助诊断，用中医辨证指导治疗"的疾病诊治模式，而且行医数十载，从未开过一颗西药。这份笃定和自信，来源于一步一个脚印的累积，来源于十年如一日的钻研，来源于心如止水的坚定。

学贵得师，亦贵得友。2016年我毕业时，熊老师送我一句话："目光放长远，不要为了眼前小利而三心二意。"数年过去，这句话犹在耳畔、振聋发聩。社会这所大学比任何一所高校还要复杂得多，鱼龙混杂、良莠不齐，如若没有自己的想法、自己的坚持、自己的积累，很容易在随大流中忘却初心、迷失自我。何其有幸，在我的求学路上，有这样一位良师益友，倾囊相授以术，苦口婆心以道，耳提面命以谏，让我能够底气十足地相信中医，学习中医，坚持中医。

中国中医科学院中医临床基础医学研究所　周莎

二、传承人简介

（一）宋红梅

宋红梅（1973—），山西阳泉人，主任医师，博士生导师，我国首位中医耳鼻咽喉专业医学博士，中国中医科学院博士后，四川省第五批老中医药专家学术经验继承工作继承人，师承熊大经教授。中华中医药学会耳鼻喉分会委员，世界中医药联合会耳鼻喉分会理事，中国针灸学会新九针委员会常务委员，中国针灸学会火针委员会委员，世界中医药联合会真实世界委员会常务理事，四川省中医药学会耳鼻喉分会委员。

宋红梅博士师从熊大经教授，系统学习中医耳鼻喉理论和临床知识，感悟老师在教学、临床、科研的创新思想，总结老师经验，先后主持或参与科研项目11项，发表文章30余篇，主要开展针药结合防治耳鼻喉疾病的基础和临床研究，在临床上主要采用针灸（包括新九针、火针、穴位埋线、蝶腭神经节针刺等）结合中药的方法，秉承"当针则针，当药则药""针所不为、灸之所宜"的理念，适时采用针药结合治疗患者。"深刺少阳经腧穴治疗难治性突发性聋的研究课题"获得四川省科技厅项目支持。提出了针对重度突发性聋患者应当尽早针刺耳部穴位，对突发性聋患者听力的提高有积极的意义。同时也提出了针对突发性聋患者在住院正规治疗2周左右，听力没有变化的情况下，应当继续坚持针灸治疗的意义，树立信心，不要放弃，以期早日见效。针对鼻科常见病变应性鼻炎等采用针刺蝶腭神经节结合穴位埋线方法，远近配合，短期结合长期疗效，使得疗效持久稳定。宋红梅博士提出耳前深刺的方法治疗耳鸣耳聋，针对病人体质和虚实以及对针刺的反应选用不同的方案，因人而异，不可千篇一律。

（二）蒋路云

蒋路云（1969—）四川省达州市人，主任医师，硕士生导师，成都中医药大学附属医院耳鼻喉科主任，四川省名中医，四川省中医药管理局学术带头人。四川省第五批老中医药专家学术经验继承工作继承人，师承熊大经教授。目前兼任四川省老年医学会耳鼻喉专委会主任委员、四川省中医药协会耳鼻喉专委会副主任委员、中国中医药学会耳鼻咽喉分会委员、中国中西医结合学会耳鼻喉专委会委员、四川省医师协会耳鼻喉-头颈外科专委会常委、四川省耳鼻喉-头颈外科学会常务理事、成都市医学会耳鼻喉头颈外科专委会副主任委员等学术职务。

蒋路云主任先后主持多项科研项目，在国内外重要学术刊物上以第一作者或通讯作者发表论文 30 余篇。其中核心期刊 10 余篇。蒋路云主任多年从事临床一线工作中，临床经验丰富，善长于中西医结合治疗耳鼻咽喉科疾病，特别是在鼻窦炎的治疗、鼻颅底手术等方面独具特色。2011 年开始开展的鼻窦球囊扩张术治疗慢性鼻窦炎的临床研究在四川省属首创，国内一流。根据熊大经教授经验研发的新产品利咽喷雾剂已初步形成院内制剂，临床疗效显著。作为负责人，牵头《中华中医药学会：鼻渊和耳鸣诊疗指南》的最新修订。主持中成药新药临床试验 10 余项，主持或主研省部级以上科研课题 6 项。

（三）谢艳

谢艳（1982—），汉族，中国共产党，成都中医药大学附属医院，主任医师，硕士研究生导师，医学硕士。

四川省中医药管理局学术带头人后备人选，国家中医药管理局第六批名老中医经验继承师承弟子，四川省第五批名老中医经验继承师承弟子。

中国医促会过敏医学分会委员，中国中医药信息研究会耳鼻喉科分会理事，四川省中西医结合学会耳鼻喉专委会副主任委员兼秘书，四川省老年医学学会耳鼻喉专委会副主任委员，四川省中医药学会耳鼻咽喉专委会常务委员。

主持及参研国家级、省部级及厅局级课题 10 余项，发表专业相关文章 20 余篇，参与制定指南 2 项，获省部级科技奖 2 项。

三、硕博士探隐

中医是中华文化传承的瑰宝，传承的作用就是使中医的精髓延续不断，从而保证中医理论体系的完整、纯正。只要传承不断，中医就不会流失、变质。熊教授尤其注重中医的传承，对于研究生培养更是呕心沥血、殚精竭虑，为此我们摘选了熊教授大部分学生的毕业论文，一脉相承，管窥熊教授的学术传承。

① 刘素茹. 鼻窦炎口服液防治急性鼻窦炎的作用机制研究[D]. 成都：成都中医药大学，2002.

摘要：通过探讨鼻窦炎口服液对家兔实验性急性化脓性鼻窦炎鼻黏液纤毛输送系统功能的影响及其作用机理，表明鼻窦炎口服液可有效地治疗鼻窦炎，其在增强红细胞免疫黏附功能、消除炎症反应，显示出良好的整体效应。通过增强红细胞免疫黏附功能、增强机体对感染的敏感性而消除炎症反应可能是其主要作用机制之一。

② 谢慧. 五龙颗粒对脾气虚型变应性鼻炎大鼠的作用[D]. 成都：成都中医药大学，2003.

摘要：熊大经教授在其三十多年的临床实践基础上，提炼出治疗变应性鼻炎的基本处方——五龙颗粒，经临床验证，疗效确切。选用大鼠变应性鼻炎模型进行动物实验，表明五龙颗粒能明显缓解变应性鼻炎大鼠鼻痒、喷嚏、清涕等症状；升高变应性鼻炎大鼠降低的鼻分泌物 pH 值；下调升高的变应性鼻炎大鼠血清 RBC-C3bRR 含量；减轻变应性鼻炎大鼠鼻中隔黏膜的炎性浸润程度和嗜酸性粒细胞含量；减轻变应性鼻炎大鼠鼻中隔黏膜毛细血管扩张程度；诱导变应性鼻炎大鼠鼻中隔黏膜炎细胞的凋亡。

③ 刘艳丽. 益气养阴逐瘀祛痰防治糖尿病大鼠内耳病变氧化应激反应机制研究[D]. 成都：成都中医药大学，2004.

摘要：通过对糖尿病大鼠氧化应激反应的研究，表明益气养阴逐瘀祛痰法可以通过多个环节、多个途径的调节作用，有效地减少氧化应激对耳蜗的损伤，从而起到防治DM大鼠听力下降的作用。

④ 李莉. 补肾活血通窍中药复方对肾阳虚大鼠听力下降的作用机制研究[D]. 成都：成都中医药大学，2004.

摘要：观察肾阳虚对大鼠听力的影响及中药复方对这一影响的拮抗作用，发现肾阳虚对听力有一定影响，中药复方在治疗肾阳虚耳聋方面存在较好疗效，显示出良好的整体效应。中医肾可能通过影响SOD、Fe、Ca含量，及细胞凋亡等方面对内耳产生影响。

⑤ 武辉. 五龙颗粒对汽车尾气所致大鼠免疫抑制的作用研究[D]. 成都：成都中医药大学，2004.

摘要：汽车尾气染毒造成鼻黏膜及黏膜下的病变较显著，会明显抑制免疫系统，使红细胞计数极显著下降，血红蛋白亦显著下降。从补益肺脾入手拟方的五龙颗粒不论预防或治疗给药均能改善染毒大鼠的鼻黏膜情况；极显著提高红细胞免疫C3b水平，预防组和治疗组均能显著提高红细胞免疫IC水平；能显著提高染毒大鼠的白介素-2水平；能极显著提高染毒大鼠的红细胞数量；能极明显提高血红蛋白水平。

⑥ 宋红梅. 豁痰祛瘀法对糖尿病大鼠早期内耳病变中耳蜗细胞凋亡的影响[D]. 成都：成都中医药大学，2004.

摘要：通过研究豁痰祛瘀法对四氧嘧啶（Alloxan）糖尿病大鼠早期内耳病变中细胞凋亡的防护作用，表明糖尿病引起的耳蜗及神经损害，可能与糖尿病血液高凝状态有关。豁痰祛瘀中药能缓解糖尿病大鼠内耳微血管病变，改善微循环障碍，缓解血管壁增厚及管腔变窄状况，从而延缓内耳病变的进程；豁痰祛瘀中药能够抑制糖尿病导致的耳蜗外毛细胞、螺旋神经节细胞等细胞的凋亡。

⑦ 曾秀燕. 鼻渊舒治疗急性鼻窦炎大鼠生化机理实验研究[D]. 成都：成都中医药大学，2005.

摘要：通过探讨鼻渊舒口服液对大鼠实验性急性化脓性鼻窦炎的治疗情况及其作用机理，表明适当剂量鼻渊舒口服液可有效地治疗鼻窦炎，其在提高机体免疫，抗氧自由基损伤，促进炎细胞凋亡，消除炎症反应方面，皆显示良好的整体效应。中药通过多途径、多环节调节机体新陈代谢，增强机体免疫功能，促进炎细胞凋亡而消除炎症反应，恢复纤毛运动功能可能是其重要作用机制之一。

⑧ 袁晓辉. 鼻渊舒口服液对急性鼻窦炎大鼠炎症因子影响的研究[D]. 成都：成都中医药大学，2005.

摘要：通过观察并探讨鼻渊舒口服液治疗实验性急性化脓性鼻窦炎大鼠的作用机制，表明鼻渊舒口服液可多途径、多环节作用于急性化脓性鼻窦炎大鼠的细胞因子，促使其恢复正常，低剂量为最佳。

⑨ 许必芳. 鼻渊舒口服液对治疗实验性急性鼻窦炎大鼠作用机理的研究[D]. 成都：成都中医药大学，2005.

摘要：通过观察鼻渊舒口服液对实验性急性化脓性鼻窦炎大鼠局部及全身的调节作用，并探讨其作用机理，表明鼻渊舒口服液对上述病理改变有明显改善作用。结论：鼻渊舒口服液可通过多途径、多环节治疗鼻窦炎，其在增强红细胞免疫功能，抑制细菌繁殖，抑制 NF-kB 激活，减少炎症介质释放方面，显示出良好的整体效应。

⑩ 朱天民. 鼻渊舒口服液治疗实验性 ARS 大鼠差异表达基因的实验研究[D]. 成都：成都中医药大学，2005.

摘要：应用基因芯片筛选出正常大鼠与实验性 ARS 大鼠及鼻渊舒口服液治疗后大鼠与实验性 ARS 大鼠的差异表达基因，从基因层次全面探讨鼻渊舒口服液治疗鼻窦炎的作用机理，初步寻找鼻渊舒口服液治疗鼻窦炎的药物干预靶点。首次证明鼻渊舒口服液可以在改善 ARS 大鼠整体状态及各项生理生化指标的同时影响许多基因的表达量，这种影响是一种广泛的整体效应并不仅仅局限于某一范围之内。

⑪ 李维文. 辛夷鼻炎丸随机对照治疗外感风邪证（急、慢性鼻炎和过敏性鼻炎）临床研究[D]. 成都：成都中医药大学，2006.

摘要：辛夷鼻炎丸对急、慢性鼻炎和过敏性鼻炎之外感风邪证疗效确切，服用方便，并且其安全性较好，可有效治疗急、慢性鼻炎和过敏性鼻炎。

⑫ 欧晓翼. 吉雷通窍汤治疗胆腑郁热型急鼻渊临床研究[D]. 成都：成都中医药大学，2006.

摘要：以吉雷通窍汤治疗胆腑郁热型急鼻渊可使患者临床症状明显改善，其疾病疗效及证候疗效均确切。

⑬ 付文洋. 五龙颗粒对实验性 AR 大鼠细胞因子 mRNA 表达影响的研究[D]. 成都：成都中医药大学，2006.

摘要：通过动物实验在病理形态、生理生化及分子生物学等方面，从基因水平上研究五龙颗粒对脾虚型 AR 的影响及该型 AR 的治疗机制，表明五龙颗粒对实验性 AR 大鼠具有抗组胺、抑制肥大细胞脱颗粒等作用。

⑭ 谢慧. 五龙颗粒对脾气虚变应性鼻炎大鼠鼻黏膜肥大细胞信号转导的影响[D]. 成都：成都中医药大学，2006.

摘要：五龙颗粒能明显缓解变应性鼻炎大鼠鼻痒、喷嚏、清涕等症状；升高大鼠由于变应性鼻炎降低的鼻分泌物 pH 值；下调大鼠由于变应性鼻炎升高的血清组织胺含量；减轻变应性鼻炎大鼠鼻中隔黏膜的炎性浸润程度和嗜酸性粒细胞含量；调整鼻黏膜肥大细胞数目及功能至正常状态；并通过下列途径调节鼻黏膜肥大细胞信号转导通路；降低鼻黏膜 P 物质表达，减少鼻黏膜雌激素受体阳性细胞数目等。

⑮ 付雨. "鼻塞伤脾"的实验研究——对大鼠消化吸收功能的影响[D]. 成都：成都中医药大学，2007.

摘要：在熊大经教授创立并被普遍承认的"鼻塞伤脾"理论指导下，观察到"鼻塞伤脾"大鼠消化吸收功能发生改变，适当剂量的健脾通窍汤可有效地改善相关情况。

⑯ 陈炜. 实验动物肺气虚与变应性鼻炎的免疫相关性研究[D]. 成都：成都中医药大学，2007.

摘要：中医证型肺气虚会加重变应性鼻炎的病情。在同样的致敏原作用下：肺气虚状态下的实验性AR大鼠对致敏原的应答反应较AR组强烈。予以补肺益气法治疗后，可以观察到实验性AR大鼠的保护性免疫应答水平有所提高，考虑为肺可能参与变应性鼻炎细胞因子的调节，并通过多层面、多靶点作用抑制IgE的合成。减轻局部的敏感性，减轻鼻阻力，改善症状，阻断变态反应性鼻炎的发作。

⑰ 雷剑波. 实验动物肺气虚与变应性鼻炎的生物化学相关性研究[D]. 成都：成都中医药大学，2007.

摘要：肺气虚时更容易诱发变应性鼻炎，且肺气虚与变应性鼻炎在环核苷酸和血液流变学等生物化学及IgE方面相关，通过养金汤治疗进一步证实肺气虚与变应性鼻炎密切相关。

⑱ 熊霖."鼻塞伤脾"的实验研究——对大鼠免疫功能的影响[D]. 成都：成都中医药大学，2007.

摘要："鼻塞伤脾"大鼠免疫功能降低，而健脾通窍汤能改善"鼻塞伤脾"大鼠免疫功能的低下。

⑲ 袁晓辉. 清胆泻热法治疗鼻渊机理研究[D]. 成都：成都中医药大学，2008.

摘要：清胆泻热可以降低鼻分泌物pH值至接近正常值，以保证保鼻腔内环境的协调；可以降低血清CRP浓度，抑制或杀死病原微生物，消除炎症反应；可以增强鼻黏膜IL-2 mRNA的表达，作用于T细胞，增强细胞免疫，提高机体抗感染能力；可以增强鼻黏膜IL-4 mRNA和IL-10 mRNA的表达，发挥其抗炎活性；可以抑制鼻黏膜IFN-γmRNA的表达，从而抑制相关炎性因子的合成；可以减轻内质网扩张、线粒体肿胀，促进鼻黏液纤毛传输系统恢复正常。我们推测吉雷开窍汤可能以清胆泻热法通过改善机体内环境，扶助正气、驱邪外出，发挥治疗作用。

⑳ 周桦. 清热益气通窍法对慢性鼻窦炎兔IL-8、TNF-α影响的实验研究[D]. 成都：成都中医药大学，2010.

摘要：清热益气通窍法可以有效改善慢性鼻窦炎所引起的全身及局部症状的表现，并能明显改善鼻黏膜病理反应，同时能通过降低兔血清中IL-8、TNF-α的浓度及兔鼻黏膜中TNF-αmRNA的表达以有效抑制炎症的发展及对鼻黏膜的损伤。

㉑ 卜献策. 中药复方对脾气虚变应性鼻炎大鼠鼻黏膜 IL-2，β1-Defensin mRNA 及血清 IgE 表达量的影响[D]. 成都：成都中医药大学，2010.

摘要：熊大经善于从脾论治变应性鼻炎，临床颇有疗效，故通过动物实验，从病理形态、生化及分子生物学等方面，表明脾虚能加重 AR 大鼠的鼻部症状。中药复方能明显改善鼻黏膜病理反应；并通过多层次、多角度调节相关细胞因子 mRNA 的表达，对 AR 有很好的防治作用。

㉒ 李瑜娟. 脉通方对糖尿病大鼠耳蜗功能影响的实验研究[D]. 成都：成都中医药大学，2010.

摘要：糖尿病引起的听觉功能下降，可能与糖尿病血液中的抗氧化酶降低有关，熊大经教授之脉通方能提高抗氧化酶活性，改善糖尿病大鼠耳蜗基底膜与前庭膜结构的病变，从而延缓内耳病变的进程。

㉓ 黄桂锋. 培土生金法治疗脾气虚变应性鼻炎大鼠的实验研究[D]. 成都：成都中医药大学，2010.

摘要：熊大经教授提出，脾虚致鼽，脾虚愈甚鼻鼽愈重，脾虚为鼻鼽之宿根的新假说，并以培土生金立法提炼出一治疗变应性鼻炎的基本处方，经临床验证，疗效确切。通过动物实验表明，中药能够明显缓解实验性变应性鼻炎大鼠症状，通过降低变应性鼻炎大鼠鼻黏膜中 IL-4、IL-5、IL-13、Eotaxin 和 STAT-6 基因的表达，抑制血清 IgE 的合成，减少效应细胞在神经末梢的募集进而对实验性 AR 大鼠发挥治疗作用。同时中医证型脾气虚会加重变应性鼻炎的病情：在同样的致敏原作用下，脾气虚状态下的实验性 AR 大鼠对致敏原的应答反应较 AR 组强烈鼻部症状更严重；组织形态学检测显示病理改变更明显；鼻中隔黏膜的炎性浸润的程度和嗜酸性粒细胞的含量较 AR 组增高；脾气虚变应性鼻炎大鼠鼻黏膜 IL-5、IL-13、Eotaxin mRNA 表达进一步增强。

㉔ 贺敏. 阳和汤对肾阳虚变应性鼻炎大鼠鼻黏膜 ICAM-1，VCAM-1 表达的影响[D]. 成都：成都中医药大学，2011.

摘要：研究证明阳和汤治疗肾阳虚变应性鼻炎确有疗效，它不仅能缓解动物模型喷嚏、挠鼻、流清涕等 AR 症状；还能缓解大鼠体重增长缓慢、饮食减少、精神萎靡、畏寒怕冷、小便量多、蜷缩懒动、喜扎堆等类似肾阳虚症状；能改善鼻中隔黏膜嗜酸性粒细胞（EOS）增多的病理状态；还能抑制鼻中隔黏膜 ICAM-1、VCAM-1 的表达情况，从而得出阳和汤治疗肾阳虚变应性鼻炎的机制之一是抑制 ICAM-1、VCAM-1，并且通过此来阻止嗜酸性粒细胞（EOS）的黏附、浸润。

㉕ 蔡青. 五龙颗粒对脾虚变应性鼻炎大鼠血清 IL-5 和炎症细胞的影响[D]. 成都：成都中医药大学，2012.

摘要：建立脾虚变应性鼻炎大鼠病证结合动物模型，探讨五龙颗粒对脾虚变应性鼻炎大鼠局部及全身作用，表明五龙颗粒是通过调节细胞因子 IL-5 的表达，减轻炎细胞浸润，对实验性 AR 大鼠发挥治疗作用。

㉖ 韩闯. 五龙颗粒对脾虚型变应性鼻炎大鼠模型鼻黏膜局部病理特征及血清补体 C3 的影响[D]. 成都：成都中医药大学，2012.

摘要：五龙颗粒可能通过阻止血清补体 C3 裂解，减少补体活性片段的产生及其与炎性细胞表面受体的结合，从而减少炎性介质的释放，达到缓解变态反应性炎症的目的。其高剂量组效果最为明显。

㉗ 周立. 龙胆泻肝汤治疗胆腑郁热型慢性鼻-鼻窦炎的随机对照研究[D]. 成都：成都中医药大学，2012.

摘要：龙胆泻肝汤治疗胆腑郁热型鼻-鼻窦炎，能有效改善疼痛、流脓涕、头痛等症状，降低鼻腔 IL-8 水平，为延缓慢性鼻-鼻窦炎的发展起到了一定的治疗作用。

㉘ 张晓莹. 五龙颗粒治疗肺脾气虚型变应性鼻炎临床疗效观察[D]. 成都：成都中医药大学，2013.

摘要：对于肺脾气虚型变应性鼻炎，五龙颗粒具有健脾益气、培土生金、通络止痒的功效，可以明显降低变应性鼻炎患者的证候积分，有效改善变应性鼻炎的症状，改善体质，临床疗效确切，不良反应少，具有临床推广价值。"五度辨证"理论可以作为四诊的补充手段应用于临床。

㉙ 孙铭涓. 运用生物传热学技术初步探讨鼻腔局部辨证规律[D]. 成都：成都中医药大学，2013.

摘要：以熊大经教授提出的"鼻腔五度辨证学说"为基础，通过运用生物传热学技术观察研究不同体质人群的鼻腔局部温度分布变化和中医体质的相关性，发现：1）湿热质受试者中鼻甲、中鼻道温度较总体中鼻甲、中鼻道温度高；2）湿热质受试者中鼻甲温度较平和质、气郁质、阳虚质者中鼻甲温度高；3）气郁质受试者中鼻甲温度较总体中鼻甲温度低；4）气郁质受试者中鼻甲温度较阴虚质受试者中鼻甲温度低；5）阴虚质者下鼻甲温度较特禀质者高；6）阴虚质者利氏区温度较气郁质者高；7）左鼻温度各个部位无明显性别差异。综上，不同体质的受试者的鼻腔各个部位温度分布与五度辨证学说具有一定的一致性趋势。

㉚李莎. 耳鸣耳聋的中医证型与体质的相关性研究[D]. 成都：成都中医药大学，2013.

摘要：调查研究发现耳鸣耳聋患者中，女性多于男性，发病年龄段多集中在中青年人；情绪问题是本病的一个重要发病原因；本病证型与体质类型均以"虚"为主，故临床中防治本病，注意调和情志、补其不足，可能会起到事半功倍的效果。

㉛邓红园. 胆腑郁热型鼻渊患者鼻腔局部温度治疗前后对比探讨鼻腔五度辨证学说[D]. 成都：成都中医药大学，2013.

摘要：吉雷通窍汤治疗胆腑郁热型鼻渊有效的鼻渊患者治疗前后中鼻甲、中鼻道、鼻顶温度变化具有统计学差异，提示肝胆的病机变化在鼻腔与中鼻甲、中鼻道、鼻顶关系密切，与鼻腔五度辨证之"中鼻甲及中鼻道络属肝胆"相一致，但其与鼻腔五度辨证之"鼻顶与肾之间的络属关系"相悖。

㉜田媛媛. 鼻病患者耳穴规律与鼻五度辨证相关性的研究[D]. 成都：成都中医药大学，2014.

摘要：使用耳穴探测仪探测鼻病患者与正常人的双耳耳穴，比较两组双耳穴是否有差异性，发现鼻病患者肺穴得分最高，与"肺开窍于鼻"相一致。慢性鼻炎患者肺穴优势比最高，提示下鼻甲、下鼻道与肺的关系最为密切，与鼻五度辨证之"下鼻甲、下鼻道应肺"相一致。慢性鼻窦炎患者肝穴优势比最高，提示中鼻道、中鼻甲、窦口鼻道复合体与肝的关系最为密切，与鼻五度辨证之"中鼻甲、中鼻道、窦口鼻道复合体属肝胆"基本一致。利特尔区鼻出血患者心穴优势比最高，提示利特尔区与心的关系最为密切，与鼻五度辨证之"鼻中隔，尤其是利特尔区属心"相一致。

㉝ 满银环. 鼻渊患者与正常人鼻黏液纤毛传输时间对比探讨"鼻五度辨证"[D]. 成都：成都中医药大学，2014.

摘要：观察正常人、胆腑郁热型鼻渊患者、非胆腑郁热型鼻渊患者中鼻道及下鼻道黏液纤毛传输时间（Mucociliary transport time，MTT）变化及差异，发现鼻渊患者中胆腑郁热型与非胆腑郁热型中鼻道鼻腔黏膜纤毛传输时间（MTT）对比具有统计学差异，提示肝胆的病机变化在鼻腔与中鼻道关系密切，与"鼻五度辨证"之"中鼻甲及中鼻道络属肝胆"相吻合。

㉞ 李娜. 从对实验性鼻-鼻窦炎大鼠的治疗来探讨鼻五度辨证理论[D]. 成都：成都中医药大学，2015.

摘要：鼻-鼻窦炎（鼻渊）的中医治疗，可以根据鼻渊的证候病机，从肝系和肺系来治。在辨证论治的前提下，结合鼻五度辨证理论，对提高中医治疗鼻渊及其他鼻病的临床疗效具有较为重要的参考意义。

㉟ 赵媛媛. 鼻窦炎口服液对急性鼻-鼻窦炎模型大鼠鼻黏膜EGF及EGFR表达的影响[D]. 成都：成都中医药大学，2015.

摘要：鼻窦炎口服液可以降低急性鼻-鼻窦炎大鼠升高的鼻分泌物pH值至正常范围。各组大鼠鼻黏膜EGF的MOD值间有显著性差异（$P<0.05$），EGF在大鼠鼻黏膜中呈固有表达。西药组、鼻窦炎口服液高、中剂量组可增强ARS大鼠鼻黏膜EGF基因的表达，发挥修复作用，有效促进鼻窦黏膜创面愈合。各组大鼠鼻黏膜EGFR的MOD值间有极显著差异（$P<0.01$），EGFR在大鼠鼻黏膜中呈固有表达。EGFR可在炎症条件下被诱导。鼻窦炎口服液高，中剂量组、阿莫西林/克拉维酸钾组能有效的控制局部炎症，加强鼻黏膜组织修复和功能恢复。鼻窦炎口服液能有效减轻急性鼻-鼻窦炎大鼠局部及全身的炎性改变，其中阿莫西林/克拉维酸钾组和鼻窦炎口服液高剂量组效果最为明显。

㊱ 牟珊. 枢度汤配合情志干预对CRS胆腑郁热证术后的临床研究及枢度汤对鼻窦黏膜病理形态和功能改变的影响[D]. 成都：成都中医药大学，2015.

摘要：枢度汤配合情志干预治疗CRS胆腑郁热型术后患者有显著的疗效，是一有效的治疗方法，值得临床推广。枢度汤能有效地抑制CRS胆腑郁热证FESS术后的黏膜炎症反应，达到治疗CRS的作用，且具有无不良反应和副作用以及患者对其依从性良好等特点，可作为治疗CRS胆腑郁热证FESS术后有效的临床方法之一，能够明显地改善 CRS 胆腑郁热证术后鼻窦黏膜病理形态和功能。

㊲ 任润媛. 从中医情志角度探讨鼻五度辨证[D]. 成都：成都中医药大学，2015.

摘要：1）鼻渊患者焦虑、抑郁、敌对、偏执情绪方面较健康人群严重。与鼻五度辨证"中鼻甲、中鼻道（窦口复合体）属枢度，内应于肝胆"观点有一定相符度。2）鼻窦炎手术能够在一定程度、一定时间范围内缓解部分慢性鼻-鼻窦炎患者的情志症状。3）随着术后时间增加，术后半年多数患者焦虑、抑郁、偏执症状陆续出现，故针对术后患者，应定期加强鼻腔清理复查，尽早配合中医药综合调理少阳枢机，控制术后患者情志变化，预防复发显得尤为重要。

㊳ 刘亚婷. 慢性鼻-鼻窦炎的细菌生物膜表达及鼻渊舒口服液对人分泌型免疫球蛋白 A 的调节作用[D]. 成都：成都中医药大学，2016.

摘要：慢性鼻-鼻窦炎患者较正常人更易形成细菌生物膜，细菌生物膜的存在可能是导致慢性鼻-鼻窦炎发病的重要原因之一；正常人、慢性鼻-鼻窦炎患者窦口鼻道复合体处分泌物中人分泌型免疫球蛋白 A（SIgA）治疗前具有统计学差异，慢性鼻-鼻窦炎患者治疗前后人分泌型免疫球蛋白 A（SIgA）含量有统计学差异，提示 SIgA 含量的高低可能与慢性鼻-鼻窦炎的发病有关系，鼻渊舒口服液能够提高鼻窦炎患者的人分泌型免疫球蛋白 A 含量，提高人体免疫力，减少鼻窦疾病的发生。

㊴ 俞菲. 基于"鼻五度辨证"理论研究清胆泄热法对鼻-鼻窦表皮葡萄球菌生物膜的体外抑制作用[D]. 成都：成都中医药大学，2016.

摘要：表皮葡萄球菌是 OMC 处分离最多的需氧菌，在 CRS 中产膜能力较强。在判断产膜能力上，定性和定量试验无明显差异性。黏附是表皮葡萄球菌形成生物膜的开始过程，并且 4~8 h 间是形成生物膜的关键时期，此时表皮葡萄球菌生物膜进入成熟及维护期，大量游离菌被包裹其中，形成稳定的膜结构。在体外，64 倍稀释浓度的鼻渊舒口服液即可抑制表皮葡萄球菌的黏附，随着浓度升高，抑制作用逐渐增强，当达到 4 倍稀释浓度时，抑制作用不再发生明显变化。鼻渊舒口服液对鼻-鼻窦表皮葡萄球菌生物膜的体外抑制作用可能表现为影响细菌的黏附，以及对细菌产生的多糖黏附素进行分解。

㊵ 刘奕彤. 利用 16SrDNA 分析清胆泄热法治疗慢性鼻-鼻窦炎患者的鼻腔菌群结构变化[D]. 成都：成都中医药大学，2016.

  摘要：利用 16SrDNA 分析鼻腔菌群结构，表明服用鼻渊舒口服液治疗后的慢性鼻-鼻窦炎患者的菌群多样性减少，优势菌群的科属发生改变，推测鼻渊舒口服液治疗慢性鼻-鼻窦炎的作用机制在于改变鼻腔内环境，调整鼻腔菌群结构，抑制条件致病菌生长。

论著提要

川派中医药名家系列丛书

熊大经

一、论　文

（一）知有来处

梁启超在《论幼学》曾云："人生百年，立于幼学。"人的一生，其建树立足于幼年所受的教育。熊教授家族五世业医，从其祖父、父亲始专于中医喉科。其祖父熊吉之，乃熊氏中医耳鼻咽喉一代宗师，为重庆百年老店"永生堂"创始人。该店创建于清晚期，是一家集医疗、售药于一体的中医药店，其中名医荟萃，有新中国成立后向毛泽东敬献子午流注图之吴棹仙，任北京中医学院教务长的中医基础理论家任应秋，全国知名的喉科大家熊雨田，外科专家伍师夔、文仲宣等。其父熊雨田，在继承家传的基础上，汲取各家之长，以坚实的中医基础理论为底，熔中医各科一炉于耳鼻喉，在学术上独树一帜，造诣颇深，博学多识，声望卓著。民国时期行医于重庆永生堂。曾任重庆市人民代表、政协委员、中华医学会耳鼻喉科学会理事、副主任委员，中国科学院四川分院中医中药研究所特约研究员，重庆第二中医院副院长。熊大经教授则深受其祖父和父亲的影响，养成了勤学慎思的学习习惯、乐观豁达的性格特质、严于律己的处世原则，并且继承和发扬了他们的学术思想。这部分收录的熊老的论文，以介绍"永生堂"的风雨历程、熊吉之老先生和熊雨田老先生的临证理念等为主，对熊老自身独特的学术思想的形成奠定了基础。

1.《耳鼻喉科名家熊雨田》（1995年）

《耳鼻喉科名家熊雨田》，熊大经发表于《四川中医》1995年第3期，受到学界和业界等各方人士的一致好评，该文有以下特点。

（1）重视经典

熊教授之父亲——熊雨田，自幼随其父熊吉之先生习医，每日天未明即庭前诵读四书五经，稍长即闭门苦读《内经》《难经》。随后即开始背诵《伤寒》

《金匮》《温病》等医籍，即至晚年熊雨田老先生亦能"包本"全文背诵这些经典医籍。在多年的临床实践中，除尽得熊氏家传外，从历代医家所著之文献中吸取营养，从而形成自己独特的诊疗思想，临床遣方选药精良，一病一法，药味精而不杂，处方用药一般不超过10味，多者仅21味。

（2）中西并重

熊雨田老先生接受现代科学新思想，在局部检查方面，常借助间接喉镜等检查声带疾患，并借此扩大望诊范围，充实四诊内容。熊雨田老先生对嗓音疾病之治疗尤有独到之处，声带小结、声带息肉、声带闭合不全等严重影响歌唱家及职业用嗓者之喉科疾病，均有令人满意之疗效。

（3）对耳鼻喉的独特认识

熊雨田老先生认为五官诸病皆由脏腑失调、气血失和而循经反映于局部。因而熊雨田先生在治疗五官诸疾时，多从脏腑入手，标本兼治。其认为肺为华盖肺宜窍通，喉疾每以疏风宜肺为主，清热利咽为辅；疗鼻疾多以辛凉宣解为主，清胆泻火为辅；治耳疾多以理气活血为主，补肾培本为辅。临床常根据喉科疾病之特点，在内服药的基础上，多辅以自制之外用药及针灸等进行辨证论治。

得益于熊大经教授朴实且生动的文字，我们得以认识这样一位豁达开朗、满腹经纶、悬壶济世的可爱老中医。我们感动于世代相传的精气神，对中医的笃定，对济世的仁义，对人生的豁达，也正是由于熊大经教授对先辈的继承和发扬，其自身才得以升华和提高，实乃吾侪之标榜。

2.《溯古寻今永生堂》（2014年）

《溯古寻今永生堂》，熊大经发表于《中医药文化》2014年第1期，在业界反响良好，该文有以下特点。

（1）探寻百年老店的前世今生

正如弗朗西斯·培根所言："读史使人明智。""明智"二字，却有丰富之内涵：①借古通今。历史如烟，但回顾历史，可以拓展我们的视野，不单单局限于当下，增广所见所识；②任何事物都有前因后果，目前人类社会的任何现象都有它的过去，都与它的过去紧密相关。当我们了解事情的过去，就能理解它的今天；③历史不会重复，但在一定程度上是相似的，如果了解历史，今天发生的某些和历史相近的现象，就可以观照历史，预测它的本质和发展趋势，由此帮助我们作出决定。探寻这家百年老店的前世今生，对于发展中医药，弘扬中医药文化精神，具有重要的意义。

论文集合了熊大乾、熊大有、熊大勇这三位熊老之亲属所提供的宝贵资料，以时间为序，叙述了清朝中晚期，西学东渐，中医药市场鱼龙混杂、以次充好之怪象频频发生，普罗大众在医疗条件简陋的战火中艰难求生之时，熊吉之老先生毅然决然创立"永生堂"。永者，长也，象水经理之长，生者，进也，象草本生出土。"永生"，取其长久蓬勃向上之意。抗日战争时期南京沦陷，重庆转而成为当时全国的政治、经济、文化中心，各路精英皆荟萃重庆，新中国成立后向毛主席敬献子午流注图的吴棹仙，任北京中医学院教务长的中医基础理论家任应秋，全国知名的外科专家伍师夔、文仲宣等均成为永生堂的常客，"永生堂"得以发展壮大，位居重庆的四大名药店（永生堂、庆馀堂、天元堂、桐君阁）之首。熊吉之先生1939年仙逝，后永生堂由其子熊荣如先生主持经营。在熊荣如先生苦心经营下，永生堂又有了长足发展。1954年永生堂公私合营，后仍在中华路122号原址从事经营活动。"文化大革命"后，这个享誉百年的老店更名为"重庆中药材公司永生堂中药店"，后因城市改造拆迁，由重庆市中区繁华商业地段，迁至解放碑旁会仙楼附近的地王广场，后又因改制并入桐君阁集团股份公司，至今仍以桐君阁药房名称而存在。目前，作为百年老店的"永生堂"虽其名已没，但其影响仍在，百年老店的风采依然留存在人们的记忆之中。

（2）实事求是，诚信立人

永生堂创于乱世，其初衷便是熊吉之先生哀民生之多艰，不满中医药市场以次充好、滥竽充数的现象。自创建永生堂以来，熊吉之先生以诚信为本，所经营之药材崇尚遵古炮制，道地药材。若购回的药材霉变或未按法炮制，皆予以销毁，故销毁之事累见，损失甚巨。先生认为明德知致、忠厚诚信为做人之根本。他热心服务劳苦民众，不问怨亲善友、长幼妍媸而普同一等。对于无钱治病者，皆免予诊疗费和药费，甚至还给以盘缠路费。"明德知致、忠厚诚信"也成为了熊氏家族的祖训，鞭策着子女成人、立世。熊老就是在这种家训中成长的，他恪守祖训，无论是说话做事，还是临床科研、教书育人，都以诚立足。

（3）精神传承，后继有人

永生堂将临床经验转化为中成药，不仅疗效确切，体现了中成药"简、便、廉、验"的诸多特点，而且扩大了临床受众，方便患者购买、服用、携带，这是最早、最原始、最真实的"产—学—研相结合"的思路。后来，熊大经教授自己主持研制了"鼻渊舒口服液"和"鼻窦炎口服液"，年产值近2亿元人民币，用于临床40余年，为全国名中西医医院鼻科一线用药。

永生堂在风雨飘摇中创立、发展、振兴、改制的经验，以小见大，揭示了中医发展的规律，并给予我们启迪。熊氏家族一脉相承的"诚信""博爱"和对中医专业的赤诚，令人感动，亦值得学习。熊大经教授从家族中汲取营养，青出于蓝而胜于蓝的成长轨迹，亦为吾辈继承中医、发展中医提供了一个鲜活的借鉴。

（二）观点集纳

1.《祖国医学对慢性咽炎的认识》（1978年）

《祖国医学对慢性咽炎的认识》，熊大经发表于《成都医药通讯》1995年第2期，主要谈中医对慢性咽炎的诊治，该文有以下特点。

（1）在继承上创新

祖国医学中并无慢性咽炎这一病名，究其临床表现、察其病因病理，归属于祖国医学之喉痹范畴。熊教授结合《内经·素问·阴阳别论》对喉痹的认识："一阴一阳结谓之喉痹。"其中一阴者少阴君火也，一阳者少阳相火也；痹者，不仁，闭塞不通之谓也。因此喉痹多具轻重不同之气血淤滞痹阻之病理变化。同时，熊教授参考了历代医家对喉痹的分型，如陈士铎将其分为十二证，张景岳分为十八证。在此基础上，他还发现虽其病名繁多，然其病因病理不外如外感风寒、风热，阴虚阳损，气滞肝郁等。他又对照自身临床发现，局部表现均大致相同，但观其体质与生活习惯之异，致病原因不同，故把该病分为以下五个类型：① 表虚型；② 肺胃阴虚型；③ 肝郁气滞型；④ 肝肾阴虚型；⑤ 阳虚型。

（2）综合整体与局部

熊教授在文中，先总结咽喉与经络之关系，指出十二经除太阳膀胱经间接通于咽喉外，其余诸经均直接通达，循行或交会于此。随即对照经络与脏腑的关系，每一经脉都有其所络属不同之脏腑，这些脏腑功能之健旺反应于全身，则多表现为气血之调和，而口腔、咽喉之行呼吸、助消化等生理特点，又直接或间接地影响到气血之调和。这些对指导临床分经辨证，按经选药、循经取穴者有重要意义。故咽喉病变与脏腑失调、经络不通之全身疾患循经表现于局部有关，然局部之疾患亦直接或间接影响脏腑经络之协调。全身中亦有重点，因为该病特殊的病位，决定了其与肺、脾、胃、肝、肾等脏腑关系最为密切。

（3）发挥同病异治

熊教授指出：同病异治乃祖国医学之精华所在。同一疾病，因其临床表现之症状不同，个体之差异，而分别采取不同之方法予以治之。① 对于表虚型喉痹，治当疏风宣肺，清咽利喉，待其咽部症状改善后，即以固表护卫之剂以调之。疏风宣肺选用《喉科紫珍集》清咽利膈汤加减（荆芥、防风、大力、薄荷、甘草、银花、连翘、玄参、黄连、黄芩、栀子、大黄、玄明粉）。清咽利喉常选用润肺利咽丸（银花、连翘、桔梗、甘草、芥穗、蝉蜕、大力、薄荷、寸冬、石斛、花粉、郁金、香附、僵蚕、冰片、麝香、木蝴蝶、鲜生地）频频含服。加水适量共煎，去渣，浓缩后加附形剂、矫味剂最后加入冰片、麝香，干燥后压片。固表护卫常选《世医得效方》玉屏风散加减（黄芪、白术、防风）。② 肺胃阴虚型，治当滋养肺胃津液，选方以《重楼玉钥》养阴清肺汤加减（玄参、甘草、白芍、麦冬、生地、薄荷、贝母、丹皮）。③ 肝郁气滞型，治当疏肝理气解郁，选方以《金匮要略》半夏厚朴汤加减（半夏、厚朴、生姜、茯苓、苏叶）。④ 肝肾阴虚型，治当滋阴降火或辅以重镇潜阳之品；选方以知柏地黄汤加减（知母、黄柏、茯苓、山药、丹皮、泽泻、熟地、山茱萸）。⑤ 阳虚型，治当温补元阳，益火之源，选方以《景岳全书》右归饮加减（熟地、怀山、萸肉、枸杞、甘草、肉桂、制附片、杜仲）。

熊教授对于慢性咽炎的病机认识，博古通今，其辨证论治的思路清晰，撰写论文的文字简练，利于理解，至今仍有重要的指导意义。

2.《"鼻窦炎合剂"治疗鼻窦炎187例临床报道》（1989年）

《"鼻窦炎合剂"治疗鼻窦炎187例临床报道》，熊大经发表于《中国医药学报》1989年第4期，拓展了鼻窦炎的治疗，该文有以下特点。

（1）设计合理，用数据说话

该病例共187例，随机抽10例作西医穿刺冲洗并注入"庆大霉素"为对照组。治疗组每服"鼻窦炎合剂"10瓶（100 mL/瓶，主要药物为柴胡、龙胆草、苍耳、辛夷、白芷、黄芩等）为一个疗程。一疗程结束后，休息4~5天，经复查后决定是否再服下一疗程，最长不超过3个疗程。服法：每日3次，30~50 mL/次，饭后半小时服。每周复查一次，每次均详细询问病史及检查鼻腔局部，并填表记录。对照组采用西医常规上颌窦穿刺法治疗，每周穿刺一次，冲洗后于患侧上颌窦腔内注入"庆大霉素"4万u，前后共做4次穿刺。冲出物作细菌培养（对照组10例中有3例冲出脓液，细菌培养结果2例为绿色链球菌，1例为克雷白氏肺炎杆菌）。中成药"鼻窦炎合剂"治疗鼻窦炎结果显示该药对改善鼻腔通气有效率为91.57%，减少鼻腔分泌物有效率为92.48%，减轻头昏闷胀痛有效率为94.81%；对中鼻道引流物明显减少或消失有效率为87.88%，鼻甲缩小有效率为75.17%。

（2）弥补空白，设多个标准

鼻窦炎是常见多发病，西医多用手术治疗。本组病例（除对照组外）均采用中医药治疗，除以症状、体征之改善评定其疗效外，还用X线照片作治疗前后对比，其中X线照片显著改善者16.9%（指窦腔积液消失，黏膜增厚改善一半以上、窦腔透光度降低改善1度者）；有改善者28.6%（指X线征象有减轻未达显著标准者）。合并X线照片有效率为5%。用中医药治疗鼻窦炎能使窦腔积液消失，增厚之黏膜显著改善，X线征象减轻，目前国内尚无报道。因而可认为用中医药治疗鼻窦炎具有疗效肯定、远期疗效好、服用方便、痛苦少等优点。此外本组病例中有 25 例患者有喷嚏、清涕一症，服药后有 18 例患者症状消失（占 72%）。

该论文的发表，不仅弥补了中医药治疗鼻窦炎的空白，而且用现代医学认可的方式证明了中医药治疗鼻窦炎的效果，鼓舞了中医同道继续深入研究的信心。

3.《中成药"鼻窦炎合剂"配合玉屏风散治疗过敏性鼻炎及其对 IgE 影响的观察》（1992 年）

《中成药"鼻窦炎合剂"配合玉屏风散治疗过敏性鼻炎及其对 IgE 影响的观察》，熊大经发表于《上海中医药杂志》1992 年第 2 期，进一步证实了中成药"鼻窦炎合剂"的疗效，该文有以下特点。

（1）中西医结合

过敏性鼻炎类似中医文献所谓之"鼻鼽"。"鼻鼽"一病首见于《内经》，亦有谓其为"鼽嚏"者。《素问玄机原病式》中曰："鼽者，鼻出清涕也……嚏，鼻中因痒而气喷作于声也。"根据临床表现，历代文献将其病因病理归纳为虚、实两类。实证多为风邪停聚，结搏鼻窍，因痒而作嚏，虚证多为肺气虚，卫表不固，以及脾肾阳虚，鼻窍失于温煦，邪停聚鼻窍而作嚏。临床上常呈季节性或常年性发病。

西医学对过敏性鼻炎即变应性鼻炎的认识，是特应性个体接触变应原后，主要由 IgE 介导的介质（主要是组胺）释放，并有多种免疫活性细胞和细胞因子等参与的鼻黏膜非感染性炎性疾病。其发生的必要条件有 3 个：特异性抗原即引起机体免疫反应的物质；特应性个体即所谓个体差异、过敏体质；特异性抗原与特应型个体二者相遇。

西医治疗过敏性鼻炎，除避免接触变应原外，抗组胺药、糖皮质激素、抗白三烯药、色酮类药、鼻内减充血剂、鼻内抗胆碱能药物可有效缓解鼻痒、喷嚏和流涕等症状，但无法减少其复发，并且药物的不良反应较大；免疫治疗可能出现局部和全身不良反应。既然西医从免疫的角度入手，而中医治疗该病的疗效是经过临床反复验证的，那么反过来，是否可以思考中医药对于机体免疫具有调节作用？基于此，熊教授设计并实施了该实验。

（2）设立特异的诊断标准

诊断标准：主证为喷嚏频频，清涕如水，鼻痒、鼻塞，任何季节均可发病。局部检查：鼻黏膜灰白、鼻甲水肿，水样分泌物。实验室检查：血清免疫球蛋白 IgE 值升高。IgE 值升高者提示病情正处于发展阶段。评价疗效时，若 IgE 值降低，提示病情得到控制。治疗组 41 例服用中成药"鼻窦炎合剂"（重庆桐君阁药厂生产）及"玉屏风散"。一周为一疗程，最多治两个疗程，平均 10 天。治疗结束后作 IgE 测定。

该实验组共 201 例，均作血清 IgE 测定。其中 124 例为正常健康人（无过敏史，无过敏性疾病，体检正常，粪便虫卵阴性），77 例为常年性过敏性鼻炎患者。再从 77 例患者中随机抽出 41 例作为治疗组，予服中药。治疗组多数病例（37 例）有湿邪停滞之病理可查。经治疗后，湿邪得除，IgE 降低，症状改善，认为湿邪对过敏性鼻炎患者血清 IgE 的升高或降低是有影响的。中成药"鼻窦炎合剂"中木通、白芷、薄荷等有芳香化湿、淡渗利湿之作用。湿邪一除，鼻窍通利，则症状改善，IgE 降低，认为"鼻窦炎合剂"对降低 IgE 是有作用的。

治疗组病例绝大多数（39 例）有肺气虚、湿滞鼻窍之证型，经用补肺益气、除湿通窍之"玉屏风散"和"鼻窦炎合剂"配合内服后，绝大多数（38 例）病情得到改善，其中 IgE 降低 24 例，认为除湿通窍、补肺益气药相配伍对 IgE 的降低是有作用的。

4.《肺气虚慢性鼻炎模型的建立》(1999 年)

《肺气虚慢性鼻炎模型的建立》，熊大经发表于《中国中西医结合耳鼻咽喉科杂志》1999 年第 1 期，为中医学对有关慢性鼻炎发病机理的认识提供实验室依据，该文有以下特点。

（1）分组科学

采用完全随机法，共分四组，分组及造模方法为：① 正常对照组：以下简称"正常组"，8 只（雌雄各半）；② 苯甲酸雌二醇肌注组：初同"正常组"，至第 23 天时开始肌注苯甲酸雌二醇，给药量 0.75 mgk/g，1 日 1 次，共 1 周，以下简称"肌注组"，8 只（雌雄各半）；③ SO_2 染毒组：将豚鼠放入染毒箱后关闭，以亚硫酸钠和浓硫酸水浴加热生成 SO_2，反复测得 SO_2 通入 100 mL 容器所需的时间平均约 45 s，遂每次给染毒箱通入充分反应生成的 SO_2 气体 45 s，使浓度达到约 0.5%关闭 SO_2，保持染毒 5 min，1 日 1 次，每 7 天休息 1 次，共 30 天，以下简称"染毒组"或称"肺气虚组"，8 只（雌雄各半）；④ 染毒+肌注组：初同染毒组，至第 23 天在染毒同时开始肌注苯甲酸雌二醇，肌注方法，给药量及给药时间均同肌注组，以下简称"肺气虚慢性鼻炎模型组"，8 只（雌雄各半）。

（2）造模合理

中医耳鼻喉科学认为慢性鼻炎多内因肺气亏虚导致风、寒、燥、火等邪毒乘虚侵犯人体、壅塞鼻窍而致窒塞不通，故而慢性鼻炎的发病多以内因肺气虚为根本。故建立"肺气虚—慢性鼻炎"的病证结合的动物模型对中医药防治慢性鼻炎的机理研究是必要的。肺脏动物模型目前可以分为两类：一类是根据中医理论采用某种方法造成一定的病理变化；二是根据临床表现采用相应手段在动物身上复制。中医学认为久病咳喘，可以耗伤肺气，目前国内制作肺气虚模型皆有烟熏法，造成动物（如豚鼠、大白鼠、小白鼠等）的喘咳证，形成肺虚（气虚）模型与该实验方法相符。肺气虚证皆有肺功能活动减弱的症状，国内对肺气虚证的复制多据此类表现。从实验结果可知 SO_2 染毒及 SO_2 染毒+肌注组均出现了呛咳少气、皮毛不荣、体重下降及便溏等现象，出现了所谓"肺虚证"。因此本实验所采用的制作肺气虚模型的方法和结果符合中医学原理及既往文献特点，具有合理性。

在制作慢性鼻炎模型时，考虑到慢性鼻炎的发病通常受到内因雌激素水平及外因大气污染的影响，将 SO_2 作用于高水平雌激素的动物。通过实验结果表明：以雌激素肌注结合 SO_2 染毒组作为造模组，在病理改变上优于单纯雌激素肌注或单纯 SO_2 染毒组。故而本实验采用 SO_2 及雌激素共同作用制作肺气虚豚鼠实验性慢性鼻炎模型，该造模方法及结果具有合理性，可供实验研究之用。

该论文在文献报道基础上，采用 SO_2 及雌激素共同作用制作肺气虚豚鼠实验性慢性鼻炎模型，并与单纯 SO_2 染毒或单独雌激素肌注的方法进行了对比研究，结果表明，采用 SO_2 染毒及雌激素肌注的方法可引起鼻黏膜慢性非特异性炎症改变；动物生态属肺气虚型；且优于单纯采用 SO_2 染毒及单纯雌激素肌注造模。该文不仅对中医药防治慢性鼻炎的机理进行了探索，并且为中医学对有关慢性鼻炎发病机理的认识提供了实验室依据。

5.《管窥〈中医耳鼻喉科〉五版教材》(2002 年)

《管窥〈中医耳鼻喉科〉五版教材》，熊大经发表于《成都中医药大学学报（教育科学版）》2002 年第 2 期，深入剖析了该教材的优点和缺点，该文有以下特点。

（1）实事求是，辩证地看问题

论文一开始，熊教授先指出中医耳鼻咽喉口齿科的发展实际情况，并用一句话概括——"耳鼻咽喉口齿科是一门古老而又新兴的中医临床学科"。虽然古代先秦时期即有耳鼻咽喉各科疾病的文献记载，然其内容多散在于内、外科文献中，专科文献及可供参考之内容甚少。因此，五版旧教材在文献资料之收集整理等方面做了大量的工作，将原散在于内、外、妇、儿科等文献之资料收集整理归纳，使之更全面系统，且在中西医结合方面作了一些有益的尝试。此外，五版旧教材在坚持中医为主，以中医基本理论阐述本学科诸疾病之同时，注意结合现代西方医学对该病之认识。中医耳鼻喉科教材编写确实具有相当的难度，熊教授一方面肯定了五版旧教材所做出的客观成绩，又客观地指出其不足和有待改进的地方。

（2）结合临床，有理有据地说问题

熊教授结合部分院校耳鼻咽喉科同道，以及他自己多年来在教学、临床、科研等实践中的总结，提出五版旧教材存在六大问题：① 中西医疾病挂钩牵强附会。中医是以"辨证"为基础。因此"证""证候""证型"等起着核心主导之作用。由于中西医对疾病之认识有所不同，中医的"病名""病证名"很难与西医的疾病相结合。旧教材中将"伤风鼻塞"表述为"急性鼻炎"就很牵强。如仅从字面上理解，"伤风鼻塞"系指因感受风邪所致之鼻塞一症，而"急性鼻炎"则有一系列症状体征。类似的还有"耳胀耳闭"表述为"急、慢性非化脓性中耳炎"，"耳疖耳疮"表述为"外耳道疖"和"外耳道炎"，如此等等，很难与中医原意相符。② 病名欠妥。"病名""证名""病证名"应符合中医传统理论及临床实际，五版教材中如"耳壳流痰"（其表述为"耳廓囊肿"）乍眼一看以为是"耳部结核"，很容易让人误解。其实该病已用"耳廓（耳郭）痰包"收国家标准（中医临床诊疗术语）中。此外如"急喉喑""慢喉喑""急喉风""伤风鼻塞"等均值得商榷。③ 简单以急、慢代替实、虚。五版教材中有些病种简单地以"急""慢"代替"实""虚"。如"急喉喑""急喉风"等。而中医"虚实"与西医"急慢"其内涵是有本质的差异的。中医之"实证"，其中可能有些属于西医之"急性"，有些也可能属于西医之"慢性"。而中医之"本虚标实""本实标虚"等，就更难与西医之"急慢"相挂钩。五版教材中有的疾病其内容有意无意地将"急慢"与"虚实"对应论述，实属牵强附会。④ 各病种应尽量符合临床实际。该教材中"鼻渊""鼻槁""乳蛾""喉痹"等分型与临床脱节。⑤ 应补充各病种之局部检查、实验室检查。尤其是将局部检查与全身症状相结合进行全面系统的分析、辨识，这对提高临床疗效亦是十分重要的。⑥ 应再补充病种，充实中医内容。五版教材共收病种41个（其中耳科10个，鼻科11个，咽喉科11个，口齿唇舌9个），感觉还有一些临床常见疾病尚未收入。还应充实"概论"部分中医耳鼻咽喉基础理论之内容，并站在学科发展的角度，高瞻远瞩地看到，这些问题若不加以修正，会给使用该教材的学生造成误解，不利于中医的继承，可谓后患无穷。

（3）目光长远，从发展的角度提建议

熊教授针对上述问题，从利于中医耳鼻喉科发展的角度，提了4点建议：① 加用一些中医"证名"或"病证名"。本学科之病名较为统一，但仍有一些无法表述清楚之内容。建议加用一些中医"证名"或"病证名"，并以中医的内涵加以表述，体现中医的完整性。如"鼻塞""声嘶""咽干"等。② 有些疾病可采用西医病名。虽然用西医病名，但可在其后附中医病名整个内容（如辨证分型、分型论治、治法方药等），完全用中医理论阐述。只有西医病名，其缺点是学生只记住了西医病名，而忘了中医病名，不利于中医继承。两者结合，其优点是表述更清楚，更利于中医西结合。③ 补充局部专科检查及实验室检查内容。各病种均应根据其临床实际，补充必要的专科检查和实验室检查，以提高诊断之准确性和疗效评定之客观性。如乳蛾（急性扁桃体炎）、鼻渊（鼻窦炎）、脓耳（中耳炎）等若无必要的专科检查及实验室检查，仅凭单纯的临床表现很难作出正确的诊断。④增加总论部分之中医内容。各部总论应增加临床适用之内容。如"脏腑辨证""八纲辨证""气血津液辨证"及专科检查治疗方法等。

从论文中引用大量五版旧教材的实例中，不难看出熊教授写这篇论文用心之良苦，其准备之充分，不知道把整本书翻看了多少遍，几乎每一个细枝末节都在其审查范围内。更值得一提的是，上述问题和建议，在熊教授后面自己主持编写的教材中均有落实。

6.《家兔实验性急性化脓性鼻窦炎模型的建立》（2005年）

《家兔实验性急性化脓性鼻窦炎模型的建立》，熊大经发表于《中国中西医结合耳鼻咽喉科杂志》2005年第4期，为鼻窦炎的进一步研究打下基础，该文有以下特点。

（1）改进造模方法

常见的家兔实验性鼻窦炎造模方法大致可分为三类：其共同之处在于：均在全麻局麻下于上颌窦前壁钻孔，经钻孔处向窦内注射细菌。处理过程不同在于：方法一，注射菌液后，随即缝合骨膜及皮肤；方法二，先以骨蜡或骨膜栓堵造模腔窦口，再向窦腔内注入菌液；方法三，向窦腔内注入菌液，然后以消毒棉绒塞入窦腔，再做骨膜及皮肤缝合。方法三即Hinni造模法，采用放置棉绒于注射过菌液的窦腔，既可使菌液滞留于窦腔，又不妨碍自然窦口在治疗过程中的变化。如此造成的模型更接近人类急性化脓性鼻窦炎的病理变化过程，并且，在治疗过程中，药物对窦口开闭的影响可明确观察，而整个鼻窦的病理变化过程可随着窦口的开闭形成类似人类急性鼻窦炎发病及治疗过程。

（2）多重观察指标

实验采取多重指标及观测方法：观察动物的行为、状态、体征、饮水量、摄食情况、大小便性状、体温、体重，着重观察鼻部症状，鼻分泌物有无及量、色、质情况。实验室检查：白细胞（WBC）计数及中性粒细胞百分比（N），血清C-反应蛋白（CRP）测定，窦腔黏膜光镜观察，纤毛输送时间（MCT），窦腔黏膜扫描电镜（SEM）观察。

得出结论：应用金黄色葡萄球菌，采取上颌窦造口术可以建立稳定的家兔急性化脓性鼻窦炎模型。

7.《鼻窦炎口服液治疗家兔实验性上颌窦炎》(2005年)

《鼻窦炎口服液治疗家兔实验性上颌窦炎》，熊大经发表于《中药新药与临床药理》2005年第5期，拓展了鼻窦炎口服液的临床应用，该文有以下特点。

（1）实验过程严谨

取大白兔38只，造模1周后，将造模兔随机分为4组，即模型组、西药组、中药高剂量组、中药低剂量组。每组8只。造模7 d后开始给药。

从造模第2天开始，观察动物的行为、状态、体征、饮水量、摄食情况、大小便性状、体温、体重，着重观察鼻部症状，鼻分泌物有无及量、色、质情况。分别于造模7 d后及用药7 d结束后耳缘静脉取血，各测量白细胞（WBC）计数及中性粒细胞百分比1次。用药7 d结束后，耳缘静脉取血，离心，取血清，放射免疫测定法测血清中C-反应蛋白（CRP）浓度。

（2）实验结果理想

研究结果表明鼻窦炎口服液低剂量在使金葡菌导致的兔ARS窦腔黏膜炎症消退方面起一定作用，提示鼻窦炎口服液可通过消除窦腔黏膜炎症，减少窦腔脓性分泌物数量，从而减少细菌毒素的侵害。研究结果表明，鼻窦炎口服液低剂量（相当于临床治疗量）对金葡菌引起的ARS有一定抗感染作用，与青霉素V钾相比，有优于后者的趋势，但无统计学差异，高剂量抗感染作用较弱。得出结论鼻窦炎口服液的临床治疗量可消除急性化脓性鼻窦炎家兔全身及局部的炎症反应。

国外从20世纪50年代起，便开始建立急性化脓性鼻窦炎动物模型，并对鼻窦炎实验动物的病理变化作了深入的探讨，但仅局限于鼻窦炎的病理过程，对鼻窦炎实验动物治疗方面的报道并不多见。鼻窦炎口服液是熊大经教授结合多年使用的临床经验方开发的制剂。大量临床病例证实，鼻窦炎口服液治疗鼻窦炎疗效较满意，总有效率达80%以上。该研究通过对鼻窦炎口服液治疗家兔实验性急性化脓性上颌窦炎（Acute suppurative max-illary sinusitis, ARMS）的疗效观察，对ARS的疗效作进一步的评价，为该制剂的临床应用提供实验依据。

8.《"胆肺假说"与鼻-鼻窦炎治疗的关系探讨》(2009年)

《"胆肺假说"与鼻-鼻窦炎治疗的关系探讨》，熊大经发表于《四川中医》2009年第6期，对鼻-鼻窦炎的治疗具有指导意义，该文有以下特点。

（1）起于临床，大胆猜想

在临床中，熊教授曾观察了498例鼻-鼻窦炎患者的证型分布，并通过计算机分析证实其中72.89%的患者属于胆腑郁热型。加之在《内经》中早有关于鼻渊与胆的论述，《素问·气厥论》曰："胆移热于脑，则辛頞鼻渊，鼻渊者，浊涕下不止也。"后世医家多在此基础上又有所发展，形成了完善的认识。这是关于鼻渊最早的记载，也是关于胆与鼻渊关系最早的记载。《素问·阴阳应象大论》中也云："肺……在窍为鼻。"肺位最高，其对胆腑有制约调节作用。由此，由于胆与鼻渊有密切关系，熊教授大胆提出"胆肺同主鼻"的观点，并形成一个假说——"胆肺假说"：胆肺功能失调是引起鼻渊的主要原因，胆腑郁热是鼻渊的重要证型。

（2）研经铸史，丰富完善

提出该猜想后，熊教授查阅了大量的中医典籍，对"胆肺假说"进行完善和修正。在《内经》《易传》《古今图书集成》《辨证录》《医旨绪余》等书中，研究胆与鼻的关系，得出结论：形成鼻渊的机理，可能大多在于胆腑之热借经络之道路，可传于脑，下犯鼻窍，故而鼻部可发为火热实证。临床可见"鼻流浊涕或稠浊若脓血，腥臭难闻，或流黄水，长湿无干，久必头眩，虚运不已（《杂病源流犀烛·面部·鼻·鼻病源流》）"。

关于肺与鼻的关系，《诸病源候论·鼻生疮候》云："鼻是肺之候，肺气通于鼻。"鼻功能活动的正常赖以肺气的调畅，肺气调畅则气道宣通，鼻窍通利，嗅觉灵敏，声音能彰；同时鼻黏膜分泌黏液有润泽鼻窍之功能，亦赖肺之阴液上输以濡养之。肺的经气通于鼻，鼻窍才能司呼吸而辨香臭。《内经·灵枢·脉度》曰："肺气通于鼻，肺和则鼻能知臭香矣。"而《内经·灵枢·本神》则言："肺气虚则鼻塞不利。"说明鼻的功能正常与否与肺脏功能密切相关。

胆与肺的关系，则从《内经·素问·阴阳别论篇》所谓"一阳发病，少气善咳"探之。王冰注曰："一阳谓少阳胆与三焦之脉……阳木熏肺故善咳。"肺位最高，其对胆腑有制约调节作用，而肝胆主疏泄为升降之枢，对肺的宣肃有调控作用，若胆气郁滞，疏通泄降不及，势必影响及肺。

大量的典籍印证了熊教授的假说，他明确地提出：胆肺功能失调是引起鼻渊的主要原因，胆腑郁热是鼻渊发生的主要病机。

（3）临床运用，实践检验

熊教授提出"鼻渊宜从胆治"，临床上此病往往从胆论治而获明显疗效。鼻渊责之于胆，原因有三：一是胆脉起于目内眦，曲折布于脑后，其气上通于脑，可致颇辛鼻渊；二是人之饮食，肥甘酒酪，归聚于胆，倘胆汁力不能参渗，则成湿热内蕴，移热于脑成鼻渊；三是肝之经脉，分支络于脑，而胆寄位于肝，互为表里之脏，故肝胆火热内烁，胆腑郁热均可导致鼻渊。综上，笔者认为感受外邪，胆腑郁热，邪舍鼻窍，正气不足是鼻渊发生的主要病机；鼻渊属湿属热者多，胆热湿热贯穿于鼻渊的全过程；鼻渊宜从胆治。

（4）科研支撑，成果转化

吉雷通窍汤原方系我国已故著名中医专家熊雨田老先生的家传秘方，有上百年的临床运用历史，后熊教授在此基础上进一步研究，开发为中成药鼻渊舒口服液、鼻窦炎口服液等系列治疗急、慢性鼻-鼻窦炎的知名上市中成药品种。吉雷通窍汤主要由黄芩、栀子、柴胡、苍耳子、辛夷、薄荷、白芷、细辛、川芎、黄芪、桔梗、茯苓等13味药组成。综观全方配伍，有如下三个特点：其一，清胆泻热结合补益肺脾，驱邪扶正兼顾；其二，发散郁火，导邪下除，给邪出路；其三，升降并行，气血并调，标本兼顾。

鼻渊舒口服液以及鼻窦炎口服液对以鼻塞、鼻涕量多、头昏痛、头闷胀、鼻甲肿大、鼻黏膜充血等为主要表现的急慢性鼻-鼻窦炎疗效确切，具有见效快、复发率低、安全有效和未见明显毒副反应的特点。鼻渊舒口服液被临床耳鼻喉科医生广泛用于急慢性鼻-鼻窦炎和功能性内窥镜鼻窦外科（Functional En-doscopic Sinus Surgery，FESS）手术前后的综合治疗，是治疗鼻-鼻窦炎的经典治疗药物。

临床实践中总结—"胆肺假说"的提出—吸收经典以完善—临床实践验

证—科研结果支撑—全面推广应用，这便是"胆肺假说"从产生—发展—应用—全方位应用的过程。"胆肺假说"是一个既符合中医理论，又具有高度医学实用价值的学说。以此学说为基础研制的"鼻渊舒口服液""鼻窦炎口服液"，平均年产值均超过 2 亿元，是国内鼻科界应用最多的中成药。其中"鼻窦炎口服液"已经被写入国家药典，关于这一学说的相关研究先后获"四川省科技进步奖"及"中华中医药学会科技进步奖"。

二、著 作

（一）《中医专业专科选考课程 自学考试大纲》（1986 年）

《全国高等教育自学考试指导委员会 高等教育自学考试 中医专业考试计划（试行草案）中医专业专科选考课程 自学考试大纲》，由熊大经主编，1986 年由上海中医学院出版社出版。该书是高等教育自学考试中医专业考试计划的重要组成部分，对自学考试事业的发展和中医人才的培养具有重要意义。该书具有以下特点：

1. 不拘一格，一视同仁

为适应社会主义现代化建设的需要，我国于 1981 年经国务院批准开始实行高等教育自学考试制度。高等教育自学考试被称为自学考试，是一种结合了"个人自学""社会援助"和"国民考试"的高等教育新形式。实行这种高等教育自学考试制度，是实现《中华人民共和国宪法》规定的"鼓励自学成才"的重要措施，也是造就和选拔人才的一条新途径。凡是干部、职工、群众按照高等教育专业考试计划进行考试合格后，国家承认其学历，与全日制高等学校相应专业毕业生同等对待。正所谓"知识改变命运"，这项政策的出台为大量因国家高等教育资源稀缺而没有机会入学深造的学子们开启了一扇希望之门。在当时的条件下，这项政策不仅恰当其时，更是众望所归，不仅点燃了个人求学成才的希望，更为国家经济社会的发展输送了大量的有用人才。

"我劝天公重抖擞，不拘一格降人才"，这是龚自珍在清末社会暮气沉沉、危机重重的情况下对有识有志之才严重缺乏的窘境中所发出的呐喊，也是熊教授等人在中医药高素质人才存在极大缺口，不能满足国家和社会对优质医疗资源的需求时所发出的呐喊。自古以来，在中国老百姓心中始终有三件大事，即教育、医疗和住房，可以说这三件事是民生的主体和基础。优质医疗资源缺乏的问题始终是限制我国医疗卫生事业发展的一大难题，高等教育自学考试于1981年开始进行试点，1983年起逐步向全国推广，到1985年下半年，全国已有29个省市、自治区、直辖市都开展了高等教育自学考试工作，将中医高等教育与自学考试相结合，让更多的人通过个人中医专业学习参加考试，取得国家承认的大专及以上学历，掌握服务于临床的专业技能，学有所用，学有所成。

2. 因材施教，倾囊相授

自学考试突出"自学"二字。首先要搞清楚何为"学"？学就是学习，不仅要从书本上学，更要从实践中学。"自学"的目的又是什么？《荀子·儒效》曰："知之而不行，虽敦必困。"无论是高等院校的学习，还是自学，都是要学习怎么做人、怎么做事，最重要的是能学以致用，让自己成为有用之人才，为社会为国家服务，在这个过程中实现自身价值的最大化。

因此，这就落脚到了问题的根本，如何通过教材的编写，实现自学考试的意义？这绝不是简简单单编写几本专业书，保证让学生考个可观的成绩，获得一个所谓的文凭便能实现的。参加自学考试的学子有其自身的特殊性，断不可"一刀切"，套用中医高等院校教学的模式。中医以人为本，看病讲究三因制宜，因人因地因时，中医教育亦当如此，因材施教，因势利导。因此，熊教授编写这本书，首先帮助自学者、社会助学者和考试工作者等了解高等教育自学考试各专业的要求和课程结构；根据高等教育自学考试的特点，着重培养学子运用中医学基本理论与临床知识分析问题和解决问题的能力。内容涵盖了中医基础理论、基本知识、基本操作技能，必要的西医学知识以及常见病的辨证论治、部分急重症和疑难病的诊断和处理。

3. 深入浅出，激发兴趣

自学考试的通过只能代表学子对书本知识的基本掌握，而要想真正让自学考生们自学有成，从而成为中医药事业真正的有用之才，这需要学生的不懈努力，也需要社会和政府的帮助，但更多的是要解决好自学考生们如何能够自己主动学、认真学的问题，这是教材编写者义不容辞的使命和责任。

熊教授长期为本科生、硕博士研究生及境外生讲课，认为只有善于把课讲得深入浅出，通俗易懂，才能引导学生真正理解领会教材，掌握课程。在此书的编写中，熊教授将其教学主张和风格一以贯之。全书思路清晰，条理分明，用词简练，将中医理论与临床实践有机融合，激发学生自主学习的能动性，并且能够运用理论知识解决临床实际问题。

高等教育自学考试制度是我国社会主义高等教育制度的重要组成部分。熊教授这本书促进广泛的个人自学中医，培养和选拔德才兼备的中医专业人才，弥补了中医人才队伍的空缺，对中医耳鼻喉队伍的壮大和发展有积极意义。

（二）《喉科指掌（点校本）》（1989年）

《喉科指掌（点校本）》由清代张宗良著，熊大经点校，1989年由人民卫生出版社出版。《喉科指掌》初刊于清乾隆二十二年（1757年），是继明代薛己《口齿类要》后的一部重要的喉科专著。然自初刻以来，未曾有学者对其进行过校勘整理，其中脱、讹、衍、倒之处比比皆是，给学者的学习和研究均带来了极大的不便。熊教授以乾隆二十二年初刻本为底本，以嘉庆元年（1796年）刻本为主校本，以道光八年（1828年）、同治九年（1870年）刻本为参校本，运用"对校、本校、他校和理校"四校合参的方法进行校勘，获四川省中医管理局科技进步三等奖。该本具有以下特点：

1. 全面详细，图文并茂

《喉科指掌》初刊于乾隆二十二年，是中医喉科早期的专著之一，流传较广，对后世喉科的发展影响颇深。书共六卷，卷一总论咽喉病的大纲、分经及治法等；卷二为选方和制药法；卷三至卷六载咽喉、乳蛾、喉痹、喉风、喉痈、大舌小舌、杂喉八门，论述了74种病症。每症均首示其图，然后详细而明确地论述病因、证候、治法、方药及加减运用，不但总结了清以前医家们的治喉疾经验，又体现了张氏本人的心得体会。

2. 四校合参，灵活运用

由于古代语言习惯与今迥然有异，反映在文字上亦多与今不同；加之古籍存世久远，经过辗转抄刻，鲁鱼亥豕，在所难免，这就给出版工作带来很大麻烦，校对时亦难免遇到这些问题。为此，熊教授综合运用"对校、本校、他校和理校"的方法，对本书进行了灵活的处理。①原目录与正文不一致者，根据正文迳改目录。如原目录为"风寒乳蛾""伏寒喉痹""喉瘤"，据正文改为"风寒蛾""寒伏喉痹""喉瘤症"，做到正文与目录统一，以便阅读和翻检。原目录脱漏者，据正文内容补齐，如正文有"叉喉瘤"，而原目录缺，据正文补后说明。原目录与正文次序颠倒者，据正文迳改目录。②底本与各校本原文残缺，无法考证补足者，用"□"表示。③底本与校本的文字不一致，但校本有一定参考价值者，出注列出异文，以供参考。④底本与校本不一致，但显系校本之错讹或校本脱漏者，均依底本，原文不改。⑤底本与校本均一致，但显系错字者，均予迳改；其中有些异体字，除个别出注的外，均迳改为规范字。⑥凡底本有脱、讹、衍、倒，可据校本补、正、删、乙者，均一律出注说明；无据而按文义改动者，亦出注说明。出注方法，即在所补、正、删、乙字词下出示脚注序码，本字词的页末出示注文。⑦底本与他书相校不一致者，底本原文不做改动，出注说明某本、某书、某卷、某篇作"某某"。⑧中药名非正规书写，以及药名前后不一者，均以方药书通用名改。

3. 适当改变，方便阅读

古籍的排版格式，要比现在的书刊繁复得多，而且古籍的书写顺序与今天截然不同，此种差异，熊教授亦作了妥善处理。如：底本方药下原作"右药俱为末……"类字样，因本次排印版式为简体横排，故这类的"右"字一律改成"上"字。本书插图，系据底本复制，原图中的繁体字，顺应语言的变迁，改为现代之简体字。古时作文，不加标点，句读标点不一，文义可能产生歧义。为了句读方便，在经过深思熟虑或查对引证以后，全书增入现代标点，以便阅读。

古籍的校勘整理出版是个长期而艰巨的任务，过程中遇到不熟悉、不了解甚至看上去似乎不通的字，切忌"想当然"，更不可随便改动，必须多方查证求解。内容和版式的全书统一，对校对者而言，要花很大工夫。初做校对的人，往往感到眼花缭乱、顾此失彼。因此，熊教授指出要"静下心来做事"，切忌浮躁，在漫长浩大的校对工作中时刻留心。熊教授坦言，他通过校勘本书，无论是在做事心态上，还是在文学修养上，乃至中医素质上，均得到了显著提高，此所谓"工匠精神"。本书的完成，对后世中医学子对喉科学的研究很有裨益。

（三）《实用中医耳鼻咽喉口齿科学》（2001年）

《实用中医耳鼻咽喉口齿科学》由熊大经主编，2001年由上海科学技术出版社出版。熊教授在该书编写说明中谈及其初衷，乃"编写出版一部本学科大型实用的参考书"，该书的特色为：

1. 统筹全面与系统

本书主要阐述了中医耳、鼻、咽喉、口齿科学的理论和学术进展。共十七章，第一章简要阐述了该学科的发展简史。第二、第七、第十一、第十五章分别为耳、鼻咽喉、口齿科学的概论，阐述了这些学科与脏腑经络的关系、病因、四诊及辨证、主要症状辨证、预防和治疗。其他十二章阐述了176个常见病症的病因病机、临床表现、鉴别诊断、辨证论治、转归及预后、预防与调护等。其中耳科收病51种，鼻科25种，咽喉科68种，口齿科32种。书后附有中医疾病诊疗术语、中医证候诊疗术语、中医治法诊疗术语、中医疾病分类名称代码及方剂索引。本书可供临床中医师和西学中医师使用，也可作为教学参考书使用。

2. 兼具学术与实用

本书既要保持中医传统理论在认识、处理耳鼻咽喉口齿疾病方面的优势，又要充分运用现代仪器设备在诊断疾病、评定疗效等方面的准确性、合理性。既要全面系统、准确、完整地反映中医耳鼻咽喉口齿科学的理论体系及发展概况，又要适应现代临床的实际需要。在病种的选择分型论治等方面力求达到临床实用的目的，旨在使读者能"拿来即用"，同时又要让读者了解疾病的历史沿革，以及现代研究的新技术、新进展。

3. **协调衷中与参西**

该书集中了国内有关中医院校著名中医耳鼻喉科专家，前后耗时五载编撰而成。编写的宗旨是：不泥古，用中医基本理论阐述疾病的病因病机、辨证特点及治疗方法。在诊法上，扩大了中医望诊范围，借助现代检测手段，合理运用专科器械及仪器，对那些以前中医无法用肉眼观察到的部位进行望诊。如借助喉镜观察声带，借助 X 线、CT 摄片观察乳突、鼻窦等，再结合四诊收集的资料进行综合分析、归纳、辨识、辨别其病变的部位、病变的性质、病势的趋向。

《实用中医耳鼻咽喉口齿科学》集众人之所长，满足了中西医结合耳鼻喉及学术发展的迫切需要，并且以其前瞻性的目光和大胆创新的勇气，为中医耳鼻喉标准化、规范化及中西医结合作了有益的尝试。

（四）《今日中医耳鼻喉科》（2011 年）

《今日中医耳鼻喉科》由熊大经、李凡成主编，2011 年由人民卫生出版社出版。本书为《中医临床丛书》之一，该系列丛书共 9 种，由我国著名中医学家王永炎院士、张伯礼院士、张允岭教授主持编写，带领我国中医各学科著名专家一百余位参编。本书编写旨在突出中医特色，体现了"今日、实用、高级"的特点。

1. **高级性**

《今日中医耳鼻喉科》系统深入地论述了中医耳鼻喉科（23 种）常见病、多发病的诊断、治疗与研究进展。全书以病为纲，每病的编写均分为无标题概述、病证诊断、病因病机、临床治疗、古训今释、现代研究共六项。其中，病证诊断部分，介绍耳鼻喉科疾病最新的中医、西医诊断标准及鉴别诊断标准；病因病机部分从临床实际出发，对耳鼻喉科疾病的病因病机进行了系统总结。临床治疗部分是全书的核心和灵魂，重在体现中医辩证思维，介绍临床实用的治疗手段，并注重突出编者成熟的临床经验与方法。古训今释部分则重在体现学术传承——在研究先贤学术思想的基础上，提炼诸家之长以利今日临床所用。现代研究部分充分展示中医耳鼻喉学科前沿进展，同时，提出本学科学术发展中需要研究和解决的问题，以启迪创新思维，推动学科不断进步。该书充分反映了当前我国中医耳鼻喉学科的理论研究进展及临床实用技术，也反映了熊教授数十载研究、治疗耳鼻喉疾病的宝贵临床经验。

2. 实用性

《今日中医耳鼻喉科》以病为纲，囊括了：旋耳疮、耳瘘、耳胀、耳闭、脓耳、耳眩晕、耳鸣、耳聋、鼻窒、鼻渊、鼻槁、鼻衄、鼻䶊、喉痹、乳蛾、喉瘖、声疲、喉咳、鼻咽癌、鼾眠、梅核气、唇风、口疮、牙痛、牙宣等病，并附有方剂汇编。临床治疗部分，在广泛认知的分证论治上，创新性地补充按主症辨证论治、西医治疗、其他中医疗法、急症与变证处理、疗效评定标准护理与调摄、预后与转归等，全面地覆盖了每个疾病的全过程。古训今释涵盖了病名溯源、医论撮要、医案选粹，对于该病的学术研究而言是一份可靠而珍贵的资料。现代研究部分包含了病因病机研究、证候学与辨证规律的研究、治则治法研究、辨证用药研究、实验研究新进展，与最新的研究前沿接轨，并展现了中医耳鼻喉现代研究的方向和趋势，对读者具有重要指导作用。本书体例新颖，内容丰富，是一部重要的临床、研究、教学必备参考书，不仅对中医、中西医结合耳鼻喉科临床工作者有较大的使用价值，而且对于科研与教学工作者也有重要的参考价值。

3. 创新性

随着全球化和信息化的变革，人们对创新的要求更加强烈，要求任何学科的发展必须具有原创思维。所谓原创思维，是指特有的、与众不同的、创造性的思维方式。只有具备了原创思维的学科，才能拥有原创性的成果与原创性的优势，才会不断地发展与完善。这给予所有中医人以重要启示，即务必在新时代，重视中医原创思维。中医学素以形象思维和整体观念为核心，重视临床医学，其原创思维既体现了科学与人文融合，也强调天人相应、调身与调心并重。这些思维模式的形成既来源于众多医家的临床实践，又以临床疗效作为检验的证据。中医学是历代医家数千年来通过不断深入的观察与反复的临床实践所总结的对健康与疾病的认识，它是真正意义上的原创思维。

中医原创因素是中医理论的特色，也是中医学原创思维的重要体现。要进行中医理论的现代研究，不能忽视人文哲学对于中医学原创思维的影响。本书的编写，集合了古代医家的学术源流、今日最新研究成果和熊教授个人对中医、对耳鼻喉疾病的认识及临床上积累的丰富经验，在传承的基础上发展中医原创思维，对于中医学学科建设具有重要意义。

（五）《中医耳鼻咽喉科案例评析》（2011年）

《中医耳鼻咽喉科案例评析》由熊大经所作，2011年由人民卫生出版社出版。书共十章，涉及外耳、中耳、内耳、外鼻、鼻腔、鼻窦、咽部、喉部等80余种耳鼻喉咽科常见、多发、疑难病的130个医案，重点对医案的诊断思路、治疗思路、治疗方法、临床用药（单味药、药对、方剂等）、其他方法从不同的角度进行评析，总结成功与失败的经验或教训。本书主要供临床医生尤其是年轻医生参考使用，具有以下特点：

1. 一手资料，饱含思考

中医治病时对有关症状、辨证、处方、用药等的记录，为中医治学提供了第一手实践资料，对中医基础理论的深化和发展，以及中药学与方剂学的进步补充都非常有益。然而，医案再好，也只能作为借鉴，不能照搬照抄，当有自己的思考并融会贯通化成自己的思想。"学而不思则罔，思而不学则殆"，当前，许多中医生在临床工作中勤勤恳恳，尽职尽责抓落实，在忙于实践的同时，却往往忽视了思考的重要性，甚至忘记了思考，从而导致思想僵硬、心浮于事、辨证机械化、创新能力不强等问题，久而久之，直接影响了治病疗效，也阻滞了个人的成长和临床能力的提升。熊教授尤其重视创新和思考，鼓励学生大胆创新，发现问题，解决问题。《中医耳鼻咽喉科案例评析》充分体现了熊教授的这一特性，并且通过此书，读者能够借鉴熊教授学习和思考的思路，必然受益无穷。

2. 中西结合，兼收并蓄

熊教授多次强调，中医当有"大智慧，大胸襟"，这是中华传统文化一脉相承的品质。不存在所谓的"独善其身"，在多学科、多系统全面开花的今天，只有不断吸收、不断融合，中医才可能不断发展。自东学西渐以来，西医蓬勃发展，检查技术日新月异，如今西医的病名诊断已经在广大患者中深入人心，这是事实，我们不要急着否定它，而要好好利用它。找到中西医共通的点，吸收西医新知识和新技术，以中医为原点，在中医的框架下融合与运用这些新知识、新技术，如此才能促进中医学发展。

因此，本书中的绝大多数疾病都采用了中西医病名对照的模式，这样不仅有利于患者就医，也有利于临床医生中西医结合地学习和治疗这些疾病。譬如：耳门医案中的旋耳疮（外耳湿疹）、断耳疮（耳廓化脓性软骨膜炎）、耳胀耳闭（分泌性中耳炎）、脓耳（慢性化脓性中耳炎）、中耳胆固醇肉芽肿、耳眩晕（周围性眩晕）、耳鸣耳聋（神经性耳鸣、神经性耳聋）、面瘫（周围型面瘫）；鼻门医案中的鼻疔（鼻疖）、酒齄鼻、鼻疳、鼻衄（鼻出血）、鼻窒（慢性肥厚性鼻炎）、鼻鼽（变应性鼻炎）、鼻干（干燥性鼻炎）、鼻槁（萎缩性鼻炎）、鼻渊（急、慢性鼻窦炎）、失嗅（末梢感受性嗅觉障碍）；咽喉门医案中的喉痹（急、慢性咽炎）、乳蛾（急、慢性扁桃体炎，传染性单核细胞增多症）、声疲（喉肌弱证）、声暗（嗓音异常）、喉瘖（急、慢性喉炎，声带小结，声带息肉）、喉咳、狐惑病（白塞综合征）、鼾眠（鼾症）、喉癣（咽喉结核）、喉瘤（喉乳头状瘤）、鼻咽癌、喉菌（喉癌）等。

辨证论治，寥寥四字，实际上并不像教科书上说的那么容易，典型之证易辨，非典型之证难辨；单纯之证易辨，复杂之证难辨；脉证相符之证易辨，脉证不符之证难辨。正所谓"学贵得师"，无论是先贤，还是同世医家，对于辨证论治有创造性的思考，并且疗效可证，有案可循，都值得我们学习和探究。本书通过记录并评析 130 个医案，将辨证论治的思路展现得淋漓尽致。

其中的很多观点，如辨复杂之证必由此及彼，由表及里，去伪存真以及抓住主证，对读者的辨证论治思路皆具有启发意义，有利于其辨证论治水平的提高。

（六）《中医耳鼻咽喉科学（第 2 版）》（2017 年）

《中医耳鼻咽喉科学（第 2 版）》，由熊大经、严道南主编，2017 年由上海科学技术出版社出版。熊教授在编写说明坦言，望突破中医耳鼻咽喉科学科特殊的"孔小、洞深、窦道狭窄"的局限性，该书的特色为：

1. 突出中医优势病种

该书在 2008 年第一版载列疾病的基础上，对所载病种略有增删。耳科部分增加耳带疱、耳面瘫，口齿科部分增加口癣，耳鼻咽喉科常见肿瘤部分增加鼻菌、舌菌。所有疾病的定义均根据最新的中医病名定义规范界定，涵盖了病因病位、临床表现三要素，并针对以往各版教材中某些有争议或欠妥之处进行了仔细的查阅及修正。另外，还在耳、鼻咽喉、口齿各科总论部分增加了局部四诊的内容，并依据儿童患者与成人不同的生理病理特点，在耳胀耳闭、脓耳、耳鸣耳聋、耳异物、鼻渊、鼻衄、乳蛾、鼾眠等章节增加了针对儿童患者的诊疗注意事项内容。

2. 内容翔实，高适用性

书中以耳鼻喉每一病种为一节，囊括了病名沿革、病因病机、诊断要点、鉴别诊断、辨证论治、内治法、针灸治法、其他治疗、预防与调护、预后与转归、古代文献摘录、西医学中主要相关疾病认识等，可谓面面俱到，实现了多学科、中西医的交叉与融合。无论是中医专业、还是西医专业、还是针灸专业，均可使用，并且文字简练，用词精准，具有强大的可读性和适用性。符合一本优秀教材"精练、创新、适用"的要求。

3. 表达流畅，朗朗上口

中医是祖国文化中博大精深的一环，承载了数千年来古人的智慧和力量，要想讲清楚中医的理法方药，常常需要旁征博引、引经据典。而文言文本就内涵丰富，往往一字多义，甚至包含很多生僻字、通假字，且古人的表达习惯与今天我们常听惯用的白话文南辕北辙。医学本就是一门纷繁复杂的学问，基于这两个特性，中医学教材大多数陷入佶屈聱牙的境地，专业性强而可读性差。熊教授的这本书，在写作手法上尤其注意用词造句简洁凝练，明白易懂，朗朗上口，新颖独特，富有趣味，主题突出。将大量的古文用白话文讲清楚，深入浅出，亲近读者。运用大量的排比，如"强调辨病与辨证相结合，局部辨证与整体辨证相结合，内治与外治相结合"，既表达作者强烈的情感，又增强语言的气势；长短句并用，使文章富有节奏感，读起来朗朗上口。

《中医耳鼻咽喉科学（第 2 版）》作为高等中医药院校的教材，履行了传播中医药知识的使命，促进了中国高等中医药教育的长足发展，健全了中医药高等教育体系，创新了中医药高等教育模式，也培养了一大批中医药人才，满足了人才培养、科技创新、社会服务、文化传承的需求。

川派中医药名家系列丛书

学术年谱

熊大经

一、1946 年至 1965 年，0 至 19 岁
——在家打下中医和国学功底

1946 年，熊大经出生于重庆，排行老三。

熊氏世代行医，自清朝中晚期从江西迁至重庆，祖父熊吉之先生创立"永生堂"并发展壮大。其父熊雨田（1912—1963），从小在三代行医的儒医环境中长大，幼承庭训，鸡鸣即起，诵读儒家基础读物四书五经，大一点之后，开始苦读医家专业典籍《内经》《难经》《伤寒论》《温病条辩》等。其中《伤寒论》《金匮要略》《温病条辩》等各家名著，他都能全本背诵。民国时期行医于永生堂。曾任重庆市人民代表、政协委员，中华医学会耳鼻喉科学会理事、副主任委员，中国科学院四川分院中医中药研究所特约研究员，重庆第二中医院副院长。后任教于重庆中医学校，于 1963 年因病去世，由其母刘祖华女士将 2 男 6 女 8 个子女抚养成人，其中 3 名从医。

熊大经从小跟父亲背中医汤头歌诀，饱览中医经典，打下了坚实的中医学基础，且在家庭文化的氛围熏陶下，他对中国古文化抱有浓烈的兴趣，琴棋书画无不爱好，尤擅书法。他还熟读大量古代经典，积累了深厚的中国传统文化底蕴，反复诵读《古文观止》，对儒学、佛学、道学皆有所参悟。

二、1965 至 1970 年，19 至 24 岁
——大学生涯，学术思想初步形成

熊大经此时期就读于成都中医学院（现成都中医药大学）。

熊先生常说，在大学学习的五年时光，是他一生中重要的转折点。虽然先生入学不久即遭遇"文化大革命"，但由于先生已在家中打下了坚实的中医学基础，在同学们纷纷走上街头参加游行时，先生埋首于学校图书馆，遨游于博大精深的中医典籍之中，如痴如醉地吸收着"营养"。另外，熊大经先生

虽不过问政治，但有一颗善良、正直的心，在"文化大革命"期间，或明或暗地维护着如吴棹仙、余仲权等老一辈专家的人身及财产安全，得到了老专家们的认可和赏识，他们在先生学习时或多或少地予以指导，使得先生古籍阅读时事半功倍。在这一阶段，熊大经先生主要致力于吸收、融合众家之长，并在不断的思索中逐步完善家传之熊氏鼻科理论。所以早在先生20多岁时，许多重要的临床思想已经初步形成。

熊大经先生精通中医经典，泛舟书海，上下求索，奠定了此后临床的基调。他不仅熟谙《内经》，更善于发挥经义，用于指导临床治疗。其中，《素问·阴阳应象大论》中之"善诊者，察色按脉，先别阴阳"一句，对其的学术思想影响最大。所以，在如今脏腑辨证、六经辨证、卫气营血辨证等多种辨证方法中，他首重八纲辨证，而八纲之中，尤重阴阳。他认为八纲具有高屋建瓴、执简驭繁的辨证特点，其余的辨证方法只有在阴阳八纲的统领下展开，才不至于迷失其根。这一思想用清末蜀中名医郑钦安的话来讲，即为"一病有一病之阴阳""万病总是在阴阳之中"。熊大经先生认为只有在对"阴阳"有了深刻的理解后，才能对临床问题心领神会、迎刃而解，所谓"谨熟阴阳，无众与谋"。

他在大学时反复诵读《伤寒论》和《金匮要略》，并能全文背诵。虽然《伤寒论》共398条载113方，被后世医家奉为经方，但是这些方剂如何应用于治疗耳鼻咽喉科疾病，除《伤寒论·辨少阴病脉症并治第一》外，原书所载不多。经过悉心研究，他归纳总结出一系列经方在耳鼻咽喉科的适用情况，如：桂枝汤号称"伤寒众方之冠"，临床应用极为广泛，他据其方义，遵从仲景"有是证，用是药"的原则，将桂枝汤广泛应用于多种鼻科疾病的治疗。其中，他将其加减化裁之后用于治疗变应性鼻炎最能体现其用药之妙。而对于某些卫气不足之患者，可在本方中加入黄芪，以黄芪桂枝五物汤治疗；如兼有脾气的不足，则在本方的基础上创其治疗鼻鼽的经验方——五龙汤，其组方在桂枝汤的基础上增加黄芪、地龙、桔梗、白术、枸杞子等，临床观察及动物实验均证实其有效性；对于伴有脾阳或肾阳不足的患者，往往以桂枝加附子汤加减治疗之；对于本病的缓解期，往往以桂枝汤调理患者体质，防病反复。虽是"一病一方"，但其变化体现出熊教授用药之妙、治病之巧，让人称叹！此外，还有理中汤治疗鼻出血、麦门冬汤治疗鼻干等，都在临床上收到了良好的效果。先生临床遣方用药多源于《伤寒论》和《金匮要略》。

往后一生，熊教授在临床上，都谨遵张仲景"用药须精"的理念。每次处方，选用药物数量一般在 8~10 味。他的观点是，耳鼻咽喉科诸疾乃是全身脏腑功能失和于局部的反应，"治病必求于本"，临证时须抓住疾病的核心之处遣方用药，不能犯见症治症之流弊。

金代名医李东垣提出："饮食入胃，先行阳道，而阳气升浮也。浮者，阳气散漫皮毛；升者，充塞头顶，则九窍通利也。""脾胃内伤，百病由生。"熊教授认为这些理论对五官科临床很有指导意义，健脾补土、升阳益气通窍等法是五官科的重要治疗法则之一。他认为，五官位于人体头面部，都属于"清空之窍"，有赖于人体清阳之气上升而营养之，才能正常功能，这就是《内经·素问·阴阳应象大论》所说的"清阳出上窍"。清窍以通为用，许多表现为耳闭、鼻塞、咽喉肿痛的疾病，清窍阻滞为其首要病因，患者患耳鼻咽喉疾病日久，往往是由于清阳不升，清窍失养而致气血不行，阻滞不通，对此，用健脾益气、升阳通窍的方法能够奏效，可用升发清阳药物以通窍宣闭。耳鼻咽喉口腔的慢性炎症往往见分泌物增多，色白、量多或秽浊，迁延日久，呈现出"湿浊为患"之征，先生认为，湿性趋下，而笼于人体阳位，弥而不散，需考虑中焦运化失职，清阳不升，清窍空虚，故湿浊之邪氤氲上蒸，上蒙清窍致病。因此，对于五官科之湿浊停聚之证，治当化湿泄浊，具体而言，既要用利湿下行法，又要结合健脾助运的药物，这就是升发清阳与利湿化浊相辅相成的原则。

金代刘河间曾根据《难经·四十难》中"肺主声""心主嗅"的理论，提出了"耳聋治肺""鼻塞治心"的观点。这些观点都对熊教授学术思想的形成起到了促进作用，同时，他不拘于此，在这一基础上又有所发挥。耳为肾之窍，鼻为肺之窍，耳聋理应责之于肾，鼻塞理应责之于肺，因此刘氏这些理论在临床中的指导往往不为人所深刻理解。熊教授认为，对于"耳聋治肺"的理解绝不能那么肤浅，风为阳邪，其性开泄，而阳邪有向上、向外的特点。阳易伤上。《内经·素问·太阴阳明论》说："伤于风者，上先受之。"耳位居头部两侧，故易受风邪侵袭。风性善行而数变，风邪夹寒热之邪为患常变化多而迅速，风邪所致的耳病常常有起病急、传变快的特点，如卒聋的发生等，而耳鸣耳聋同时伴有鼻塞、流涕、咳嗽等肺经的证候，对此，用三拗汤之类方药，疏风宣肺通窍，能取得良好的效果，正符合"耳聋治肺"。随着对咽鼓管功能的进一步认识，先生提出"耳聋治肺"，实则在于用宣肺通窍之法宣通咽鼓管，调节中耳内外之压力，从而缓解耳鸣、耳闷、听力下降等不适。

一提到"鼻塞治心"，一般人往往想到慢性肥厚性鼻炎，根据病人的鼻塞持久，鼻甲肥大、色紫红或暗红、表面不光滑、触之较硬而且缺少弹性、对麻黄碱收缩反应不敏感等情况，判断属于瘀血阻滞之证。根据"心主血脉"的理论，采用活血化瘀方药治疗，大多数获效。一般认为这正是"鼻塞治心"的道理。而熊教授认为"鼻塞治心"远不仅止于此，对于鼻槁一病而言，很多医家提出从阴虚、气虚等论治，而他根据《金匮要略·血痹虚劳病》的"内有瘀血，肌肤甲错"的理论，认为鼻槁患者的局部表现为鼻腔肌膜的萎缩、干燥，实际是"肌肤甲错"在鼻腔的表现，因此治疗时可适当配合活血化瘀之品以令气旺血行瘀去络通，从而鼻窍得养，槁腊之患自然缓解。

此外，熊教授不断地根据临床实践，结合医籍钻研，发现新知，提出新思想。例如脾气的充足与否，可直接影响鼻的功能，若脾虚清阳不升，则清窍为浊阴蹯踞而致鼻闭塞不通，不闻香臭，这一点众所周知。但先生通过临床观察和研习古籍，提出"鼻塞伤脾"的理论。《脾胃论》指出："饥饿不得饮食者……可使脾胃升降失调而发病。"说明鼻塞致嗅觉减退，口不知味，饮食减少，则可影响脾胃功能，致脾胃虚弱，而脾胃虚弱又能影响鼻的功能，形成恶性循环，即是《医学准绳·六要》谈到的"上窍不通……口不知味"。《古本难经阐注》直言："脾受谷味而在中，则呼出吸入无不因之。"因鼻与脾胃通过经脉相联系，鼻局部的津液停聚、气血阻滞或火热炽盛与脾胃气机阻滞或脾胃虚弱有关。《证治准绳·杂病·第八册》有"隧道壅遏，气血升降被其妨碍"之论；明代《医学入门·卷四》曾言："鼻塞久不愈者，必内伤脾胃，清气不能上升，非外感也。"熊教授正是在自身临床的基础上，结合前人思想，明确指出鼻塞伤脾的理论的。

三、1970 年至今——一生之事业

（一）学科建设

1. 创立专科，建立学科

1970 年熊大经先生以优异的成绩毕业于成都中医学院，并留校任教，医院分配其至针灸系。他自小便立志从事中医耳鼻喉方向，但当时附院并没有这个科，事实上，整个四川省内都没有这个科。其实，他的其他同学多多少少都面临着同样的问题。只是，当理想与现实的冲突砸下来时，更多的人选择了妥协，转向其他方向。但熊先生初生牛犊不怕虎，他直接"杀"到院长办公室，开门见山地说："其他科我都干不了，您要么辞退我，要么就让我成立中医耳鼻喉科！"于是，他坚决离开了针灸系。

1973 年，熊先生在成都中医药大学附属医院率先成立四川第一个中医耳鼻咽喉专科。当时全国各大中医院中仅有两三家拥有独立的中医耳鼻咽喉科。

熊大经作为第一个"吃螃蟹"的人，1978 年率先在成都中医药大学建立中医耳鼻喉教研室。

2. 发展学科

20 世纪 80 年代，资历尚浅、年龄尚轻的先生在哈尔滨，与几位有相同见地的年轻学者一起，为中医是否有必要成立五官专业与数十位当时全国知名的老专家辩论。那是一个看重资历、声望的年代，一个初出茅庐的后生就一个专业是否有必要成立的问题，敢于率先在全国性大会上站起来与坐在主席台上的专家争论，这需要多大的勇气啊！如果一个人不是如此深爱自己的专业，是绝对做不到这一点的。经过先生和其他有识之士们的奔走疾呼，中医五官专业得以保留。1988 年，先生在全国率先开办中医五官专业，与中医眼科合并成立中医五官专业。

那是一段艰苦的岁月，缺设备、人手、教材，甚至没有一间像样的房间

作为教研室。那时，许多人劝熊先生:"不用那么拼命吧？又不会多赚一分钱。"先生笑答道:"没有五官专业的中医不是完整的中医，为了我们的下一代，再苦我也要把中医耳鼻喉科建立起来，缺设备，我可以慢慢添置，缺人手，我可以慢慢教。没有开始就永远没机会。"

开头的那几年，熊大经先生身兼数职，白天是教师、医师，下班后是泥水匠、搬运工。渐渐地，他有了自己的教研室、自己的实验室、西南地区的第一个动态喉镜室（当时国内仅有两家动态喉镜室），所有的一砖一瓦都浸透了先生辛勤的汗水……

发展至今，成都中医药大学附属医院耳鼻咽喉科现在是国家中医药管理局重点专科、国家中医药管理局重点学科，成都中医药大学中医五官专业是教育部重点学科。中医耳鼻喉教研室目前人才济济，每一个人都是在先生的关心和帮助下，由当初对中医耳鼻喉科一无所知到现在无论是教学还是临床都能独当一面。在先生的心目中，耳鼻喉科不仅仅是他的工作，同时也是他心血的结晶，是他精心照料了数十年的"孩子"，他总是用慈爱的目光注视着学科的每一点进步、每一点发展……

（二）学术发展

1. 完善中医耳鼻喉理论

（1）提出"胆肺同主鼻"的观点，形成"胆肺假说"雏形

在临床中，熊先生曾观察了498例鼻-鼻窦炎患者的证型分布，并通过计算机分析证实其中72.89%的患者属于胆腑郁热型。结合文献基础，熊先生大胆提出"胆肺同主鼻"的观点，并形成一个假说的雏形——"胆肺假说"：胆肺功能失调是引起鼻渊的主要原因，胆腑郁热是鼻渊的重要证型。

（2）正式提出"鼻五度辨证"学说

在"胆肺假说"的基础上，先生结合阴阳无限可分的原理，将所有鼻内可知的结构，依据取类比象的方法联系到具体的脏腑，即"鼻五度辨证"。先生于1977年1月23日正式提出"鼻五度辨证"学说，鼻为肺窍，同时，鼻

的各部位也对应五脏,其中,下鼻甲、下鼻道对应于肺系,属气度;中鼻甲、中鼻道对应于肝胆,属于枢度;鼻尖、鼻翼、鼻前庭对应于脾系,属于肉度;鼻中隔对应于心系,属于血度;上鼻甲、鼻骨、鼻顶对应于肾系,属于髓度。这一学说一经形成,熊大经先生立即投入临床运用,取得了很好的疗效,为此,1977年《人民日报》对熊大经先生进行了专访。

(3)提出慢性咽炎的辨证分型

祖国医学中并无慢性咽炎这一病名,究其临床表现、察其病因病理,归属于祖国医学之喉痹范畴。熊先生结合了《内经·素问·阴阳别论》对喉痹的认识:"一阴一阳结谓之喉痹。"其中一阴者少阴君火也,一阳者少阳相火也;痹者,不仁,闭塞不通之谓也。因此喉痹多具轻重不同之气血淤滞痹阻之病理变化。熊先生参考了历代医家对喉痹的分型,如陈士铎将其分为十二证、张景岳分为十八证,在此基础上,发现虽其病名繁多,然其病因病理不外:外感风寒、风热,阴虚阳损、气滞肝郁等。对照自身临床发现,局部表现均大致相同,但观其体质与生活习惯之异,致病原因不同,故把该病分为以下五个类型:表虚型、肺胃阴虚型、肝郁气滞型、肝肾阴虚型、阳虚型。辨证施治,给予相应的治法和处方。据此,熊先生撰写论文《祖国医学对慢性咽炎的认识》,发表于《成都医药通讯》1978年第2期。

(4)加减吉雷通窍汤

熊大经先生家传有一个非常出名的处方——吉雷通窍汤,用于治疗急、慢性鼻-鼻窦炎,疗效明确。后经熊大经先生加减化裁,其组成为:黄芩、栀子、柴胡、苍耳子、辛夷、薄荷、白芷、细辛、川芎、黄芪、桔梗、茯苓。对处方的组成进行分析:方中黄芩苦寒,善"清胆泄热""清肺泄热""清热燥湿",为君;栀子苦寒,清肝胆湿热,为臣,以增黄芩清胆热、清肺热之功。处方以柴胡、白芷、苍耳子、辛夷、薄荷、细辛、川芎、黄芪、茯苓共为佐助药。柴胡苦辛微寒,解表退热、疏肝解郁、升举阳气,与黄芩、栀子相配,既清又散,宜于内郁胆热之清除。白芷止痛,尤善止阳明痛,辛香走窜,又具通鼻窍、除湿排脓之功。苍耳子、辛夷辛温,归肺经,具疏风通窍祛湿之功。薄荷辛凉,归肺肝经,能疏风散热,清利头目。细辛辛温,归肺经,亦可疏风解表通窍。川芎祛风活血,且川芎、白芷、细辛相配可使止痛治标作用增强。茯苓健脾渗湿，柴胡、川芎相配则气血并调。"邪之所凑，其气必虚"，故处方以黄芪补脾肺之气以扶正，黄芪与白芷相配则鼓邪外出，使祛邪而无伤正之弊。桔梗系"开肺气之药，可谓诸药舟楫，载之上浮"，为使药，同时桔梗尚有排脓之功。桔梗配柴胡升清，茯苓降浊。诸多风药，其性轻扬，利于使全方药力直达头鼻病所，正如李东垣所云："高巅之上，唯风药可达。"

（5）从吉雷通窍汤到鼻渊舒口服液、鼻窦炎口服液

从方剂组成来看，吉雷通窍汤重在清胆泄热，结合补益肺脾，兼顾祛邪扶正。后熊教授在此基础上进一步研究，开发为中成药鼻渊舒口服液、鼻窦炎口服液等系列治疗急、慢性鼻-鼻窦炎的中成药品种。1979年，新华社、《人民日报》及国内各省报均作了报道，国内前来求治者络绎不绝，并收到数十万封患者来信，且很快传到海外，异国患者也慕名求医。德国一位鼻病患者，患病20余年，多处求医，自认为治愈无望，后经熊教授治疗，很快就痊愈了，回国后发表文章称"熊大夫治鼻病如神"。

自1980年以来，鼻渊舒口服液先后进行了四次较全面系统的临床验证观察，历时28年，共观察验证病例数万余例，总有效率达到94.59%。获1982年四川省高教局重大科技成果二等奖，并以成品药"熊大夫祖传鼻炎灵口服液"出口中国香港和东南亚。熊教授主持研究的四川省中医管理局课题"润肺利咽喷雾剂治疗咽炎的研究"通过鉴定被认为具国内先进水平，获1994年四川省中医管理局科技进步三等奖。

（6）研制"肺气虚过敏性鼻炎动物模型"

从1982年起，熊教授开展了过敏性鼻炎的研究，先从临床入手，经多年探索，逐步积累了一整套治疗过敏性鼻炎的经验，指导研究生，成功研制了"肺气虚过敏性鼻炎动物模型"，被华西医科大学专家评价为"国内首创"。

（7）参加"电子计算机专家治疗程序（鼻渊治疗程序）的研究"

该项目获四川省科技进步三等奖。

（8）证实中成药"鼻窦炎合剂"的疗效

熊大经教授撰写论文《"鼻窦炎合剂"治疗鼻窦炎187例临床报道》，发表于《中国医药学报》1989年第4期。不仅弥补了中医药治疗鼻窦炎的空白，

而且用现代医学认可的方式证明了中医药治疗鼻窦炎的效果，鼓舞了中医同道继续深入研究的信心。

（9）进一步证实中成药"鼻窦炎合剂"的疗效

熊大经教授撰写论文《中成药"鼻窦炎合剂"配合玉屏风散治疗过敏性鼻炎及其对 IgE 影响的观察》，发表于《上海中医药杂志》1992 年第 2 期，进一步证实了中成药"鼻窦炎合剂"的疗效。

（10）建立肺气虚慢性鼻炎模型

熊大经教授撰写论文《肺气虚慢性鼻炎模型的建立》，发表于《中国中西医结合耳鼻咽喉科杂志》1999 年第 1 期，不仅对中医药防治慢性鼻炎的机理进行了探索，并且为中医学对有关慢性鼻炎发病机理的认识提供了实验室依据。

（11）建立家兔实验性急性化脓性鼻窦炎模型

熊大经教授撰写论文《家兔实验性急性化脓性鼻窦炎模型的建立》，发表于《中国中西医结合耳鼻咽喉科杂志》2005 年第 4 期，为鼻窦炎的进一步研究打下基础。

（12）拓展鼻窦炎口服液的临床应用

熊大经教授研究通过对鼻窦炎口服液治疗家兔实验性急性化脓性上颌窦炎的疗效观察，对该药的疗效作进一步的评价，为该制剂的临床应用提供实验依据。

撰写论文《鼻窦炎口服液治疗家兔实验性上颌窦炎》，发表于《中药新药与临床药理》2005 年第 5 期。

（13）最终形成"胆肺假说"

熊大经先生通过临床观察认为，临床上绝大多数急、慢性鼻-鼻窦炎患者的证型分布属于胆腑郁热型。由此，由于胆与鼻渊有密切关系，因此先生形成了一个大胆的观点——"胆肺同主鼻"。本观点形成后，经过大量的临床、科研验证，最终形成"胆肺假说"：胆肺功能失调是引起鼻渊的主要原因，胆腑郁热是鼻渊的重要证型。据此，熊教授撰写论文《"胆肺假说"与鼻-鼻窦炎治疗的关系探讨》，发表于《四川中医》2009 年第 6 期。

2. 行业规范与教材改革

中医学就其整体来说是一门复合性或者说复杂的学科，中医耳鼻喉由于起步较晚，资料散见，其复杂性较中医其他学科可谓有过之而无不及。中医耳鼻喉科的教材，应以广博坚实的专业知识作为基石，充分发挥专业性、学术性、前瞻性，激发教师与学生的教、学积极性。教材的编写不失为一项光荣而艰巨的任务，既是一件复杂而有创造性的工作，实质上也是一种科学研究项目。熊教授十分重视中医的继承和发展，而教材恰恰在其中充当了一个举足轻重的作用。中医耳鼻喉学科教材编写，经历了一个从空白到反复摸索，到走出中医特色道路的过程，风雨兼程中，熊教授一直在努力，并且仍然在路上。

1979年，参与编写《简明中医辞典》，由人民卫生出版社出版。

1980年，参与编写《中医眼喉科学》，由四川科学技术出版社出版。

1985年，作为分卷副主编，主持编写《医学百科全书》，由上海科学技术出版社出版。

1986年，主编《全国高等教育自学考试指导委员会 高等教育自学考试 中医专业考试计划（试行草案）中医专业专科选考课程 自学考试大纲》，由上海中医学院出版社出版。

1987年，参与编写《中医大辞典》，由人民卫生出版社出版。

1989年，参与编写《中医五官科学》，由江苏科学技术出版社出版。校勘整理《喉科指掌》，由人民卫生出版社出版，获四川省中医管理局科技进步三等奖。

1991年，参与编写专业课教材《中医口齿科学》（成都中医学院）。参加制定了中华人民共和国第一部中医药行业标准——《中医病证诊断疗效标准》耳鼻喉科部分，该标准已于1995年1月1日实施。

1997年，起草国家标准（GB）《中医临床诊疗术语》耳鼻咽喉部分。

2001年，主编《实用中医耳鼻咽喉口齿科学》，由上海科学技术出版社出版。

2002年，撰写论文《管窥〈中医耳鼻喉科〉五版教材》，发表于《成都中医药大学学报（教育科学版）》第2期。

2008年，主编《中医耳鼻咽喉科学》，由上海科学技术出版社出版。

作为"十二五""十三五"全国规划教材主编。2011年，主编《今日中医耳鼻喉科》，由人民卫生出版社出版；主笔《中医耳鼻咽喉科案例评析》，由人民卫生出版社出版。2012年，主编《全国高等中医药院校规划教材·第9版·中医耳鼻咽喉科学》，由中国中医药出版社出版；主编《中医耳鼻咽喉科学·供中医学针灸推拿学专业用》，由中国中医药出版社出版。

2016年，主编《中医临床丛书 2017年今日中医耳鼻喉科》，由人民卫生出版社出版。

2017年，主编《中医耳鼻咽喉科学（第2版）》，由上海科学技术出版社出版。

此外，熊教授还作为《中国中医药年鉴》编委，并编写了《中医耳鼻喉科基础》。目前，还承担《中华大典·医学分典·耳鼻喉总部》的主编和《中医病种质量控制标准》的编写工作。

参考文献

[1] 谢慧，郭宏，李涛. 熊大经鼻病治验集成[M]. 成都：四川科学技术出版社，2014.

[2] 庄勇，李学义，吴兴裕，等. 急性轻、中度缺氧暴露对人情绪状态的影响[J]. 第四军医大学学报，2000，21（6）：667-669.

[3] 杨国愉，冯正直，汪涛. 高原缺氧对心理功能的影响及防护[J]. 中国行为医学科学，2003，12（4）：471-473.

[4] 熊大经，刘大新，李云英，等. 中医耳鼻咽喉科学[M]. 上海：上海科技出版社，2008.

[5] 干祖望. 干氏耳鼻咽喉口腔科学[M]. 南京：江苏科学技术出版社，1999.

[6] 国家技术监督局. 中医临床诊疗术语（证候部分）非书资料：GB/T 16751.2—1997[S]. 北京：中国标准出版社，1997.

[7] 李用梓. 证治汇补[M]. 上海：上海卫生出版社，1958.

[8] 刘学义，李红波. 中医辨证治疗声带病疗效观察[J]. 中医中药，2011，42（4）：109-110.

[9] 宣伟军. 声带小结的中医治疗体会[J]. 广西中医药，1991（1）：17-18.

[10] 陈小宁，严道南. 耳鼻喉科临证精粹[M]. 北京：人民卫生出版社，2014.

[11] 张守杰，余养居. 健脾补肾法治疗声带小结的疗效观察与机理探讨[J]. 中国中西医结合耳鼻咽喉科杂志，1999，7（3）：118-119.

[12] 吴继勇，严道南，陈国丰. 从脾论治在慢喉喑治疗中的应用[J]. 江苏中医药，2010，42（4）：60-62.

[13] 慢喉喑的诊断依据、证候分类、疗效评定——中华人民共和国中医药行业标准《中医内科病证诊断疗效标准》（ZY/T001.1-94）[J]. 辽宁中医药大学学报，2019，21（2）：55.

[14] 杨庆文，徐文，叶京英，等. 声带白斑124例临床及病理分析[J]. 听力

与言语学杂志，2011，19（5）：425-427.

[15] 李惠萍，崔秀，关超，等. 喉癌前病变100例分析[J]. 中华耳鼻咽喉科杂志，1995，30（5）：302-304.

[16] WELER M D, NANKIVELL P C, MCCONKEY C, et al. The risk and interval to malignancy of patients with laryngeal dysplasia; a systematic review of case series and m eta-analysis[J]. Clin Otolaryngol, 2010, 35 (5): 364-372.

[17] 张金，杨劲松. 喉癌前病变的诊断与治疗[J]. 耳鼻咽喉头颈外科，2003（6）：324.

[18] 熊大经. 中医耳鼻咽喉科学[M]. 上海：上海科学技术出版社，2008.

[19] 王士贞. 中医耳鼻咽喉科学[M]. 北京：中国中医药出版社，2012.

[20] 熊大经. 实用中医耳鼻咽喉口齿科学[M]. 上海：上海科学技术出版社，2001.

[21] 中华耳鼻咽喉头颈外科杂志编辑委员会，中华医学会耳鼻咽喉头颈外科学分会. 突发性聋诊断和治疗指南（2015）[J]. 中华耳鼻咽喉头颈外科杂志，2015，50（6）：443-447.

[22] 雷蕾. 熊大经教授诊治突发性耳聋经验初探[D]. 成都：成都中医药大学，2004.

[23] 王芳. 突发性耳聋98例临床病例疗效分析[J]. 齐齐哈尔学报，2012，33（10）：1311.

[24] 田代华. 黄帝内经素问[M]. 1版. 北京：人民卫生出版社，2005.

[25] 杨时泰. 本草述钩元释义[M]. 1版. 太原：山西科学技术出版社，2009.

[26] 金陵本《本草纲目》新校正[M]. 1版. 钱超尘，等，校. 上海：上海科学技术出版社，2008.

[27] 高想. 虫类药的应用历史与展望[J]. 中华中医药杂志，2010，25（6）：807-809.

[28] 吕志连. 张仲景运用虫类药的经验探讨[J]. 浙江中医学院学报，1982（6）：19-20.

[29] 葛洪. 肘后备急方[M]. 北京：人民卫生出版社，1963.

213

[30] 王家平，安莉萍. 许叔微对虫类药的运用[J]. 河南中医，2009，29（2）：133-134.

[31] 朱良春. 虫类药的应用[M]. 南京：江苏科学技术出版社，1981.

[32] 国家药典委员会. 中国药典[M]. 1部. 北京：中国科技医药出版社，2015.

[33] 黄敬文，高宏伟，段剑飞. 地龙的化学成分和药理作用研究进展[J]. 中医药导报，2018，24（12）：104-107.

[34] 喻静. 僵蚕的临床应用及现代药理研究[J]. 中国中医药咨讯，2010，2（7）：185-186.

[35] 刘玉清，洪澜，吴宏美，等. 全蝎治疗恶性肿瘤的临床研究[J]. 热带医学杂志，2003，3（4）：484-488.

[36] 徐天予. 全蝎的药理作用及临床新用[J]. 中国民族民间医药，2010，2（5）：29-30.

[37] 黄选兆. 耳鼻咽喉科学[M]. 北京：人民卫生出版社，1996.

[38] 姜海楼，史家振，石壮沙，等. 麻黄综合研究 I 麻黄史料考证[J]. 哲里木畜牧学院学报，1996，6（2）：32.

[39] 严士海，朱萱萱，孟达理，等. 麻黄多糖对EAT小鼠外周血淋巴细胞亚群的影响[J]. 中华中医药学刊，2008，26（5）：1069-1071.

[40] 魏德泉，等. 中国生理科学会学术会议论文摘要汇编（药理）[M]. [出版者不详]，1964：103.

[41] 顾关云. 麻黄节间和节共用、茎和根分用的依据——麻黄的成分和药理作用[J]. 中成药研究，1985，（10）：20.

[42] 麻黄的成分、药理和生化研究[J]. 刘志，译. 国外医学·中医中医分册，1981，3（4）：204.

[43] 高玲，杨婷，粟栗. 梅核气的中医药研究[J]. 长春中医药大学学报，2015，31（6）：1163-1164.

[44] 彭任. 羌活的化学成分及质量评价方法研究[D]. 南京：南京中医药大学，2021.

[45] 秦彩玲，张毅，刘婷，等. 中药羌活有效成分的筛选试验[J]. 中国中药杂志，2000，25（10）：639-640.

[46] ZHANG T，BAI G，HAN Y，et al. The method of quality marker research and quality evaluation of traditional Chinese medicine based on drug properties and effect characteristics[J]. Phytomedicine，2018(44)：204-221.

[47] 齐向华，席加秋. 三化汤组方配伍特点及启示[J]. 山东中医药大学报，1996（6）：370-371.

[48] 朱树宽. 羌活善治中风偏瘫[J]. 中医杂志，1999，40（9）：519.

[49] 唐迎雪. 谈羌活对心脑血管疾病的治疗作用[J]. 中国中药杂志，2001，26（5）：346.

[50] 王中琳. 风药升发阳气配伍浅识[J]. 浙江中医杂志，2003（6）：48.

[51] 胡博，王亚娟，张保春. 东垣"升散法"治疗肠易激综合征验案1则[J]. 环球中医药，2015，8（10）：1204-1205.

[52] 惠六宁，马东华，吉千. 中华整体观与全息生物学关系探讨[J]. 宁夏医学院学报，2001，23（3）：221-223.

[53] 熊大经. 中医耳鼻咽喉科学[M]. 3版. 北京：中国中医药出版社，2012.